世界著名博物馆

卢浮宫博物馆

[英]劳伦斯·高英 / 主编

邱雨萱 / 译

北京出版集团
北京美术摄影出版社

Images and Texts © Magnus Edizioni-Scripta Maneant. Publishing Group, Italy
The right is in arrangement through Niu Niu Culture.

图书在版编目（CIP）数据

卢浮宫博物馆 /（英）劳伦斯·高英主编；邱雨萱 译 . -- 北京：北京美术摄影出版社，2023.6
（世界著名博物馆）
ISBN 978-7-5592-0464-6

Ⅰ. ①卢… Ⅱ. ①劳… ②邱… Ⅲ. ①博物馆—介绍—巴黎 Ⅳ. ① G269.565

中国版本图书馆 CIP 数据核字（2022）第 002550 号

北京市版权局著作权合同登记号：01-2021-5877
本书独家版权属北京传世文化发展中心所有

责任编辑：王心源　罗晓荷

版权引进：李胜兵

责任印制：彭军芳

世界著名博物馆

卢浮宫博物馆
LUFUGONG BOWUGUAN

[英] 劳伦斯·高英 / 主编

邱雨萱 / 译

出　版	北京出版集团
	北京美术摄影出版社
地　址	北京北三环中路 6 号
邮　编	100120
网　址	www.bph.com.cn
总发行	北京出版集团
发　行	京版北美（北京）文化艺术传媒有限公司
经　销	新华书店
印　刷	北京雅昌艺术印刷有限公司
版印次	2023 年 6 月第 1 版第 1 次印刷
开　本	787 毫米 × 1092 毫米　1/8
印　张	85
字　数	400 千字
书　号	ISBN 978-7-5592-0464-6
定　价	698.00 元

如有印装质量问题，由本社负责调换

质量监督电话　010-58572393

目　录

6　　卢浮宫——从宫殿到博物馆
　　　米歇尔·拉克洛特（Michel Laclotte）

12　　卢浮宫收藏史

23　　第一章 1250—1500年

169　　第二章 1500—1600年

273　　第三章 1600—1700年

481　　第四章 1700—1850年

674　　术语表

680　　致　谢

第1页
雅克-路易·大卫（Jacques-Louis David）
雷卡米耶夫人像

第2页
泰奥多尔·夏塞里奥（Théodore Chassériau）
两姐妹

卢浮宫
——从宫殿到博物馆

米歇尔·拉克洛特（Michel Laclotte）

在悠久的历史中，卢浮宫开启了一个新时代。这座建筑经过多年的改造与修建，还保留着财政部的整座宫殿，连同它的北翼，都变成了博物馆，里面丰富的藏品也经过了全新布置。位于拿破仑中庭的广阔的地下空间是一个宏伟的接待大厅，地上是由贝聿铭设计的著名的玻璃金字塔。宫殿的另一边是卡利庭院，下面是整座宫殿最初的地基，现在依然完好无损并发挥着重要作用。今天，我们可以再次看到原先的城堡，城堡于13世纪初期由腓力二世（Filippo Augusto，1180—1223年在位）下令建造，查理五世（Carlo V，1364—1380年在位）将它修建得更加现代化。在这座象征着中心权力的建筑的基础之上，世界上最宏大、最复杂的建筑之一卢浮宫逐步成型。

最早决定对卢浮宫进行修建的是弗朗索瓦一世（Francesco I，1515—1547年在位）。尽管他的大部分时间都在枫丹白露度过，并在那里收藏了大量的画作，但他还是想将巴黎的宫殿改建成一座"度假宫殿"。1528年，他下令将13世纪的城堡夷为平地。宫殿的平面设计虽然没有改变（仍是带有四翼的方形庭院），但风格却从中世纪样式改为文艺复兴样式。一开始皮埃尔·莱斯科（Pierre Lescot）改建了西翼，让·古戎（Jean Goujon）负责雕塑装饰。漂亮的西翼正面朝向宫殿和卡娅第德厅，最初建于1558年，那时正值玛丽亚·斯图亚达（Maria Stuarda）和王储弗朗索瓦大婚。宫殿和卡娅第德厅由弗朗索瓦一世委托建造，完成于法国亨利二世（Enrico II，1547—1559年在位）统治期间。1566年起，同样风格的南翼建起来了，同时还在朝塞纳河的一面增加了一个全新的主廊（后来的小画廊），扩大了南翼的空间。1563年，已经摄政的凯瑟琳·德·美第奇（Caterina de' Medici）王太后委托菲利贝尔·德洛姆（Philibert de l'Orme）在城墙之外，距离卢浮宫西侧500米的王室用地上建造了另一座宫殿，名为杜伊勒里宫。

亨利四世（Enrico IV，1589—1610年在位）统治期间，一项浩大的工程奠定了卢浮宫的最终面貌。亨利四世决定合并卢浮宫和杜伊勒里宫，通过一座走廊把这两座建筑连起来。走廊沿塞纳河而建，长达460米，这座河岸长廊被正式称为"大画廊"。画廊的建造由路易·梅迪佐（Louis Métezeau）和雅克·安德烈·杜·塞索（Jacques Androuet du Cerceau）共同负责完成。另外，旧的卢浮宫也被扩建了，这座中世纪宫殿的侧翼在长度上翻了一倍，把卡利庭院扩展到原来的4倍。扩建部分由雅克·勒梅西耶（Jacques Lemercie）（依据皮埃尔·莱斯科的设计）和路易·勒沃（Louis Le Vau）设计，完成于路易十四（Luigi XIV，1643—1715年在位）统治期间，如今依然是卡利庭院的四翼。另外，宫殿宏大的室内装饰设计也完成了。路易十四把伟大的画家尼古拉斯·普桑（Nicolas Poussin）从罗马召来画大画廊的穹顶，如今这项未完成的装饰已经消失。乔瓦尼·弗朗切斯科·罗马内利（Giovanni Francesco Romanelli）画了路易十四的母亲安妮王太后房间里的天花板壁画（壁画部分见本书第356页和357页），房间位于小画廊的第一层（1655—1657年创作）。在小画廊的第二层，为了颂扬年轻的路易十四，奢华的阿波罗画廊的装饰工程开始了（1661—1670），其中路易·勒沃和夏尔·勒·布朗（Charles Le Brun）共同负责绘画，而雅克·萨拉赞（Jacques Sarrazin）则负责雕塑。大画廊也重新进行了装饰和陈设布置，铺上了一系列华丽的萨伏纳里地毯。人人都知道，路易十四下令极尽所能装饰杜伊勒里宫，包括让安德烈·勒·诺特尔（André Le Nôtre）设计花园，也一直准备把卢浮宫建成主要的居所。王室的藏画从枫丹白露搬到了卢浮宫。1667—1670年，路易·勒沃和克洛德·佩罗（Claude Perrault）建造了东侧宫殿的正面，耸立于广阔的庆典广场之上。路易十四选择了一个非常平衡的外观设计——佩罗柱廊，而不是吉安·洛伦佐·贝尼尼（Gian Lorenzo Bernini）更加灵活的设计。通常人们认为这一选择表明法国的古典主义拒绝了巴洛克风格的建筑。

1674年，路易十四决定把王宫定在凡尔赛宫，这样一来，卢浮宫的工程就被搁置了。卡利庭院周围的建筑尚未建造屋顶，佩罗柱廊前面的广场也只是完成了图稿设计，阿波罗画廊的装饰直到19世纪才完成。直到法国大革命前，法国王宫都在凡尔赛宫，路易十四每次在巴黎短暂停留时，都会住在杜伊勒里宫。

从此卢浮宫不再是君主制的象征。但在18世纪，它却发挥了另外一种同等重要的作用。在众多使用卢浮宫的人中就有各王室学院的成员。1699年，法国王室绘画与雕塑学院从路易十四那里获得了大画廊的使用权，向公众展出学院成员的作品，展出大获成功。1725—1848年，类似的展出定期在大沙龙（方形沙龙）举行，大画廊的展出形式结束了，这一系列的展览就称为"沙龙"。卢浮宫的作用，用现代话来讲，是一种文化现象。1777年，沙龙搬到了荣军院，在那之前，法国各城市著名的复制画都在大画廊展出，和国王的藏画相邻。此外，卢浮宫众多的房间为艺术家的研究提供了空间，吸引了大批观众和好奇人士前来参观。在德尼·狄德罗（Denis Diderot）的《百科全书》中，"卢浮宫"一词指的是

这是《贝里公爵的豪华时祷书》中10月日历的一页插画,背景为中世纪的卢浮宫。作者为林堡兄弟,作于1415—1416年,现收藏于法国尚蒂伊的孔德博物馆

1662年，路易十四为了庆祝王储的诞生，在王室居所杜伊勒里宫前的广场举行庆典，并将广场命名为卡鲁索广场。杜伊勒里宫在1871年被毁（本作品收藏于凡尔赛宫）

公开展出王室藏品（不仅有画作和雕塑，还有自然历史财产、勋章、饰品和前文提到的巴黎平面图）的场所，是为各学院提供永久性展出的场所。卢浮宫将会成为艺术与科学的宫殿，为启蒙运动的支持者提供进步的理念。

早在1750年，公众的舆论压力已经两次促使卢浮宫向启蒙运动的方向靠拢。在雅克-安格·加布里埃尔（Jacques-Ange Gabriel）的带领下，废弃的卢浮宫建筑工地得以重建，但仅限于翻新之前的建筑，并在佩罗柱廊建造了一个露台。另外，长久以来不对外开放的部分皇家藏画也在卢森堡宫展出。将卢浮宫单独作为一座博物馆的概念是安琪维勒伯爵（Comte d'Angiviller）提出来的，他是路易十四御用的杰出建筑总管，曾积极计划收购王室藏品。当时的重点工程是改建大画廊，包括建筑高处的采光（1784年首次在方形沙龙进行采光试验）、纪念杰出人物的大型雕塑，还有通向方形沙龙的雄伟楼梯。然而就在令人期待的博物馆开幕之前，大革命爆发了。1793年8月10日，当博物馆终于开放的时候，却只能看到孤零零的、破旧不堪的大画廊。大画廊一开始仅得到简单的修复，直到法兰西第一帝国期间（1804—1815）才由夏尔·佩西耶（Charles Percier）和皮埃尔·方丹（Pierre Fontaine）完成全部的翻新工作，他们大量借鉴了休伯特·罗伯特（Hubert Robert）的设计，采用了用于支撑的拱门和高处的局部采光。在宫殿的第一层，法国王太后安妮（奥地利安妮）的房间、卡娅第德厅和卡利庭院的南侧修建好之后，展出了一系列古老的藏品。这是拿破仑博物馆（卢浮宫）的辉煌时代，尽管它承载了一个昙花一现的梦，但却成了19世纪所有博物馆的典范。

在法兰西第一帝国期间还进行了其他的扩建，卡利庭院的建造竣工了；在皇帝的居所杜伊勒里宫前建起了卡鲁索凯旋门。更重要

绘有卢浮宫的巴黎风景画，展现的景象为19世纪从新桥看见的风景，卢浮宫在河岸右侧。当时还未竣工的卡利庭院距离新桥最近，大画廊则沿着塞纳河一路延伸。杜伊勒里宫位于大画廊的内侧尽头处（法国画派）

的是，亨利四世时期的宏大规划得以继续：在北侧，沿着新的里沃利街修建了一栋像大画廊一样连接杜伊勒里宫和卢浮宫的建筑。

在波旁王朝复辟期间（1814—1830），卢浮宫的发展进入了停滞期。1815年，众多的杰作被搬离巴黎，物归原籍。后来卢浮宫经历了一段虽短暂但却活跃的收购期，尤其是古董、雕塑和其他艺术品的收购。在卡利庭院南侧的第二层建成了"查理十世博物馆"，用来展出来自埃及的藏品，馆中天花板的绘画装饰非常有趣。在路易·菲利普一世（Luigi Filippo）统治期间，几项浩大的工程动工了，其中最重要的是在凡尔赛建起了法国历史博物馆，卢浮宫内无与伦比的西班牙画廊中展出的作品到1848年欧洲革命后在伦敦被拍卖，让后来的博物馆管理者叹息不已。

法兰西第二共和国（1848—1852）和法兰西第二帝国（1852—1870）见证了大规模修建各类建筑、博物馆的新时代。卢浮宫的改建得以竣工，并在1848年被定义为"人民宫殿"。杜班（Duban）完成了几个墙面的建造，为方形沙龙和七壁炉厅做了宏大的装饰，还完成了阿波罗画廊的修饰工程，画廊的主要装饰是由欧仁·德拉克罗瓦（Eugène Delacroix）负责的。除了杜伊勒里宫之外，卢浮宫新的侧翼成了一些政府重要部门的所在地。拿破仑三世依据路易·维斯康蒂（Louis Visconti）的设计图，决定完成卢浮宫的建设工程。这些设计成了乔治-欧仁·奥斯曼（Georges-Eugène Haussmann）男爵的巴黎城市规划的一部分，代表了对法国国家权力的肯定。卢浮宫沿里沃利街建造，被围在一侧翼楼中，这座翼楼从杜伊勒里宫延伸到卡利庭院。在卢浮宫内部庭院中，人们建造了对称的侧翼，环绕在拿破仑庭院周围。现在的拿破仑庭院建立在之前的废墟上。

北侧建造了新的宫殿和部门所在地，南侧则建了崭新而又宽阔的画廊，第二层还设计了高处的采光。在维斯康蒂的带领下，

1810年杜伊勒里宫附近卡鲁索庭院的帝国阅兵式。1806年,卡鲁索凯旋门建于杜伊勒里宫入口前的卡鲁索广场,以庆祝拿破仑的军事胜利[约瑟夫·路易·伊波利特·贝朗热(Joseph Louis Hippolyte Bellangé);背景的建筑设计者为阿德里安·都扎特(Adrien Dauzats),1862年,收藏于卢浮宫]

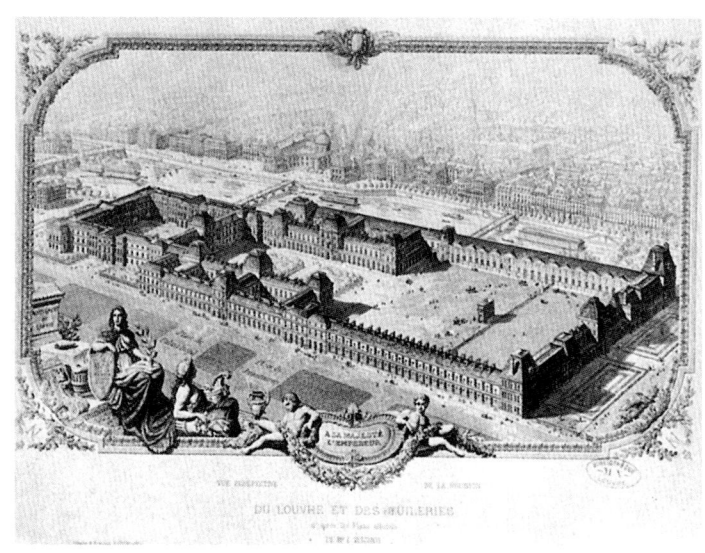

卢浮宫原来的城堡，只剩下地基，占据了如今卡利庭院1/4的空间。与大画廊平行的位置是拿破仑时期增建的部分，朝向塞纳河，有多个小型的庭院。杜伊勒里宫在右侧（R. 普夫诺，1853年，版画，卢浮宫图书馆）

工程进展迅速。1853年，维斯康蒂去世之后，接替他的是海克特·拉菲尔（Hector Lefuel）；1857年，拿破仑三世为"新卢浮宫"揭幕。建设工程还在继续：在新建的建筑上增加了博物馆；大画廊西侧，被拆毁的一部分也得到了重建；让-巴蒂斯·卡尔波（Jean-Baptiste Carpeaux）装饰的花神楼也重建起来了。在卢浮宫内，人们重新编排了藏品的位置，收购了新的重要藏品，使得各个展厅的藏品变得更丰富。

经过这一段繁荣时期，意外突然降临：1871年5月，在巴黎公社的最后阶段，杜伊勒里宫内突发火灾，附近的卢浮宫勉强从这场意外中被保存了下来。尽管杜伊勒里宫能够重建，但这座象征着令人憎恨的拿破仑三世统治制度的宫殿还是在1883年被夷为平地。也正是因为这座宫殿被毁，从而留出了马尔桑楼和花神楼之间的空地，如今我们才能够看见从东到西延伸到巴黎凯旋门的独一无二的风光。

当卢浮宫不再是权力的象征时，它的命运就已经显而易见了。一个接一个的部门办公地都搬离了卢浮宫，为博物馆腾出了空间，以便能继续存放和展出大量的藏品。首先开放的是拿破仑三世的万国大厅，接着是1905年被改建成装饰艺术博物馆的马尔桑楼及其侧翼，最后是1969年开放的花神楼。由于持续不断的收购行为，卢浮宫的藏品得以不断丰富，同时面对人数日益增长的参观者，博物馆也必须利用博物馆学的技术进步来优化藏品的呈现方式。多年以来，卢浮宫进行了数次改建，当法国财政部占用的广阔空间最终归为卢浮宫博物馆的一部分时，改建达到了顶峰。

总而言之，这些是卢浮宫建造史上浓墨重彩的一笔，跨越了8个世纪的历史，如今它正在我们眼前书写最新的篇章，我们对此做一个总结。作为本书引言，此文是为了强调卢浮宫收藏的这些画作是这座博物馆不可或缺的一部分，更是它与其他任何博物馆相比之所以独一无二的原因。卢浮宫藏品种类之丰富，使得全球只有极少的博物馆可以与其媲美。不仅如此，它作为一座历史建筑本身，也是我们了解一个国家、一个社会和一种文化的重要地标。从卢浮宫的建筑、各座画廊、各种装饰或古老的雕塑中，我们可以见证重大的历史时刻和伟大的建筑史，可以听到一个伟大时代的回响。即使不考虑这些，卢浮宫这座宫殿本身所具有的历史品位、历史感情和历史创新点，依然被今天的历史学家不断地学习和欣赏。事实上，难道不正是卢浮宫向大众鲜活地呈现了"博物馆"这一概念吗？在过去，博物馆难道不是只收藏王公贵族的奇珍异品、只允许少数人观赏艺术品的地方吗？在这些我们如今可以自由欣赏作品的展厅里，一代又一代的艺术家和艺术爱好者领略到了研究艺术与欣赏艺术的快乐。

这篇引言的灵感并不是来自对过去的一味缅怀。卢浮宫不仅应该向法国的艺术家开放，更应该向法国以外的民众开放。此引言是为了让每个人都能感受到卢浮宫的独特性，一种长存的独特性。

1987年4月

卢浮宫收藏史

在法国,过去的公众认为收集艺术品是当权者的事情,是君主制不可分割的一部分,就像英国的赛马,是一种"国王运动"。收藏一直以来是王室视觉享受的特权,而当王室未能体现出完成这项任务的高水准时,作为政府人员的贝里公爵(Duca di Berry)便承担了这份重担和荣誉。15世纪初,贝里公爵热衷于收藏绘画和挂毯。他收集的插图手稿,如法国哥特式风格的杰作《贝里公爵的豪华时祷书》,都可以证明他享有特权。他不仅收集艺术品,还供养艺术家。为了达成理想的收购,贝里公爵可以无底线地供养他们,甚至到了向插画家波尔·德·林堡(Pol de Limbourg)允诺许配妻子的地步。身处那个时代的最前沿,贝里公爵给予了艺术和艺术家们在意大利享有重要地位和声誉的机会。在法国北方,意大利艺术和手工艺的声望逐渐显现出来。起初这些作品只是填充收藏家的箱柜,但很快意大利独具特色的战利品和豪华奢侈的宝贝成了法国军事冒险的诱因。

意大利文艺复兴初期的绘画及其复制品很快就开始传往法国。1507年,在米兰,路易十二凯旋的庆祝活动是由列奥纳多·达·芬奇策划的,他获得了皇家津贴的待遇并接受了军事工程师的职务。路易十二遵循百年前贝里公爵的惯例,不仅收购伟大的绘画作品,更希望获得大师本人的青睐。

当时,法国国王弗朗索瓦一世是一位知识渊博的人,同时还是一位将军和文艺事业赞助人,是法国文艺复兴时期重要的代表人物,而他的对手费德里科·达·蒙特费尔特罗(Federico da Montefeltro)公爵与其不相上下。在弗朗索瓦一世的努力推动下,其宫廷、军队和收藏都得到了极大的扩充和丰富。他是法国国家收藏的创始人,收藏品都存放在新枫丹白露宫中。他招募了意大利艺术家对枫丹白露宫进行设计与装修,将这一文艺复兴风格的主要遗迹改装为质朴的乡村风格。1517年,列奥纳多·达·芬奇暂住在昂布瓦斯附近。1519年,弗朗索瓦一世去世时,当时所有属于列奥纳多·达·芬奇的藏画,包括我们熟知的《蒙娜丽莎》(第163页),全部转移至国王手中(至今仍有19幅弗朗索瓦一世收藏的意大利绘画存于卢浮宫内)。裸体版的《蒙娜丽莎》(现藏尚蒂伊)为宫廷淑女私人肖像提供了一种新的典范,是枫丹白露画派的第一批作品。弗朗索瓦一世收藏的绘画作品中,第一幅法国画作是他自己的肖像,现在普遍认为是让·克卢埃(Jean Clouet)的作品。提香绘制的国王肖像是根据本韦努托·切利尼(Benvenuto Cellini)的纪念章所作,因为按照北方君主国的习俗,国王与画家是不能直接接触的。

这些画之前在法国很少见,但对弗朗索瓦一世来说非常重要。枫丹白露的收藏、罗素·菲伦蒂诺(Rosso Fiorentino,1494—1540)和弗兰西斯科·普列马提乔(Francesco Primaticcio,1504/1505—1570)的装饰画,同浴室中为了让人全身心放松而挂起的绘画一样,都代表了北欧新风格的主要来源。因此,法国获得了艺术引领者的美誉。在16世纪后半叶,枫丹白露宫的法国艺术独树一帜,不受国外影响,因此外国作品收藏量没有增长。1527年后,塞纳河右岸的城堡成为国王王宫,并为此重建。弗朗索瓦统治结束时,除梵蒂冈外,其他宫廷与这座城堡中大型庭院周围拥有众多长廊相比,相形见绌。这些长廊空间较大,非常适合多种用途。

枫丹白露的藏品中有少数精美的杰作,带有文艺复兴前期佛罗伦萨和罗马绘画的正统风格。另外还有大量质量稍低的作品,风格也不是很正统。弗朗索瓦一世的财产中有一幅名为《穿铠甲的男人》的画作(第255页),是乔瓦尼·吉罗拉莫·萨沃尔多的自画像,风格属于跟上述完全不同的威尼斯画派,说明弗朗索瓦的审美是开放而多元的。画中的肖像通过细腻的笔触展示出了主人公优雅的气质与不同凡俗的精致,借鉴了乔尔乔内

1794—1796年的卢浮宫大画廊。建筑画家休伯特·罗伯特为卢浮宫的修缮创作了大量画作,并且留下了非常完善的资料。这幅作品展示了在他被任命为卢浮宫的负责人时这座博物馆的面貌(收藏于卢浮宫)

查理十世在卢浮宫举办的1824年沙龙艺术展上为雕塑家科特利耶（Cartellier）颁奖［弗朗索瓦-约瑟夫·海姆（François-Joseph Heim），收藏于卢浮宫］

（Giorgione）的风格，也体现了萨沃尔多自身的思考和技法。

在接下来的时期，只有少数由弗朗索瓦·克卢埃（François Clouet）和柯奈·德·里昂（Corneille de' Lyon）创作的小型肖像能够反映时代的特色，并成为王室的藏品。在亨利二世统治期间（1547—1559年在位），正如我们如今所见，卢浮宫的主要增建部分是由让·古戎雕刻的卡利庭院墙面，以及皮埃尔·莱斯科在16世纪中期负责建造的卡娅第德厅，这些体现了卢浮宫的辉煌，并在其后续的发展中从未失去这种光芒。卢浮宫收藏了最高品质的艺术家作品，在这一点上，它是独一无二的。它的藏品包括19世纪的装饰品，还有乔瓦尼·罗马内利、夏尔·勒·布朗和后来的安格尔、德拉克罗瓦、布拉克的作品，都保持了极高水准。

1563年，亨利四世在位时期（1589—1610），凯瑟琳·德·美第奇建议沿塞纳河建一条400多米长的宽阔走廊，以连接两座宫殿，这成为杜伊勒里宫最重要的增建成果，让这座大画廊注定要成为未来博物馆的脊柱。1608年，国王首次考虑其艺术领域的公共职能。200年来，直到拿破仑博物馆时代，一楼一直作为画家、雕塑家和最好的工匠的住所和工作室，同时也被用来招待贵族，以便"建立贵族与美术之间的联盟"。卢浮宫工作室绘制的一些画作最终被收购，在上文提到的大画廊展出。

1610年，为卢浮宫做出许多贡献的亨利四世遭到暗杀，被安葬在卡娅第德厅，葬礼仪式隆重。他的遗孀玛丽·德·美第奇（Maria de' Medici，1573—1642）与每一位君主一样，对卢浮宫的收藏产生了深远的影响，即便她在建筑上的所有贡献都已经不再留存于世。1621年，鲁本斯受托为卢森堡宫绘制的一系列巨大的装饰画，描绘亨利四世的生活和财富，含蓄地满足了亨利四世的虚荣心。该系列是欧洲绘画艺术最精彩的范例之一，目前展示于卢浮宫大画廊的尽头。

法国的艺术管理制度由3位部长黎塞留（Richelieu，1585—1642）、马扎然（Mazarino，1602—1661）和柯尔贝尔（Colbert，1619—1683）创建，他们的理念不可动摇，后两位中的每一位都是其前任的秘书、经纪人和继承人。他们最大限度地行使自己的权力，虽显得有些冷酷无情，然而在某种程度上又是无私的，他们认为负责王室收藏是他们权力的体现。马扎然因吝啬而闻名，但他和其他人一样，不为个人利益而收藏。黎塞留的所有收藏品都是大幅作品，它们填满了枢机主教宫。法国王后（奥地利安妮）为她不太开心的亲人翻修了这座宫殿。在卢浮宫遭遇变迁之前，藏品已经被转移了。一些最美的雕塑和绘画作品，如米开朗琪罗（Michelangelo）的《囚》和普桑的《塑像前的酒神节》，都受黎塞留委托，曾收藏于他家在普瓦图（Poitou）重建的奢华的家族城堡中，现在这些作品都回到了卢浮宫。黎塞留认为这些杰作为凡尔赛宫与艺术完美衔接做好了准备。

马扎然成为枢机主教后，时隔一年，路易十四（1643—1715年在位）成为国王。马扎然比黎塞留更重视对绘画的收藏，他有意大利人与生俱来的对艺术的追求，他认为必须收藏有价值的艺术品。马扎然在整个欧洲大陆范围内进行筛选，收集藏品出售的消息。他曾与银行家埃弗哈德·雅巴赫（Everhard Jabach）合作，购买了查理一世从英国到法国期间出售的最好收藏品。马扎然对收藏的热爱还体现在他去世前几天的遗言中。1661年，当马扎然去世时，路易十四接受了他对艺术追求的积极态度，不像历代法国国王一样统治国家，而是将赞助文艺事业变成了一项王室的权利和义务，没有一位君主能够如此了解他同时代人的艺术。路易十四精通君主制规定下的艺术原则，慷慨拒绝了马扎然的收藏品遗产，但他从中买下一批画——拉斐尔、提香和科雷乔的作品，以及汉斯·泽巴尔德·贝哈姆的《大卫的故事场景》（第225页）。

这种变化有着深刻意义。新一轮的收藏品由国王亲自购买，购买量迅速增长，其中包括当时艺术家克劳德和普桑的画作，以及已经去世两三年的伦勃朗的画作。此外，路易十四热衷于巴洛克风格的倾向影响了他的治国理念。有人评价说，他像一位天才演员一样行使着皇权。他的个人品位驱使他更倾向于宫廷画家和安东尼·凡·代克（Anthony van Dyck）这样的绘画风格。除此之外，路易十四偏爱购买同时代法国画作，凸显了他作为新一代国家统治者的狂妄与自大。

时任法国财务大臣的柯尔贝尔（Colbert）全力支持建设凡尔赛宫的惊人投资，并计划对卢浮宫进行修缮。宫殿及其中的各种装饰品和收藏品成为法国最大经济投入的项目之一，中世纪的大教堂（与凡尔赛宫及卢浮宫类似）也如此，这使国王对于即将来临的破产极度恐慌。他深度参与到凡尔赛宫的建设中，同时考虑放弃卢浮宫。柯尔贝尔坚持初衷，认为卢浮宫最终应该成为一座国家博物馆。他收购马扎然和雅巴赫收藏的画作，并举办收藏展，这在以前是不可想象的。他从不放过潜在的艺术品收购机会。这位驻威尼斯大使从参议院获得许可，收购了两幅韦罗内塞的大型作品，现在仍收藏在卢浮宫。柯尔贝尔唯一失之交臂的是拉斐尔的图稿，现在收藏于伦敦。在柯尔贝尔的支持下，21年后卢浮宫馆藏作品数量已增加到2000多件。

画家夏尔·勒·布朗担任王室绘画与雕塑学院的院长，这所学院是专业的学科教育院校和学术研讨机构，他也是家具及挂毯工厂的负责人，同时负责国王画室的工作。他和柯尔贝尔致力于实践黎塞留的理念，即将大画廊转变成为培养艺术家的场所，将散落在宫殿各处的画作集中到这里。与此同时，勒·布朗采用极其华丽的形象派风格重新装修卢浮宫阿波罗长廊。16世纪时，枫丹白露宫成为纪念创建者弗朗索瓦一世的艺术遗迹，宫殿内的藏品相当完整。1608年，从一些浴室的状况发现这座宫殿的情况不容乐观，因此任命了一位守护者，他就是卢卡斯·凡·莱登（Lucas van Leyden）的孙子，这一职位后来变为世袭。

1674年，卢浮宫的建筑工程暂停。从那时起，凡尔赛宫成为皇家住所。但真正的收藏注定会成为国家使命，并且正在被推进。根据《文雅信使》的报道，1681年12月6日，国王"为巴黎的存在加荣，前往旧卢浮宫看他的藏画屋……陛下在其御用画师的指引下，发现一切井然有序"。在称赞了这些作品并为他的住所选择了15幅画作后，"陛下非常满意地离开了"。

这是一个庄严的日子，卢浮宫在这一天成为一个国家公共美术馆，当时只有一位参观者——国王本人。两年后，柯尔贝尔去世，勒·布朗失势，皮埃尔·米涅尔（Pierre Mignard，1612—1695）接替了职位。

活跃的路易十四时期后，封闭、狭隘的政权体制引起了公众极大的不满。18世纪的王室收藏没有体现法国绘画的黄金时代，这个阶段的艺术创作也没有获得路易十五（Luigi XV，1715—1774年在位）的资助。王室的画作分散在宫殿各处，疏于管理的植物到处蔓延，这些杰作在仓库中慢慢老化。每个人都很清楚，这些最重要的画作正在绘画历史中衰落。那时，为保护正在消失的伟大收藏所做的工作很少。

由这些不满所激起的批评是新生事物，王室收藏的未来已成为当时大众关心的话题，也成为民族自豪感的所在。1750年，卢森堡宫开设临时博物馆的决定引发了不满艺术藏品难以接近的抗议活动。作为公共服务设施，卢森堡宫根据季节的不同，每周早上或下午免费开放两次。出人意料的是，展览还包括一个向公众展示画作保存工艺的区域，如展示了安德烈·德尔·萨托（Andrea del Sarto）的《博爱》（第186页）是如何从腐烂的画板转移到画布上的。

部长们警告蓬皮杜夫人（Madame de Pompadour），她对于任何因公众骚动所做出的让步都会被认为是软弱的表现，让人们认为骚乱是明智、合理的。事实上，当时知识分子们正在争论一项政策，正如英格兰所做的那样（大英博物馆于1753年通过议会法案，宣布于1759年向公众开放），临时博物馆的设立是一个具有启蒙意义的变革，但不是永久的。

路易十六（Luigi XVI，1774—1793年在位）的收藏数量也相当可观，收藏品来自各个领域。他的藏品质量高，形成了一个体系，受到大家的认可。1774年，安吉维勒伯爵被任命为建筑总监，他受到复兴的古典主义思潮的启发（古典主义推动了历史画和温情画的发展），开始系统地填补收藏品的空白，并依次按照时间顺序进行排列。

自1725年，王室绘画与雕塑学院开始在卢浮宫的方形沙龙举办展览。因此，从那以后，定期的学术展览被称为"沙龙"。方形沙龙见证了法国绘画发展的重要阶段。与此同时，在安吉维勒伯爵的指导下，一笔相当可观的拨款用于从英国购买弗拉芒画派作品，卢浮宫收藏的流派也更加丰富。

随着岁月的流逝，百科全书派知识分子和公众希望在大画廊建立一个博物馆的愿望将实现。但可惜的是，1779年当卢森堡宫被普罗旺斯伯爵占领并重新成为王室住所时，这些画作又被放回了仓库。在这其中还有鲁本斯为玛丽·德·美第奇绘制的一系列画作，与其他作品一起构成了未来博物馆的一部分。

大画廊项目已一致通过，大家对此满怀信心。但进展仍然艰辛而又缓慢，并且像往常一样，在陈旧的体制之下，资金很快被消耗殆尽。建筑画家休伯特·罗伯特被任命为博物馆画廊的策展人，工作出色。他不管目标最后是否能实现或实现多少，就开始绘制大画廊的透视图。他描绘了一个理想的画廊，高处照明，廊间雄伟。在另一幅画中，他描绘了一座没有任何改建的画廊，一如既往的荒废、黑暗、杂乱。最后，他想象它完全废弃了，变成了废墟。休伯特·罗伯特设想的重建很漂亮（参见《大画廊的布置设计》和《废墟中大画廊的虚构景观》，第574—575页）。

罗伯特的这个系列画作是法国艺术的杰出成就之一。他承担了对大画廊改造的责任，设想出比狄德罗和批评者更清晰的一个在150年内都不可能实现的发展方案。卢浮宫本身就是一个辉煌的成就。对比休伯特·罗伯特的几种假想方案，不难看出哪种方案略胜一筹，这意味着朝着他的理想方案已经迈出了第一步。大画廊的重建基于他在1796年沙龙展出的图纸，直到20世纪才完成，但是法国人已经等不及这些项目的实施。

革命者的愤怒情绪是人类最急不可耐的情绪之一。在这种思想解放的热潮中，每个人都希望得到国王一样的权力，所以这些收藏应当属于全体大众，必须向公众开放，且刻不容缓。1793年7月27日颁布法令，规定卢浮宫必须在14天内对外开放，也就是当年的8月10日。10天中有3天可以让公众参观卢浮宫，5天留给抄写员，2天做清洁。优先满足相关领域的诉求是博物馆的使命，也是亮点。因为当时画廊还没有准备好，不得不反复关闭，以进行维修和改进。1799年4月17日，部分画廊修缮完成。1801年7月14日完成其余工作。其中中央艺术博物馆成果显著。当时法国正和大半个欧洲对战，同时被内战搅得四分五裂，但是博物馆成功地做到了君主制40年来没有做到的事情。735幅藏画中，3/4来自王室收藏，其余来自教廷收缴的当时被镇压的王室绘画与雕塑学院的毕业作品，或是移民抵押的财产（其中有些属于枢机主教黎塞留），这些作品被存放在库房中。当时，中央艺术博物馆是法国唯一秩序井然的地方。雅克-路易·大卫（Jacques-Louis David）带领的雅各宾派向大众表明，一度仅供君主欣赏的文化艺术应该为全人类所共享。必须承认雅各宾派完成了一种情感升华：将愤怒转化为民族自豪。如此成功的转变是140年前英国人通过革命也没有做到的，也助长了抵抗君主制的法国人一致对外的民族情绪。

每个进入卢浮宫的公民都欣赏到了法国国王的收藏品，他们象征性地拥有了一个从未梦想过的王国，凭借个人的努力，获得了享受精美艺术品的权利。革命的胜利成果之一是开启了人们想象的空间。英国人已经实现了革命（从他们对革命的认识的意义上来说），最终在1688年再次遭遇革命，但他们从未想过艺术品给人类带来的潜力。他们从未把查理一世皇室的艺术收藏看作是人类潜能的扩展。

执政内阁（1795—1799）责成拿破仑·波拿巴，无论他与他的军队走到哪里，都应该

17

代表中央艺术博物馆接管最著名的艺术作品，这样所有的艺术作品都将由法国保存，以确立其艺术王国的地位。1794年，第一批作品运抵法国。两年后，拿破仑在意大利打仗期间，将掠夺的画作从帕尔马、博洛尼亚、摩德纳和克雷莫纳带回了法国。1797年和1798年，拿破仑的军队入侵并掠夺了威尼斯和罗马。1806年和1807年，德国和奥地利的画廊被洗劫一空。运输来自战败国的珍品名作的车队涌向法国，他们不仅带来了绘画和大型雕塑，还有奇珍异兽，这一切引起了人们的惊叹。不久，他们发现画廊只能摆放其中的一半，其余的千余幅作品只好存放在凡尔赛宫。1793年，法国学院派专属博物馆（Musée Spécial de l'Ecole Française）在凡尔赛成立。但事实上，这里只收藏了不那么重要的法国画作。卢浮宫的混乱局面因最后一批名作在方形沙龙展出而终止，后来这些作品被转移到大画廊依次摆放。

后来的第一任博物馆馆长维旺-德农（Vivant-Denon）曾在动荡的蓬皮杜、波旁和波拿巴时代翻云覆雨，一帆风顺。1802年，时年55岁的他被任命为馆长，展现出完全与职位匹配的工作能力。1803年，卢浮宫改名为拿破仑博物馆，这是拿破仑第一次接受殊荣，与他越来越高的地位和声望相辅相成，他的特权与卢浮宫的地位完美契合。

拿破仑博物馆的收藏体现了对艺术更高层次的"占有"，对于这种已经深入人心的认知，没有人表示怀疑。法国认为自己是古罗马的继承者，在这方面它被视为典范。法国致力于对古代遗产的继承，很大一部分原因是它可以充分利用这些文化成果。在这一方面，F. H. 泰勒（F. H. Taylor）说曾经有人认为"法国人具有出众的敏感性，他们通过观察古代的典范来培养自己的感知能力和批判性思维"。法国艺术注定要统治世界这一点表现得越明显，改善其自身的弱点和"不利的艺术风气"的努力就越必不可少。卡特勒梅尔·德·昆西（Quatremère de Quincy）提出，意大利复杂的文化背景对法国造成了损害，这曾经被认为是一种正确的观点，虽然这一观点后来被他所否定，但现在法国人仍存有这样的顾虑。法国人普遍认为，法国是完成博物馆使命的最佳国度之一。支持这一观点的画家包括让-巴蒂斯特·伊萨贝（Jean-Baptiste Isabey）和弗朗索瓦·热拉尔（François Gérard），他们曾公开表示："法兰西共和国凭借其实力、显赫的人物和卓越的艺术家，成为世界上唯一能为艺术杰作提供安全保护的国家。"

人们有这样一种印象，以古代政权为题材的法国艺术似乎不具有巨大的影响力，只有严格意义上的古典主义才能产生这种影响。一种新的文化民族主义正在当时的法国蔓延。拿破仑秉承了这些信念，他1796年在米兰写信时说道："所有的天才，那些在文坛中（当然还要加上"艺术领域"）赢得敬重的人都是法国人，不管他们出生在哪个国家。"乍一看，这种说法充满着极端的沙文主义思想，并且毫无根据，然而基于1796年的艺术历史，以及卢浮宫在其中所扮演的角色，从某种角度来看，拿破仑说的也具有一定的合理性。一个明显的事实是，那个时代一些有才华的人确实倾向于承认他们是法国人，这种倾向源于其艺术领域最辉煌的时刻，也体现在法国的国家收藏中。

1802年确实是卢浮宫最美好的时光之一，大画廊在一两年之内都对外开放。1804年，根据休伯特·罗伯特的计划，大画廊因玻璃天窗和支柱的安装而再次关闭。1802年，《亚眠和约》的签订，让那些20多年来远离巴黎的英国人能够来到这里。这座城市似乎成了整个国家朝圣的目的地，在众多的朝圣者中，有一位伟大的画家约瑟夫·马洛德·威廉·透纳，在那时他已经准备好接受西方卓越绘画的洗礼。对于透纳而言，巴黎这个地方的重要性肯定与他在夏季闲暇时首次看到阿尔卑斯山之后产生的自然崇拜有关，艺术与自然这两者经常可以相互诠释。甚至美国人本杰明·韦斯特（Benjamin West）也参与了1802年的艺术创作，他是宾夕法尼亚州的公谊会教徒，也曾是伦敦皇家学院的主席，任何怀疑他对公谊会不够虔诚的人都应该看到，由亨利·辛格尔顿（Henry Singleton）绘制的一幅画作中就有韦斯特的形象，他固执地戴着一顶帽子，即使在上帝面前，他也不会摘下来。韦斯特在1802年为

《卢浮宫画廊》。塞缪尔·F. B. 莫尔斯（Samuel F. B. Morse）在他的方形沙龙画作中再现了数量惊人的卢浮宫杰作。这些作品的实际尺寸要大得多，散落在博物馆中。画作的背景中有画家本人，还有美国作家詹姆斯·费尼莫尔·库柏、他的妻子苏珊·德兰西·库柏，以及作家的女儿，他们在房间左上角的画架边（1832年，收藏于伊利诺伊州芝加哥特拉美国艺术博物馆。该博物馆非常慷慨地允许我们复制了这幅作品）

法国历史做出了巨大贡献。1760 年，他已经预测到由大卫领导的新古典主义趋势，他继续推动了这种趋势的发展，以巴洛克风格创作了《骑在灰马上的死神》，并在巴黎展出。当时在巴黎，艺术家们将他视为英国的维恩（Vien），他是模仿法国新古典主义最重要的倡导者。

卡特勒梅尔·德·昆西曾描述，拿破仑在征战中"被对每个国家最好的东西充满期待的欲望所吞噬"。然而巴黎并不是拿破仑和维旺-德农领导的艺术运动的唯一受益者。拿破仑一直在考虑一种更好的画作展示办法，即像国家博物馆一样，法国把优秀的画作分发到各地的博物馆，这些画作反映了与传统的联系。1800 年，拿破仑下令建造了 15 座博物馆，其中一座位于布鲁塞尔。800 多幅来自卢浮宫和凡尔赛的画作被送往各地的博物馆。

在皇帝亲属的统治下，新欧洲的各国首都被博物馆所"充实"，这些博物馆也同样借鉴了法国在画作展示方面的首创。1808 年，路易·波拿巴（Luigi Bonaparte）创建了今天位于阿姆斯特丹的荷兰国立博物馆。威斯特伐里亚的热罗姆·波拿巴（Gerolamo Bonaparte）继续在卡塞尔建造美术陈列画廊。马德里的普拉多博物馆由约瑟夫·波拿巴（Giuseppe Bonaparte）开始创建，1814 年在费尔南多七世（Ferdinando VII）时修复完成并对外开放。米兰的布雷拉美术馆和博洛尼亚学院创立于 1803 年。布雷拉美术馆所拥有的宝贵财富归功于欧仁·德·博阿尔内（Eugène de Beauharnais）的慷慨。地区性的博物馆虽不在法国境内，但也同样收到了法国皇家收藏的绘画作品。一件位于布鲁塞尔的鲁本斯作品是路易十六的藏品。拿破仑博物馆被认为是整个欧洲博物馆的典范，博物馆的建立形成了一种惯例。拿破仑博物馆这一具有革命性的范例推动了其他博物馆的建立，有些博物馆由地方政府推动建立，比如安特卫普；还有一些归功于私人的捐赠，比如贝加莫的卡拉拉家族。这种惯例一直持续存在。拿破仑倒台后，他的大部分财产被没收或归还，但那些艺术品并没有回到之前它们所在的教堂，而是存放在了帕尔马和威尼斯这些艺术画廊中。

与此同时，德农逐渐意识到通过战争掠夺来的大部分绘画仍缺乏完整性。卢浮宫的意大利绘画不能代表文艺复兴早期绘画特征，这种特征普遍地出现在大卫工作室的画作中。德农从 1811 年开始寻找遗留在托斯卡纳的古代艺术遗产，并取得了巨大收获。在比萨的圣方济各教堂，他获得了奇马布埃和乔托的作品，这些作品至今仍收藏在大画廊，对之后的意大利绘画具有学习和借鉴的价值。德农的收藏极具系统性，当他从托斯卡纳回来之后，他的展览目录包括了奇马布埃和乔托的祭坛装饰屏风画，还有弗拉·安杰利科、菲利普·利皮、洛伦佐·迪·克雷蒂、多梅尼哥·基尔兰达约，以及西玛·达·科内利亚诺的重要作品。

1802 年，女游客赛茜尔·古尔德（Cecil Gould）曾描述了对它的深刻印象，说当她从方形沙龙出来时，感觉大画廊大约是伦敦皇家学院展厅的两倍，"当人们进入大画廊时，他们惊叹于眼前所见：画廊如此之深长，以至于视线在远处终结为一个点；藏品如此之丰富，以至于即使想前进，注意力仍会依依不舍地停留在眼前的艺术品上。"

德农在乔尔乔·瓦萨里的基础上，把艺术理解为一个不断衍化的过程，其巅峰是拿破仑时代的新古典主义，是文艺复兴的重生。即使在当今人们参观卢浮宫时，依然可以感受其至高的经典风格，这是由卢浮宫创造的历史典范。

1815 年，拿破仑政权垮台后，归还艺术品的请求成了正当的行为。当归还结束时，从意大利带走的名画还有一半留在巴黎。法国人比这些画的作者更知道如何更好地利用它们。在卢浮宫里，这些画拥有了更多的意义。托斯卡纳的代表放弃了属于奇马布埃和佩鲁吉诺的佛罗伦萨杰作，他们对镶嵌的大理石桌子更感兴趣。这也就解释了为什么 1811 年德农决定购买托斯卡纳杰作，也可以这么说，这一计划到弗朗索瓦一世时期便已提前实现。大卫和德农，这两个自己未能完全实现抱负的人，很难意识到他们为之后的两个世纪提供了艺术参考。

1832年，美国画家兼电码的发明者塞缪尔·F. B. 莫尔斯（Samuel F. B. Morse）完成了他历时14个月的画作《卢浮宫画廊》。这幅画向人们展示了方形沙龙以及经过敞开的大门之后呈现出的大画廊全景，沙龙的墙壁上挂有40多幅最伟大、最重要的藏品。莫尔斯的绘画旨在展示西方绘画的本质，本书出版的目的也正是如此。

第一章
1250—1500 年

本奇维耶尼·迪·佩波
（奇马布埃）

13世纪最后几年的托斯卡纳地区出现了前所未有的、被看作人类伟大创新的创作潜能，这种发展在卢浮宫藏品中也有充分的体现。1811年，拿破仑博物馆的馆长维旺－德农男爵为博物馆获得了比萨圣方济各教堂祭坛的装饰屏，以此作为意大利第一个画派的代表性作品。1815年，法国恢复君主制时，负责重新收藏托斯卡纳画派绘画的委员会明智地决定不改变其存放位置。意大利艺术理论家乔尔乔·瓦萨里认为《宝座中的圣母》这幅木板蛋彩画是本奇维耶尼·迪·佩波的作品，它奠定了一种新的绘画种类的基础，反映了画家的独特风格。

3个世纪之后，乔尔乔·瓦萨里在他的《意大利艺苑名人传》中以编年体的形式讲述了本奇维耶尼·迪·佩波的一生，记录了他的生活、性格。根据这些记述，本奇维耶尼·迪·佩波比较固执，因此他还有一个绰号——奇马布埃（意为"公牛头"）。

奇马布埃的个性中有着某种执拗和不安，但并未影响他的创作，比如圣十字大教堂中被毁坏的《耶稣被钉死在十字架上》和卢浮宫的《宝座中的圣母》中的人物都表现出平静而安详的神态。

卢浮宫的祭坛装饰屏是该系列最伟大的作品之一，其中拜占庭风格图案的多样性在托斯卡纳画派的鲜明特征中得以充分体现，使画中人物的线条更加流畅。

（第24页图）
本奇维耶尼·迪·佩波（奇马布埃）
佛罗伦萨，1240年—比萨，1302年后
宝座中的圣母
木板蛋彩画
427cm×280cm
来自比萨的圣方济各教堂
卢浮宫购于1814年

（第25页图）
拉齐奥画派
13世纪前半叶
圣方济各
木板画
95cm×39cm
罗马艺术收藏家坎帕纳收藏
卢浮宫购于1863年

博洛尼亚画派
1333年
三联画：耶稣被钉死在十字架上和悲恸的圣母、圣母领报、圣母加冕和六位圣人
木板蛋彩画
中间画板135cm×73cm
罗马艺术收藏家坎帕纳藏
卢浮宫购于1863年

"圣方济各的大师"
托斯卡纳，1350年
着色的十字架
木板蛋彩画
97cm×73cm
卢浮宫购于1981年

28

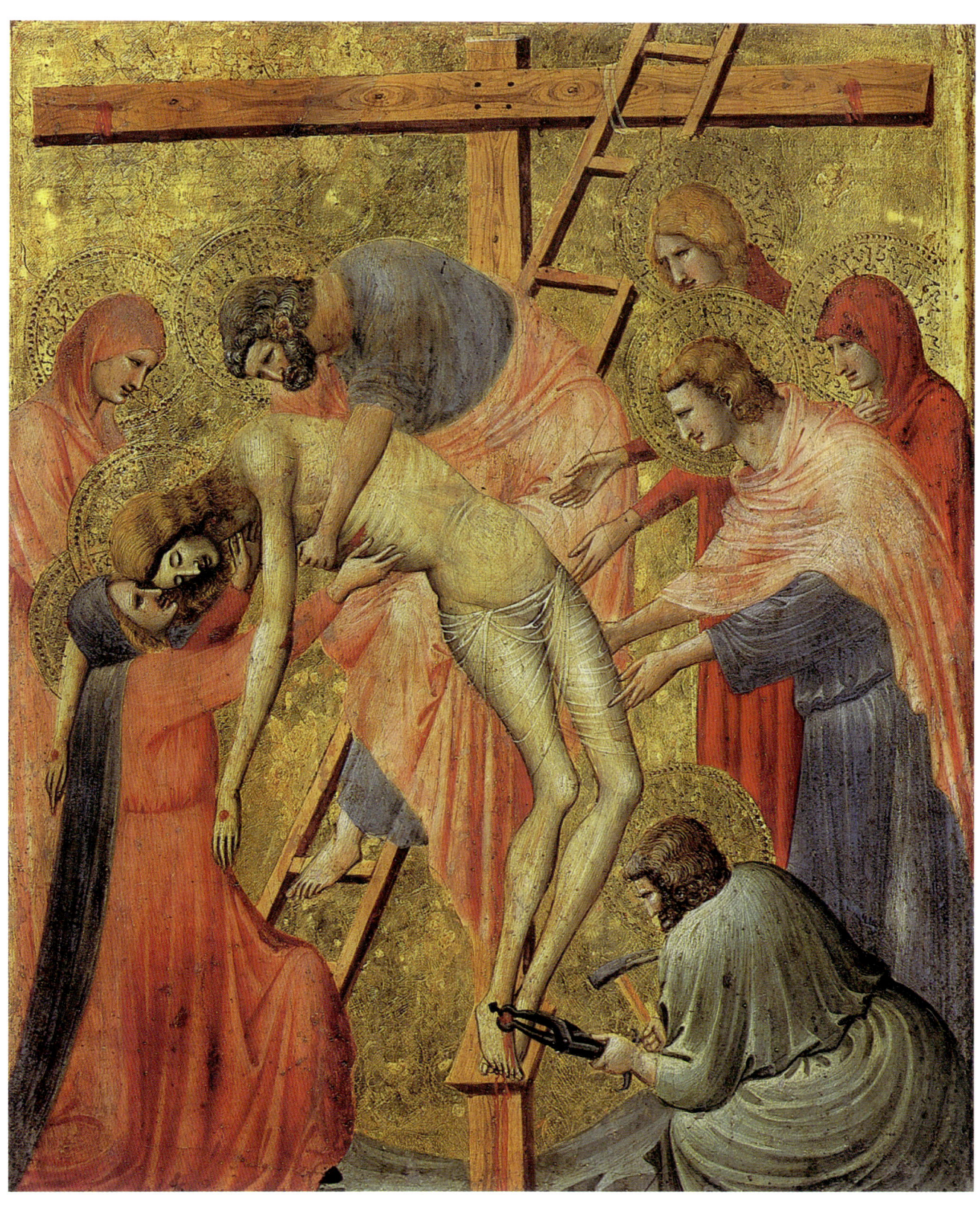

（第28页图）
西蒙内·德伊·克罗切费西
14世纪
三联画：圣母子与圣人
木板画
50cm×26cm
法国基金会接收于1973年，并永久收藏

（第29页图）
彼得罗·达·里米尼
活跃于14世纪前半叶
基督被解下十字架
1330—1340年
木板画
43cm×35cm
卢浮宫购于1932年

乔托·迪·邦多纳

具象艺术对于天主教圣方济各会而言具有非常特殊的价值。圣方济各是天主教方济各会和方济各修女会创始人。他作为天主教圣徒，具有神圣的形象，在宗教故事中也遭受了与基督同样的苦难。

通过绘画这种形式，圣方济各的事迹更加引人入胜，通俗易懂，同时也为当时的绘画创作带来了灵感。在阿西西教堂的中殿里有乔托的28幅大型壁画描绘了圣方济各的传说，较全面地反映了圣方济各的生平事迹，这在艺术史上较为罕见。

这些壁画引起了画家们的极大兴趣，一位画家（今天我们称他为"圣方济各的大师"）同样进行了创作，而像"1224年圣方济各接受圣痕"这样的宗教故事场景，圣葬大师（Maestro delle Esequie）也创作了同样题材的作品。

《圣方济各接受圣痕和三个关于他的传说的场景》来自比萨的圣方济各教堂。最上面的主图被认为是乔托的作品，下面3幅小图的场景来自阿西西的壁画，由"圣方济各的大师"的助手绘制完成。主图描绘的是收到耶稣五伤的圣方济各表现出的一种专注的神情。乔托的这种新的绘画风格隐含了对现实主题的表现手法，而不是他的老师奇马布埃那样的理想主义的描绘方法。这种创新使画中的人物更富有立体感（比如下跪的圣人），而且在他后来的创作中仍然保持着这种风格。

贝尔纳多·达迪
1320—1348年，活跃于佛罗伦萨
圣母领报
木板蛋彩画
44cm×71cm
罗马艺术收藏家坎帕纳收藏
卢浮宫购于1863年

乔托·迪·邦多纳
韦斯皮亚诺，1267年—佛罗伦萨，1337年
圣方济各接受圣痕和三个关于他的传说的场景：教皇英诺森三世的幻象，教皇收到圣方济各会的章程，圣方济各向小鸟布道
1295/1300年（？）
木板蛋彩画
313cm×163cm
来自比萨的圣方济各教堂
卢浮宫购于1814年

乔托画室
被钉死在十字架上的耶稣与圣母、福音书作者圣约翰、鹈鹕
木板蛋彩画
227cm × 225cm
罗马艺术收藏家坎帕纳收藏
卢浮宫购于1863年

摩德纳的巴尔纳巴
1361—1383年，活跃于热那亚和比萨
圣母子
木板画
109cm × 72cm
卢浮宫购于1968年

利波·梅米
1317—1347年，活跃于托斯卡纳
耶稣被钉死在十字架上
木板画
94cm×44cm
罗马艺术收藏家坎帕纳收藏
卢浮宫购于1864年

乔瓦尼·达·米拉诺
1320—1369年后，活跃于卡尔瓦萨乔
圣方济各
1360年
木板画
113cm×39cm
罗马艺术收藏家坎帕纳收藏
卢浮宫购于1863年

巴托洛·迪·弗雷迪
锡耶纳，1353年—马萨，1410年
圣殿上的引见
木板画
190cm×125cm
罗马艺术收藏家坎帕纳收藏
卢浮宫购于1863年

西蒙·马尔蒂尼

1305年,克雷芒五世(Clemente V)当选为教皇,并将教皇住所从罗马迁到阿维尼翁,许多画家也随他一起搬迁。西蒙·马尔蒂尼或许是普罗旺斯新教皇宫中最伟大的画家,他所产生的直接和间接影响都是十分重要的。

在《去往骷髅地》这幅画中,西蒙对去往骷髅地的仪式队伍经过城墙边时人物众多的场景的表现,让人想起他的锡耶纳老师杜乔的绘画风格。

锡耶纳画派与西蒙一起影响了北部简朴的哥特式绘画风格,并对法国产生了持久的影响。在这幅画中,在耶路撒冷城墙外陡峭的路上,人们在前往骷髅地的途中重新发现了庄严的游行队伍。从抹大拉的玛利亚的形象开始,画家采用鲜明突出的色彩描绘她模仿耶稣被钉在十字架上的痛苦表情,以此来强调这件事的神圣性。

锡耶纳的画家对画中众多人物的动作和姿态具有敏锐的洞察力,任何一个人,无论是虔诚的追随者还是邪恶的迫害者,都以同样的方式簇拥在基督身边。

在锡耶纳画家的笔下,城墙下的情景令人难忘。

西蒙·马尔蒂尼
锡耶纳，1284年—阿维尼翁，1344年
去往骷髅地
1336/1342年（？）
木板蛋彩画
28cm×16cm
卢浮宫购于1834年

"反叛天使的大师"
阿维尼翁，1340年
圣马丁分享他的斗篷、反叛天使的堕落
木板画
64cm×29cm
画板的正反面
1967年寄放于布鲁日博物馆

安布罗吉奥·洛伦泽蒂
1319—1347年，锡耶纳享有盛名
巴里的圣尼古拉的善举
木板蛋彩画
30cm×21cm
卢浮宫购于1916年

"圣乔治手抄本的大师"
14世纪初活跃于托斯卡纳和阿维尼翁
宝座中的圣母子与天使、施洗者圣约翰、圣彼得与另外两位圣人
木板蛋彩画
57cm×21cm
卢浮宫购于1828年

（第40页上图）
洛伦佐·莫纳科
锡耶纳，1365/1370年—佛罗伦萨，1426年前
耶稣被钉死在十字架上
木板画
34cm×68cm
卢浮宫购于1814年

（第40页下图）
洛伦佐·莫纳科
希律王的宴会
木板画
34cm×68cm
来自佛罗伦萨的天使的圣玛利亚教堂
卢浮宫购于1814年

洛伦佐·莫纳科
圣雅各的会见与殉难
木板画
34cm×68cm
卢浮宫购于1814年

巴黎画派

这幅（《法国国王约翰二世》）面带狡黠微笑、与雪貂相像的侧面像是我们在西方绘画中所看到的第一幅肖像画。此外，这也是第一幅不基于手稿或是根据基督教士描述而创作的法国绘画。

这位生于1319年的国王，被描绘成大约40岁的年龄，展现出一种过早衰老的迹象。这幅画可能绘制于国王在伦敦的4年监禁期间，大约在1359年。而在此之前的1356年，他率领的法军被英军击败于普瓦捷。在这种情况下，国王的宫廷画师在狱中联系到他。

后来，当国王留在英国的人质逃跑后，国王出于诚信，自愿回到英国，并作为俘虏，被安置在萨沃伊宫，一直到1364年去世。

附有国王名字的肖像画或许是一幅多折画的其中一幅，这幅多折画由4部分组成，另外3个是约翰二世之子查理五世（之后才被确认）及德国和英国君主的肖像。国王肖像表达出的粗犷、狡猾与他的统治年代的状况并不矛盾，或许他的绰号"好人"是一位殷勤的讨好者为他取的。

没有什么画像能比这幅开创了法国绘画先河的肖像画更适合表现这位无能国王的个性了。

《耶稣被钉死在十字架上与耶稣受难场景及复活场景》则是一幅与之截然不同的画作，证明了约翰之子查理五世对艺术事业的保护和资助。

大约在15年后，受委托为纳博纳教堂绘制的四旬斋祭坛画呈现出一种象征性风格，这与上一幅肖像画线性和精确的风格不同。查理和其王后十分喜爱《耶稣被钉死在十字架上》这幅作品，并让人为其装饰了精致的画框，上面所描绘的事件是按照时间顺序从左至右排列的。

相继发生的不同场景并未被严格划分开，耶稣受难中所描绘的暴力场景逐渐变为耶稣复活中冥想的场景，整个故事戏剧性的串联极具想象力。

让·德·博梅斯
活跃在安图瓦，1361—第戎，1396年
耶稣被钉死在十字架上与加尔都西会教士
1389—1395年
木板画
60cm×49cm
1389—1395年，为第戎附近的卡尔特会修道院绘制
卢浮宫购于1967年

巴黎画派
来自纳博纳教堂的四旬斋祭坛画：被称作纳博纳装饰的《耶稣被钉死在十字架上与耶稣受难场景及复活场景》。中心：耶稣被钉死在十字架上；左侧：逮捕耶稣、笞刑、去往骷髅地；右侧：葬礼、走向地狱边界及基督和圣母的显现
白色织布上的墨水画
78cm×286cm
可能是查理五世向纳博纳教堂提供的，卢浮宫购于1852年

雅克·德·赫斯丁
1384—1409年，活跃于布鲁日
去往骷髅地
布面画
38cm×28cm
来自贝里公爵1409年完成的《豪华时祷书》
卢浮宫购于1960年

巴黎画派
14世纪下半叶
法国国王约翰二世（又称"好人约翰"，1319—1364年）
1359年
木板蛋彩画
60cm×45cm
法国国家图书馆于1925年寄放于卢浮宫

让·马卢埃尔

在15世纪前后的40年里,卢浮宫所展示的画家中有3位先后服务于勃艮第公爵。

第1位是来自佛兰德斯的让·德·博梅斯,他于1375年被任命为勃艮第公爵菲利普·阿尔迪托的宫廷画家。他在第戎附近的卡尔特会修道院工作。第戎是为北欧提供现实主义艺术作品的摇篮。

在1400年勃艮第丰富的艺术"熔炉"中还存在着另外一种元素,正如《纳博纳装饰》所展现的,其流畅的笔触蕴含着丰富的情感,这种丰富的情感最初可追溯到锡耶纳画派。让·马卢埃尔是这3位画家代表中最重要的一个。他的家族来自荷兰奈梅亨,在1397年菲利普让他去往第戎之前,他在巴黎工作。《哀悼基督》这幅欧洲的杰作或许是在15世纪左右创作的。圆形画板似乎是马卢埃尔的发明,这一形状使他不再拘泥于锡耶纳矩形祭坛装饰屏的死板形式。

我们在另一幅圆形画板《哀悼基督》中可以看到马卢埃尔所产生的影响。

第3位公爵画家亨利·贝勒肖兹,他在1415年接替了马卢埃尔的工作,并于第二年完成了他的作品《十字架上的基督与圣德尼的殉道》(圣德尼祭坛画)。在耶稣被钉死在十字架上的场景旁,还有圣德尼殉道的场景。这些场景运用了相似的笔触,这在后来成为法国绘画的主要特征,但它在很大程度上应归功于锡耶纳画派。

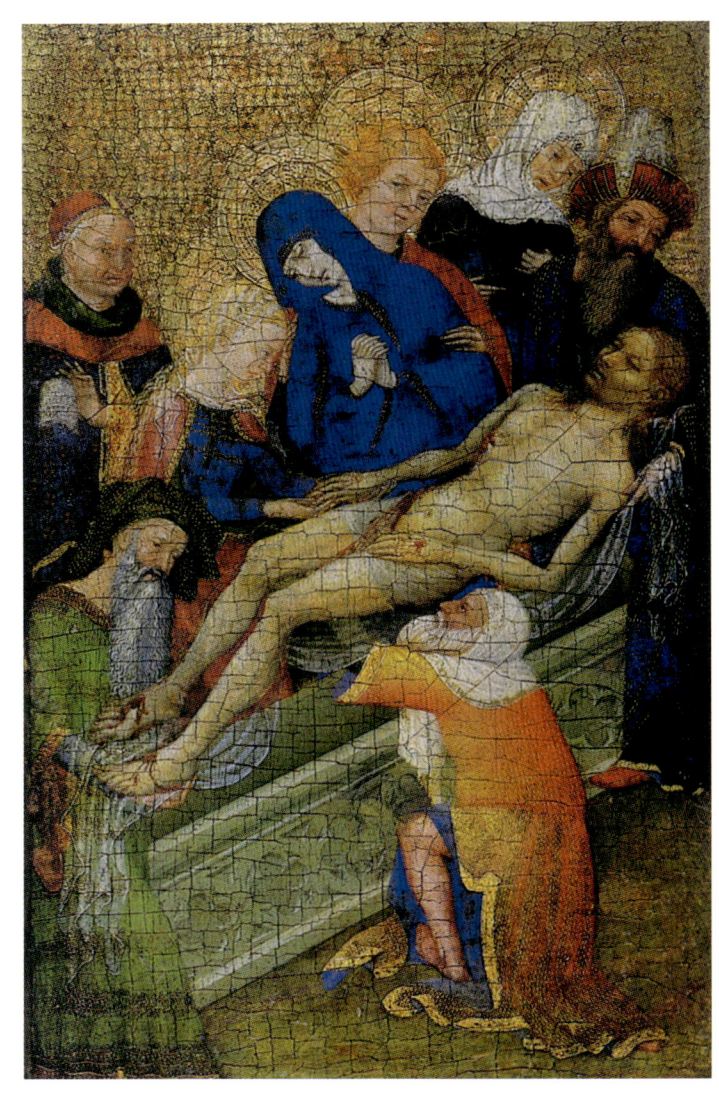

巴黎画派或勃艮第画派
15世纪初
基督的葬礼
1400年
木板画
32.8cm×21.3cm
卢浮宫购于1869年

让·马卢埃尔
奈梅亨，1370年之前—第戎，1415年
哀悼基督
1400年
木板画
直径65cm
1363—1404年
为勃艮第公爵菲利普·阿尔迪托绘制
卢浮宫购于1864年

巴黎画派或第戎画派
15世纪初
哀悼基督
木板画
直径23cm
卢浮宫购于1918年

亨利·贝勒肖兹
布拉邦，1415—1440/1444年活跃于第戎
十字架上的基督与圣德尼的殉道（圣德尼祭坛画）
木板画，后转至画布上
162cm × 211cm
来自第戎附近的卡尔特会修道院
卢浮宫购于1863年

第戎画派
15世纪初
圣母子
木板画
21cm × 15cm
卢浮宫购于1953年

弗拉·安杰利科

在卢浮宫几乎可以看到弗拉·安杰利科所有的绘画作品。他在1430年左右为意大利菲耶索莱的圣多明我修道院绘制的《圣母加冕》，保留了他从哥特式绘画和同时代佛罗伦萨发展起来的新绘画技术中所汲取的明亮色彩。加冕仪式上聚集着圣人和天使，在这一神圣的仪式上，他们围绕在周围，按等级的规定明确站位，没有表现出丝毫古板或浮夸的迹象。相反，这样独特的绘画方式严谨而又不失感性。

画面框架中那些明亮和流畅的颜色是弗拉·安杰利科通过对光和空间的感知直接绘制而成的。整幅画的透视很精确，它将画中的人物形象汇聚为一个远处的透视点，透视线条安排得非常温和，与保罗·乌切洛所钟爱的强烈透视感正好相反（参见《圣罗马诺之战》，第101页）。这种温和的透视法表达了作者的观点：天堂在无限远处。

弗拉·安杰利科
活跃于佛罗伦萨,1417年—罗马,1455年
圣母加冕
木板画
209cm × 206cm
29cm × 210cm(祭坛装饰屏下部的绘画)
第50—55页的放大版本展示了7幅来自菲耶索莱的圣多明我修道院的祭坛装饰屏下部的绘画
卢浮宫购于1812年

英诺森三世的梦

圣彼得和圣保罗向圣多明我显现

圣多明我复活拿破仑·奥西尼

耶稣复活

圣多明我的争论与书奇迹

天使为僧侣提供食物

圣多明我之死

仅仅有几位画家领会了马萨乔在15世纪30年代的革新。其中一位是菲耶索莱多明我会的修道士，被称作弗拉·安杰利科，他与马萨乔几乎是同代人。卢浮宫最珍贵的作品之一是《耶稣受难与圣多明我》，这是来自圣多明我修道院的一幅壁画，而弗拉·安杰利科就是在那里开启了他的职业和艺术生涯的。卢浮宫购买的来自同一修道院的另一作品是《圣母加冕》（第49页），这幅同样源自《耶稣受难》作者之手的作品，是第一批运用马萨乔壁画法的画作之一。在这幅画中，侧面打来的一束光照过耶稣，使之充满人性的光辉。马萨乔在比萨的画作中所采用的表达方法十分接近耶稣临终前的形象。当这幅壁画被从修道院取出并进行修复时，画中人物身后的天空显得更暗，以此来增加现实主义的严峻感，降低原始场景的亮度。

在《圣科斯马和圣达米安的殉难》中，我们可以看到画家对托斯卡纳风光的生动描绘：远处的城市塔楼和树木林立，坐落在此起彼伏的山丘上。让人惊讶之处在于，如弗拉·安杰利科这样虔诚，远离俗世的宗教画家，竟对现实世界有着如此细致的观察。

除了卢浮宫以外，意大利以外的任何地方都无法学习到圣马可的多明我会修士所设想的宗教艺术改革方案。

在卢浮宫，通过他的老师洛伦佐·莫纳科（Lorenzo Monaco）（参见《花园里的基督；墓旁的女人》，第59页）和他的弟子贝诺佐·戈佐利（Benozzo Gozzoli）（参见《圣托马斯·阿奎那的胜利》，第59页）的例子，人们可以衡量安杰利科这样的画家的天资，并且可以看到他在艺术中前所未有的智慧与虔诚信仰的结合。

弗拉·安杰利科
耶稣受难与圣多明我
壁画
435cm × 260cm
卢浮宫购于1880年

弗拉·安杰利科
圣科斯马和圣达米安的殉难
木板画
37cm × 46cm
为菲耶索莱的圣多明我修道院的餐厅绘制
卢浮宫购于1882年

贝诺佐·戈佐利
佛罗伦萨，1420/1422年—皮斯托亚，1497年
圣托马斯·阿奎那的胜利
木板画
230cm×102cm
来自比萨大教堂
卢浮宫购于1813年

洛伦佐·莫纳科
锡耶纳，1365/1370年—佛罗伦萨，1426年之前
花园里的基督；墓旁的女人
三联画的两侧画板
木板蛋彩画
127cm×66cm
1896年从克鲁尼博物馆转移至卢浮宫

詹蒂莱·达·法布里亚诺
法布里亚诺，1370年—罗马，1427年
圣殿上的引见
木板油画
26.5cm×66cm
来自佛罗伦萨圣三一教堂的斯特罗齐小教堂的祭坛装饰画
卢浮宫购于1812年

洛伦佐·韦内齐亚诺
于1356—1372年活跃于威尼斯
圣母子
木板画
126cm×56cm
罗马坎帕纳家族收藏
卢浮宫购于1863年

米歇尔·迪·马泰欧·兰波提尼
1416—1469年活跃于博洛尼亚
赫拉克利乌斯皇帝将十字架带到耶路撒冷
木板画
36.2cm×51.8cm
卢浮宫购于1872年

扬·凡·艾克

尼古拉斯·罗林是勃艮第公爵的大臣,他在当时极富影响力,因此似乎在画中并不需要某位圣人的引荐而拜见圣母。一直以来,他们都同时出现在绘画作品中,而在《罗林大臣的圣母》中,画家旨在让观众的注意力平等地落在罗林大臣和圣母子身上,因此两边的人物形象平分秋色,各占了一半的画面空间。画面的中心做了留白处理,而没有像我们先前所见过的所有宗教画那样有一个展现崇拜的场面,画面中取而代之的是铺满方砖的地板。瓷砖反射着阳光,引着我们的目光越过塔楼的栏杆,落在豪华的罗马式拱廊上,我们还可以看见两个矮小但专注的人物形象,以及一条穿过郊区,向远处繁荣的城市蜿蜒流淌的河流。

整个场景闪耀着纯粹而幸福的光芒。画中的城市和远处的山谷可能位于公国管辖范围内的任何地方,它们完整展现了公国内的各种地形,而大臣罗林是公国的实际掌权者。或许公国才是真正的主题,又或许不是。观众的眼睛与画家的技法都聚焦在细节之处,画面连贯而壮观,画面所传达的视觉信息涵盖了你所能感知到的一切:既有物质与自然的,也有人与神明的。画家以这种绘画构思,让观众也能参与到这种崇拜的氛围中来。

德里克·布茨
哈勒姆,1420年—卢瓦尼奥,1475年
坐着的圣母子
木板油画
20cm×12cm
卢浮宫购于1868年

扬·凡·艾克
马斯特里赫特，1390/1395—布鲁日，1441年
罗林大臣的圣母
木板油画
66cm×62cm
为尼古拉斯·罗林（1376—1462）绘制
卢浮宫购于1800年

（第64页上图）
罗吉尔·凡·德尔·维登
图尔奈，1399/1400年—布鲁塞尔，1464年
救世主基督在圣母与福音书作者圣约翰中间，施洗者圣约翰，抹大拉的玛利亚，这三幅被称作"布拉克家族三联画"
木板油画
高41cm，中间画板长68cm，两边画板长34cm
卢浮宫购于1913年

（第64页下图）
罗吉尔·凡·德尔·维登
圣母领报
一幅三联画的中心面板
木板油画
86cm×93cm
都灵的皇室画廊
卢浮宫购于1799年

布拉克家族三联画（局部）

65

"圣古都勒大教堂景观画的大师"
1470—1490年，活跃于布鲁塞尔
牧师讲道
木板油画
98cm×69cm
卢浮宫购于1822年

彼得鲁斯·克里斯蒂
阿尔勒，1415/1420年—布鲁日，1472/1473年
哀悼基督
木板画
38cm×30cm
卢浮宫购于1951年

斯特凡诺·迪·乔瓦尼（萨塞塔）

斯特凡诺·迪·乔瓦尼又名萨塞塔。没有人比萨塞塔更懂得通过画笔来展现圣方济各的伟大。说到萨塞塔的代表作，当数他为圣塞波尔克罗的圣方济各教堂绘制的一幅祭坛画，该画于1444年完成，其中的4块画板如今保存于卢浮宫。一块画板描绘了被一圈天使环绕着的圣母子；它背面的另一块画板展现了圣方济各悠然自得地飘在一片广阔水域上方的情景（该画板如今被伯纳德·贝伦森收藏）。圣方济各的动作中展现出的人性的一面，或者更确切地说，他的怜悯心在《蒙福的拉涅利拯救佛罗伦萨狱中的贫苦百姓》中更具代表性。这幅画描绘的场景是一位已经升天的圣方济各修士将一些囚犯从监狱中奇迹般地解救出来。萨塞塔的一位杰出弟子曾为锡耶纳的方济各会修道院创作过一幅三联画，上面绘有圣安东尼神父（Sant'Antonio Abate），现存于卢浮宫，这幅画受到了他的老师萨塞塔集高贵和伤感于一体的典型风格的影响。这位弟子此后的画作风格还受到了萨诺·迪·皮特罗（Sano di Pietro）的影响。

《圣杰罗姆的生活场景》来自锡耶纳画廊的一块祭坛装饰屏，代表了一直持续到15世纪中期锡耶纳艺术流派所具有的惊人想象力。在这幅作品完成的同一年内，萨塞塔绘制完成了圣塞波尔克罗的祭坛画。萨塞塔的祭坛画使卢浮宫的展品种类变得更加完整，也反映了那个时代的锡耶纳画派的多样性。

斯特凡诺·迪·乔瓦尼（萨塞塔）
宝座中的圣母子与六位天使，帕多瓦的圣安东尼，福音书作者圣约翰
1437—1444年
木板蛋彩画
中间画板207cm×118cm，两侧画板195cm×57cm
来自于圣塞波尔克罗的圣方济各教堂的祭坛双面装饰屏
卢浮宫购于1956年

（第68页图）
斯特凡诺·迪·乔瓦尼（萨塞塔）
锡耶纳，1392？—1450年
蒙福的拉涅利拯救佛罗伦萨狱中的贫苦百姓
1444年完成
木板蛋彩画
43cm×63cm
圣塞波尔克罗的圣方济各教堂的祭坛装饰屏
友谊协会1965年赠予卢浮宫的礼物

奥斯文扎大师
1425年后活跃在锡耶纳
圣安东尼神父
木板画
73cm × 59cm
一幅祭坛侧面装饰屏的局部
卢浮宫购于1924年

萨诺·迪·皮特罗
锡耶纳，1406—1481年
圣杰罗姆梦到在基督的命令下被天使鞭打
木板蛋彩画
24cm×36cm
这幅木板油画与后4幅均是1444年绘制的祭坛装饰屏画；罗马坎帕纳家族收藏
卢浮宫购于1863年

圣杰罗姆在苏尔皮基乌斯·塞维鲁斯与圣奥古斯丁面前显现
木板蛋彩画
24cm×38cm

圣杰罗姆与狮子的故事
木板蛋彩画
24cm×78cm

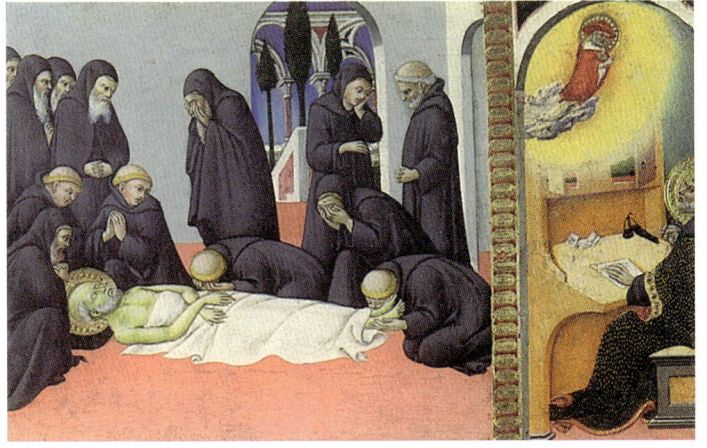

圣杰罗姆的悔过
木板蛋彩画
24cm×36cm

圣杰罗姆之死
木板蛋彩画
24cm×37cm

安盖兰·夏隆东

　　《哀悼基督图》是中世纪艺术衰退的最好例子之一。从1904年的一次展览中再现起，这幅作品一直是从里斯本到墨西拿的地中海沿岸各流派的争议对象。然而，如果现在这幅画被当作活跃于15世纪中期最著名的普罗旺斯派画家安盖兰·夏隆东大师的代表作，人们并不会感到惊讶。大约1410年，夏隆东生于法国拉昂。1447年，夏隆东定居阿维尼翁。几年后，他绘制了两幅和《哀悼基督图》一样备受争议的重要画作。他的绘画风格与同时代的其他画作全然不同。《哀悼基督图》中的人物聚集在一起，围成一圈，一眼看去，风格极为原始，然而经过仔细观察后，就会发现画作还兼具温柔与力量感。在这种方式下，画中的人物表现出各自的特性，正如德国传统的"圣母怜子图"中所展现出的那样，这幅作品呈现出一种近乎世俗的基调。尽管如此，其情感表达并不夸张，画面中似乎萦绕着一种哀伤的旋律。圣约翰用爱抚的姿势撑起基督的头，他的手指穿过基督头顶光环的光线，就如同在拨弄曼陀林的琴弦。这一细节让人想到了法国南部的画作。对这一杰作的重新发现可能是因为它反映了中世纪吟游诗人的文学思想价值，并在20世纪从现代意义上被重新评价。基督的濒死是以一种不同寻常的方式表现的，没有任何外在的迹象表明他身上即将降临的悲剧，基督几乎像是在梦中逝去。这幅画作极为克制地表达了哀悼基督的痛苦，它以中世纪晚期典型的灰金色为背景，这一点同样无可挑剔。

安盖兰·夏隆东
普罗旺斯，1444—1466年
哀悼基督图
木板画
163cm×219cm
来自阿维尼翁新城的教堂
卢浮宫之友协会于1905年转售给卢浮宫

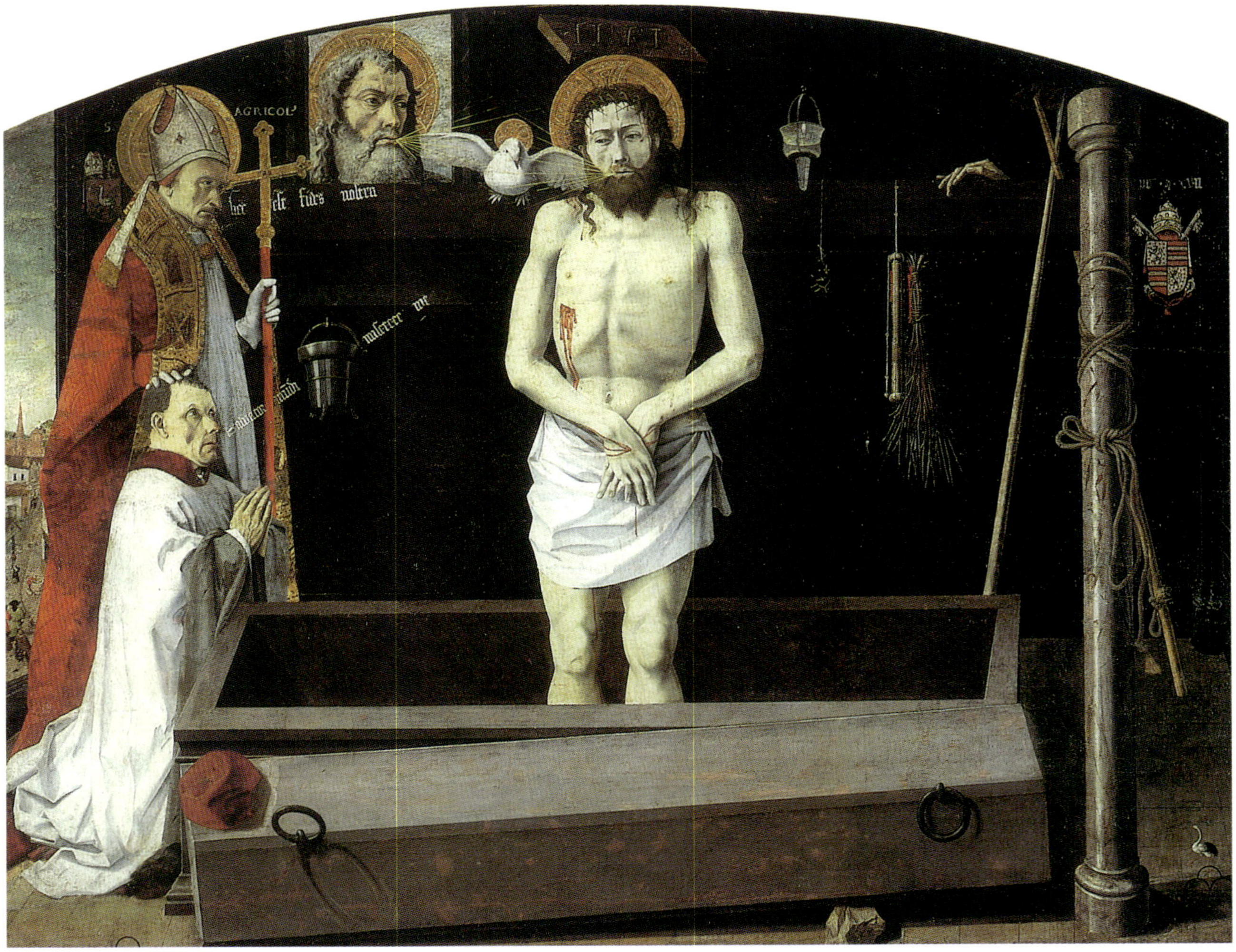
AGRICOL
hec est fides nostra
miserere me

EGREDIETVR VIRGA DE RADICE IESSE ET FLOS
DE RADICE EIVS ASCENDET ISAIE XI

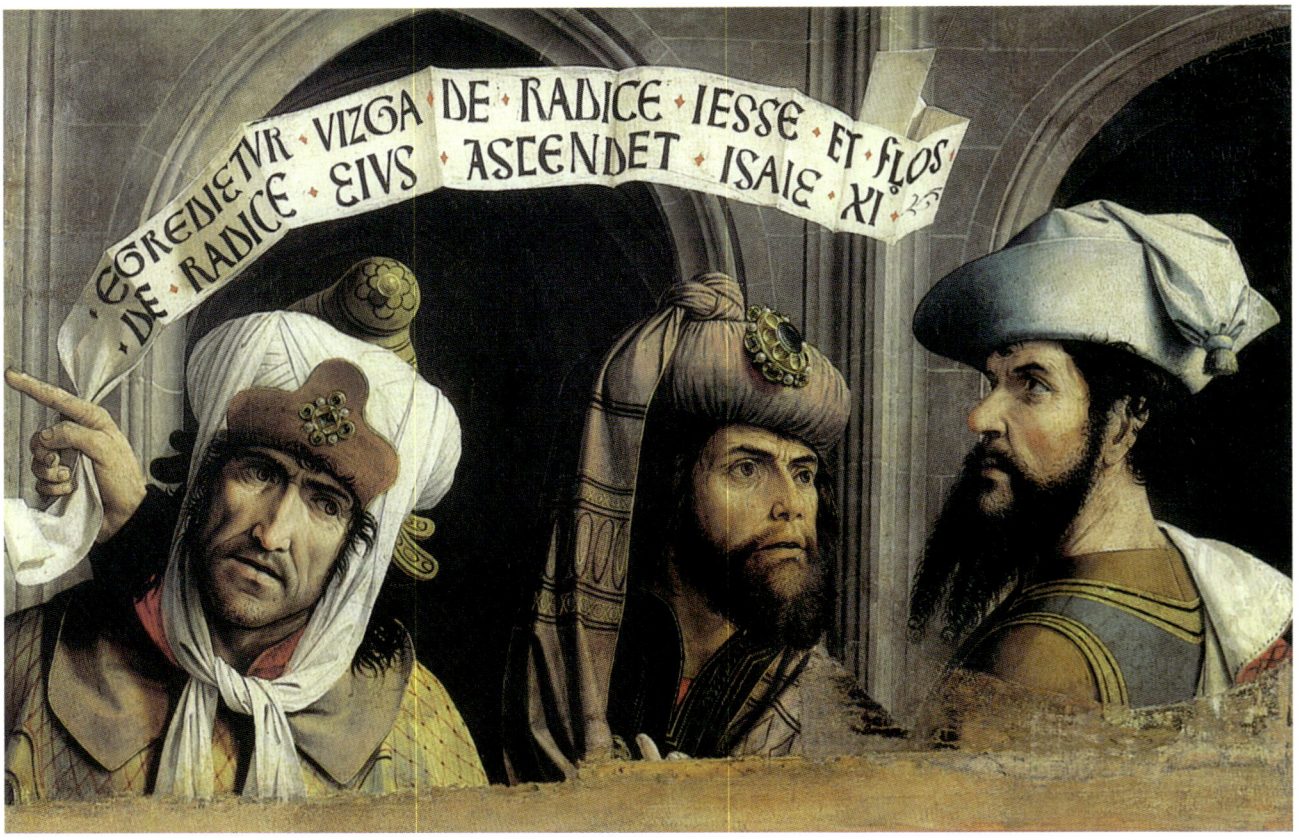

尼古拉斯·夫劳门特
出生在于泽，1461—1483年
马瑟龙的双联画
木板油画
18cm×13cm（每个面板）
雷纳托国王转售给让-娜·德·拉瓦尔
卢浮宫购于1891年

（第74页上图）
普罗旺斯画派
墓穴中痛苦的基督与带领一位捐助人的圣阿格里科拉
（布尔邦祭坛画）
木板油画转为布面油画
172cm×228cm
受委托为布尔邦的圣马尔切利诺教堂绘制
1904年赠予卢浮宫

（第74页下图）
普罗旺斯画派
1450年后
三位先知
木板油画
61cm×95cm
来自阿尔勒
卢浮宫购于1799年

尼古拉斯·迪佩
圣母光临圣殿
1500年
木板油画
50cm×317cm
1972年被转售

（第76页图）
若斯·列菲林西
普罗旺斯，1493—1505/1508年
耶稣受难之地
木板油画
170cm×126cm
卢浮宫购于1962年

让·富凯
法国国王查理七世
木板油画
86cm×71cm
卢浮宫购于1838年

让·富凯

让·富凯是第一位有意识地将现实的观念建立在与古典艺术类似的思考之上的法国画家。他知道最适合他这一时代，也就是15世纪的艺术表达形式，可能是1000年前的艺术风格的复兴。事实上，富凯可能是意大利以外第一位真正的文艺复兴艺术家，至少在罗马，他被认为是这样。富凯是法国王室的御用肖像画家。1447年，他被召到罗马，与他的侄子一起为教皇尤金四世绘制画像。这幅画像显然对几个世纪之后拉斐尔和提香绘制的教皇画像有所启发。

富凯所绘制的最古老的君主肖像画是在1447年。《法国国王查理七世》这幅画对这位饱经苦难且性格软弱的君主进行了非常准确、真实的描述，它既是法国命运转折点的历史见证，也是向新艺术演变的证明，令人印象深刻。即使在今天，它也能够启发像柴姆·苏丁（Chaim Soutine）这样的艺术家去创造新的艺术风格。无论是国王查理七世还是其大臣纪尧姆·茹弗内尔·德斯·乌尔辛的肖像，在经历5个世纪之后仍富有新鲜感，但他们的画像却很难出现在有插图的编年史中。从某种程度上来说，这些袖珍画是富凯最具代表性的作品，它们在世纪的更迭中一直传承到现代法国，是法国最后的中世纪艺术。

（第79页上图）
让·富凯
图尔，1420—1477/1481年
自画像
金色浮雕和黑色珐琅的铜版画
6.8cm×6.8cm
卢浮宫购于1861年

（第79页下图）
让·富凯
查理七世的大臣：纪尧姆·茹弗内尔·德斯·乌尔辛的画像
木板油画
93cm×73cm
卢浮宫购于1835年

让·富凯
圣玛格丽特,来自《艾蒂安·谢瓦利埃的祈祷书》
(1452—1460年)
木板上的羊皮纸画
9cm×12cm
卢浮宫购于1856年

(第80页图)
让·富凯
圣马丁,来自《艾蒂安·谢瓦利埃的祈祷书》(1452—1460年)
木板上的羊皮纸画
16cm×12cm
卢浮宫购于1889年

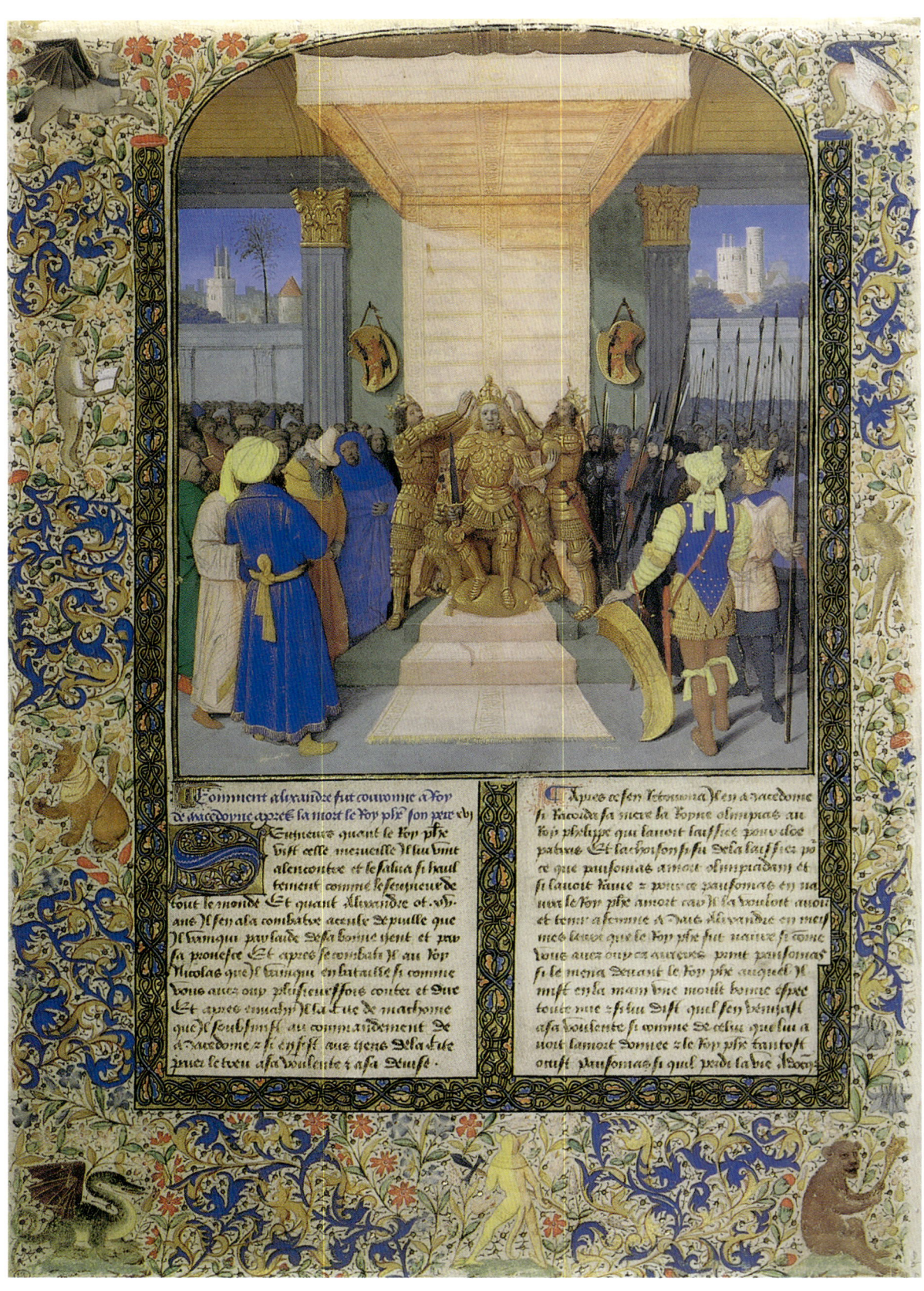

让·富凯
亚历山大加冕，来自《古代历史》（1470年后）
羊皮纸画
45cm×34cm
卢浮宫购于1912年

让·富凯
罗马人与迦太基人之战，来自《古代历史》（1470年后）
羊皮纸画
45cm×34cm
卢浮宫购于1921年

吉恩·海伊（穆兰大师）

吉恩·海伊是15世纪最后几十年中活跃于法国宫廷的伟大画家，曾被称为"穆兰大师"。这一称呼源自吉恩·海伊为穆兰大教堂绘制的壮观的三联画。他的代表作《圣母子》被认为是弗拉芒画派的起源。他的另一幅作品《欧坦的诞生》更接近雨果·凡·德·古斯（Hugo van der Goes）的风格，据说雨果·凡·德·古斯是他的老师。祭坛背面的铭文指出这幅画的作者是吉恩·海伊。在铭文中，吉恩·海伊被描述成杰出的德国画家，这无疑和他的荷兰血统相关。祭坛侧面画板上刻画的是代表统治着穆兰的波旁公爵皮埃尔二世及来自瓦卢瓦家族的公爵夫人的同名圣徒。卢浮宫收藏的画板显示了同样的信息，因此，这些画板显然来自与《欧坦的诞生》类似的组画，并且一定是由吉恩·海伊所画。但这些出自画家之手的作品，即使表现了其精湛的技艺，也仍清楚地表明这是画家对于他人的效仿。画家通过优秀的作品证明了自己是一位伟大的荷兰派肖像画画家，也为我们了解15世纪最后几年的法国及其统治者提供了一个很好的途径。他的画作充满细节描绘，为我们了解之后意大利化的文艺思想留下了一定的思考空间。

吉恩·海伊
法国王太子查理·奥尔朗
木板油画
29cm×24cm
卢浮宫购于1953年

（第84页图）
吉恩·海伊
据推测活跃于1480—1500年
勃艮第的玛达莱娜的肖像画和抹大拉的玛利亚
木板油画
56cm×40cm
卢浮宫购于1904年

活跃于巴黎的弗拉芒画家
1450年
巴黎议会的祭坛画
1452年受委托绘制
木板油画
146cm×227cm
法国大革命期间被征用
1808年被寄放于阿佩罗宫廷
1904年被卢浮宫索回

吉恩·海伊
苏珊·德·波旁（祈祷的小女孩）
木板油画
27cm×16cm
卢浮宫购于1908年

吉恩·海伊
皮埃尔二世（波旁公爵）和圣彼得
1492—1493年
木板油画
73cm×65cm
卢浮宫购于1842年

（第89页图）
吉恩·海伊
**法国的安娜（波旁公爵夫人）
与福音书作者圣约翰**
木板油画
73cm×53cm
卢浮宫购于1888年

菲利普·利皮

　　文艺复兴时期艺术的每一个小成就都增加了实现艺术新统一的可能性。菲利普·利皮是一个孤儿，由佛罗伦萨卡尔米内圣母大殿的修道士抚养长大。在那段时间里，马萨乔一直在圣母大殿里忙于绘制他最重要的湿壁画作品，因此他便成了菲利普·利皮的崇拜对象。正是在布鲁内莱斯基的圣灵大教堂所附属的巴尔巴多利小教堂的祭坛画中，菲利普·利皮实现了视觉上的统一。画中表现的小教堂内古典风格的柱子与其框架结构并不完全相符，画面延伸到侧拱的外侧，从而扩大了内部空间。一群天使围绕在仪态端庄的圣母玛利亚周围，一边友好地交谈，一边照看着孩子们。圣母抱着圣婴从座位上站起来，欢迎两位圣徒的到来。先前的祭坛画中虔诚的描绘被完全遗忘了，这场神的会面即将转变为神圣的对话，并预示了文艺复兴的形式发展。冷灰色调的统一使画面的阴暗色彩变得更加突出，表明文艺复兴时期的艺术向另一个方向发展的可能性。配合着带有金色光芒的红色和墨绿色，衣物的浅灰色和浅紫色及一些冷酷得让人记起画作青灰色背景的脸孔，共同构成了和谐的画面并使画作有了更为丰富的表达。

菲利普·利皮
佛罗伦萨，1406/1407年—斯波莱托，1469年
被天使环绕的圣母子，以及两圣徒圣弗莱迪亚诺和圣奥古斯丁（巴尔巴多利祭坛画）
1437年
木板画
208cm×244cm
卢浮宫购于1814年

弗朗切斯科·迪·斯特凡诺（佩塞利诺）
佛罗伦萨，1422—1457年
圣母子被圣泽诺比乌斯、施洗者圣约翰、圣安东尼神父和圣方济各环绕
木板画
176cm×173cm
卢浮宫购于1863年

雅各布·贝利尼
佛罗伦萨，1423年—威尼斯，1470年
圣母子被莱昂内洛·德·埃斯特崇拜
木板画
60cm×40cm
卢浮宫购于1873年

（第93页图）
安东尼奥·普乔（皮萨内洛）
维罗纳，1395年前—1455年
埃斯特公主的画像
木板油画
43cm×30cm
卢浮宫购于1893年

卡斯泰洛的大师
佛罗伦萨，1450—1475年
圣母子被四位天使环绕
木板画
86cm×62cm
卢浮宫购于1903年

占领塔兰托的大师
14世纪前半叶活跃于佛罗伦萨
维纳斯的凯旋
木板画
51cm×51cm
卢浮宫购于1914年

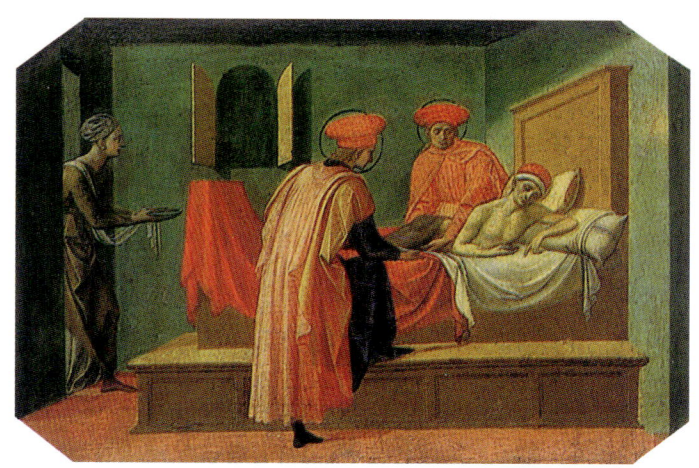

弗朗切斯科·迪·斯特凡诺（佩塞利诺）
圣方济各接受圣痕；
圣科斯马和圣达米安照顾病患
木板油画
32cm×94cm
卢浮宫购于1814年

圣日耳曼德佩的大师

《哀悼基督》在圣日耳曼德佩保存了3个世纪，就某种意义而言，这是古代绘画中最具巴黎气息的一幅。背景左侧是圣日耳曼修道院及附近的田野。除了修道院，河对岸还有卢浮宫。这种精致的风格表明画家是为了使他在德国科隆学到的绘画技法更加柔和，并显示出他长期在法国定居。

宽阔场景的构思，目的在于同时容纳人物主体表达出的强烈的怜悯与同情，以及其所处自然环境的宽广，这种特质使该画作与其他任何地域的艺术风格区别开来。在大型画作中，这显然是最不浮夸的一幅。通过庄严的背景形象，画家以这种简单的方式自然地呈现出了15世纪北欧绘画史中非常动人的哀叹。

圣日耳曼德佩的《哀悼基督》是第一个可以辨别出当时巴黎画派气象的典范，即能够吸引优秀的艺术家，并让他们做自己喜欢的事。这幅画作产生的深远影响持续了几个世纪。它一直被认为是法国的作品，在巴黎也是十分知名的画作。

法国大革命时期，法国国家古迹部征用了这幅作品，并将其放置在圣丹尼斯修道院。1845年，它又被送往卢浮宫，并保存至今。

（第97页上图）
圣日耳曼德佩的大师
来自科隆，1500年活跃于巴黎
哀悼基督
木板画
97cm×199cm
来自圣日耳曼德佩修道院；法国大革命期间被征用
卢浮宫购于1845年

（第97页下图）
《神圣家族》的大师
科隆，1470/1480—1515年
圣母七喜祭坛画：东方三博士的朝拜，圣殿的显现，基督出现在玛利亚面前
1480年
木板画
127cm×182cm
卢浮宫购于1912年

下莱茵画派
15世纪初
卡东教堂，具有圣母生活场景和基督童年场景的可移动的祭坛装饰屏
木板画
99cm × 59cm
卢浮宫购于1921年

圣乌苏拉传说的大师
科隆，1490/1500年
圣乌苏拉在她父亲的宫廷宣布朝圣
布面画
129cm × 155cm
1896年被克吕尼博物馆转移至卢浮宫

圣巴尔多禄茂堂绘画大师
活跃于科隆，1480/1510年
基督被解下十字架
木板油画
中心228cm，侧边153cm×210cm
法国大革命期间被巴黎的圣宠谷教堂征用

保罗·迪·多诺（乌切洛）

卢浮宫所拥有的 15 世纪中叶最重要的佛罗伦萨画派的画作是乌切洛绘制的《圣罗马诺之战》3 幅作品中的一幅。乌切洛原名保罗·迪·多诺。此幅作品是洛伦佐·德·美第奇卧室内的装饰品。圣罗马诺之战发生在 1432 年，这些画作于其后的 20 年。作品左侧的一幅现收藏于英国伦敦国家美术馆，展现了佛罗伦萨指挥官尼科洛·达·托伦蒂诺（Niccolò da Tolentino）在锡耶纳袭击中的英勇抵抗；中间的一幅现收藏于佛罗伦萨的乌菲齐美术馆，描绘的是锡耶纳的指挥官被击落马下；卢浮宫收藏的是该作品右侧的一幅，描绘了佛罗伦萨人针对锡耶纳人越过阿诺河对其进行压迫时的反攻。

在现在的条件下，唯一容易被估价的是英国伦敦国家美术馆的那一幅。与其他两幅画相比，卢浮宫的这幅画保留了其原有的风格，尽管它的颜色已经变得有些模糊，但仍是文艺复兴早期关于统治主题的重要作品。

正如佛罗伦萨艺术中经常出现的那样，光的效果是巧妙的。在这幅画中，正在装弓箭的士兵身上所戴盔甲所反射的光泽就是一个典型的范例，就连战马也以光彩的形式展现出来。描绘佛罗伦萨军队司令的坐骑时，通过展现其尖利的牙齿来表达其嘶吼。

《文艺复兴时期佛罗伦萨的五位大师》是由乌切洛开始执笔，后由一位佚名画家所完成的系列肖像画，这组肖像画描绘了乌切洛及其他 4 位艺术先驱的形象。

保罗·迪·多诺（乌切洛）
佛罗伦萨，1397—1475年
圣罗马诺之战
木板画
182cm×317cm
卢浮宫购于1863年

皮耶罗·德拉·弗朗切斯卡
博尔戈·圣赛波尔克罗，1422—1492年
西吉斯蒙多·马拉泰斯塔肖像画
木板油画
44cm×34cm
卢浮宫购于1978年

阿莱西奥·博多维纳蒂
佛罗伦萨，1425—1499年
圣母子
木板油画
106cm×75cm
卢浮宫购于1898年

佛罗伦萨画派
16世纪前半叶
文艺复兴时期佛罗伦萨的五位大师：乔托、乌切洛、多纳泰罗、马内蒂、布鲁内莱斯基
木板油画
66cm×213cm
卢浮宫购于1847年

卢浮宫《耶稣诞生图》的大师
15世纪后半叶活跃于佛罗伦萨
耶稣诞生图
木板画
167cm × 167cm
卢浮宫购于1812年

亚历山德罗·费利佩皮（波提切利）

佛罗伦萨附近的莱米别墅可能是托尔纳博尼家族的第一个住所，1873年在这里发现的壁画只剩下片段。《维纳斯和美惠三女神给少女的礼物》和《一位年轻人被介绍给自由七艺》两幅画在1882年被卢浮宫收购。最开始应该还有第三幅画与它们一起，但现在没有关于这三幅画"相互依存"的证据。这几幅画具有自由的、非正式的形式，并与波提切利其他神话主题的绘画区分开来，弥漫着难以用语言解释的温情氛围。尚存的这两幅画似乎是婚礼画，但新婚夫妇的身份不确定。其中一幅画的是维纳斯和美惠三女神，她们似乎在给一个少女礼物。另一幅画是一位年轻男子从维纳斯那里接受自由七艺的祝福。这两幅画似乎与波提切利最著名的神话作品中所蕴含的精神相差甚远。其中，化身为维纳斯的"爱"被看作"所有艺术的大师"。在这一点上，艺术史学家恩斯特·贡布里希（Ernst Gombrich）曾提出假设，即莱米别墅的壁画"更明确地解释了古典神性的概念，这可能是波提切利所有神话的基础"。

连续的色调，从蓝绿松石色到左边人物的灰色，再经过白色、红色，然后是灰色，衬托出中间迷人的棕色人物形象。我们面对的是最奇妙的绘画作品之一，它的全部意义仍不为我们所知。但毋庸置疑的是，它留下了一个富有余韵的景象。

亚历山德罗·费利佩皮（波提切利）
佛罗伦萨，1445—1510年
维纳斯和美惠三女神给少女的礼物
壁画
211cm×283cm
来自莱米别墅，归属托尔纳博尼家族
卢浮宫购于1882年

亚历山德罗·费利佩皮（波提切利）
一位年轻人被介绍给自由七艺
壁画
237cm × 270cm
来自莱米别墅，归属托尔纳博尼家族
卢浮宫购于1882年

亚历山德罗·费利佩皮（波提切利）
一个男人的肖像画
木板画
57cm×39cm
卢浮宫购于1882年

（第107页图）
亚历山德罗·费利佩皮（波提切利）
圣母子与施洗者圣约翰
木板画
91cm×67cm
卢浮宫购于1824年

卡洛·迪·布拉塞斯科
1478—1501年活跃于利古里亚和隆巴蒂
圣母领报与圣徒
三联画
木板画
中间画板158cm×107cm
两侧画板105cm×52cm
1812年购于热那亚

菲利皮诺·利皮
普拉托，1457年？—佛罗伦萨，1504年
弗吉尼亚故事的三个场景
木板画
45cm×127cm
罗马坎帕纳收藏
卢浮宫购于1863年

菲利皮诺·利皮
以斯帖故事的三个场景
木板画
48cm×132cm
卢浮宫购于1972年

皮耶罗·万努奇（佩鲁吉诺）

皮耶罗·万努奇，又名佩鲁吉诺，1450年之前生于翁布里亚的皮耶韦城。他始终保持着一种源自乡间的精神面貌，与他同时代的人都知道他的优点。他在完善肖像画方面发挥了至关重要的作用，这在适当的时候促成了文艺复兴早期无法否认的辉煌。这种令人钦佩的艺术表现形式的伟大在1480年左右开始显现，佩鲁吉诺当时正在梵蒂冈的西斯廷教堂绘制壁画。

或许在创作的过程中，共同和集体的想法已不再被接受。完美可能不再成为一个现实的目标，适中会被认为是缺乏创造性。然而这些先入为主的观念不应该被用来评价作品，抛开偏见来说，这些作品仍然具有观赏性。

第一次接触佩鲁吉诺作品的人可能会怀疑，他画作中的创造性是否真的是人们通常认为的高贵、优雅和甜美的代名词，还是表示某种天真。如果不是那种特殊的简洁性增强了画面的效果，那么也许正是这种平衡将一个细节与另一个细节联系在一起，将一个细节与另一个细节保持一致，由此将这些画作从复杂中拯救出来，确保优雅不被破坏，朴实中不失优雅，优雅中不失人性，并以幽默的方式表达了圣徒的形象，如同圣杰罗姆两手同时抱着两个受审判的人所表现的那样。

皮耶罗·万努奇（佩鲁吉诺）
皮耶韦城，1448年—丰蒂纳诺，1523年
圣塞巴斯蒂安
木板油画
176cm×116cm
卢浮宫购于1896年

皮耶罗·万努奇（佩鲁吉诺）
圣母子被两位天使以及圣罗莎与圣凯瑟琳环绕
木板油画
148cm×148cm
卢浮宫购于1850年

弗朗切斯科·波蒂奇尼
佛罗伦萨，1446—1497年
圣母子在抹大拉的玛利亚和圣伯纳德中间
木板画
188cm×177cm
卢浮宫购于1812年

雅各布·迪·阿尔坎杰洛（雅各布·德尔·塞拉约）
佛罗伦萨，1441/1442—1493年
圣杰罗姆在沙漠中
木板蛋彩画
61cm×41cm
卢浮宫购于1863年

乔瓦尼·迪·彼得罗（斯班纳）
1450年—斯波莱托，1528年
圣杰罗姆在沙漠中
木板油画
39cm×81cm
卢浮宫购于1814年

皮耶罗·万努奇(佩鲁吉诺)
圣杰罗姆在刑场上扶住两个男人
木板油画
31cm×30cm
卢浮宫购于1863年

盖尔特根·托特·辛特·扬斯

16世纪，荷兰北部独有的艺术风格通过一些非凡的作品在卢浮宫得以展现。这一风格最原始和最杰出的代表人物就是忧郁的盖尔特根。因为是孤儿的缘故，盖尔特根受到哈勒姆的圣约翰骑士团（San Giovanni di Haarlem）保护，一直到他28岁去世（不晚于1495年）。在这期间，盖尔特根绘制的包括耶稣受难图的三联画（现保存于维也纳）被认为是他艺术创作的核心作品。这位画家至少还留下了9幅作品，其中的核心作品是收藏于卢浮宫的《拉撒路的复活》。

这幅画保留了盖尔特根大部分作品中所表达的沉默感，画中场景弥漫着悲惨和迷幻的气氛，人物的每一个动作都停止了，连周围青翠的景观也奇怪地参与其中。整个画面呈现出的逼真和清晰的渲染方式体现了扬·凡·艾克（Jan van Eyck）的教学方法，这种教学方法直到15世纪末才出现，或许是通过雨果·凡·德·古斯（Hugo van der Goes）促成的。在现实主义之外，人们察觉到自然界中既包括夏季繁茂的树叶，也包括忧郁的深思。盖尔特根的这种独创性不仅造就了后来希罗尼穆斯·博斯（Hieronymus Bosch）的"怪癖"，也促使他对周围景观的有意识把控，这种把控使人印象深刻，成为后来荷兰画派艺术的里程碑。

（第115页图）
盖尔特根·托特·辛特·扬斯
莱登，1460/1465年—哈勒姆，1488/1493年
拉撒路的复活
木板油画
127cm×97cm
卢浮宫购于1902年

（第116页下图）
汉斯·梅姆林
复活、圣塞巴斯蒂安的殉教与耶稣升天
三联画
木板油画
中间画板62cm×45cm
两边画板62cm×19cm
卢浮宫购于1860年

（第116页上图）
汉斯·梅姆林
塞利根施塔特，1435年—布鲁日，1494年
老妇人的肖像
木板油画
35cm×29cm
卢浮宫购于1908年

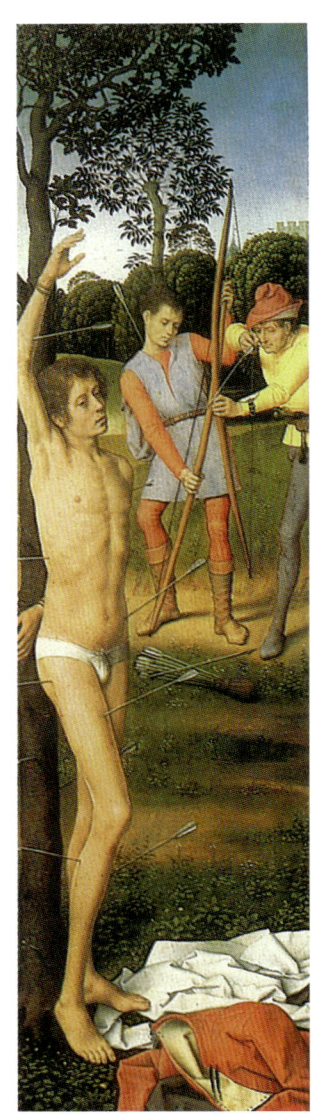

汉斯·梅姆林
施洗者圣约翰与抹大拉的玛利亚
三折画的侧边画板
木板画
48cm×16cm
卢浮宫购于1851年

汉斯·梅姆林
圣母和圣婴在圣雅各和圣多明我之间
木板油画
130cm×160cm
1878年遗赠

希罗尼穆斯·博斯

盖尔特根对自然的感知能力及其所创作的精致而难以捉摸的人物形象（参见《拉撒路的复活》，第 115 页）对荷兰画家希罗尼穆斯·博斯（Hieronymus Bosch）的绘画风格产生了不小的影响。博斯不但没有继承荷兰绘画的传统，反而完全避开。他基于想象的创造力和对颜色应用的自由度在荷兰艺术中都是无可比拟的。在博斯所处时代的艺术中，人们甚至都认识不到他作品中所表达的讽刺情绪和所预见的神对人类残酷无情的审判。

他的画作遵循常规模式。在他的画作中，人性将会受到考验，人往往屈服于种种欲望，而随即又会受到无穷无尽的惩罚。

博斯绘画的魅力来源于画作的中心场景，充满了关于肉欲的隐喻，能调动画家所有的创造力。《愚者之船》这幅画也不例外，画中描绘的是一艘奇怪的船载着一群怪人，包括两名修女和一位沉溺于贪婪与欲望的修道士。这艘没有舵手也没有航向的船，被最贪婪和最腐败的人类代表所占领。船的主桅是生命之树。无论船上人员的状况多么糟糕，还是有一些会游泳的人试图爬上这艘船。不同类别的有罪之人，以一种平淡无奇的方式被展现在这幅画中。在博斯的三联画中部嵌板中，这些有罪之人后来被最奇特的异象代替，这些异象也越来越清晰地指向了他们最后的结局。

长期以来，后人一直想知道博斯如何确保生计，但事实上博斯似乎并不需要顾客。他迎娶了荷兰最富有的继承人之一，这使他能够自由地创作，这种自由正是许多近现代画家所期盼的。

希罗尼穆斯·博斯
斯海尔托亨博斯，1450—1516年
愚者之船
木板油画
58cm×33cm
卢浮宫购于1908年

杰勒德·大卫
奥瓦特，1450/1460年—布鲁日，1523年
**圣母子、奏乐天使和捐赠者，
被称作赛达诺家族的三联画**
木板油画
中间画板97cm×72cm
两边画板91cm×30cm
卢浮宫购于1890年

（第121页上图）
杰勒德·大卫
上帝赐福
木板油画
46cm×88cm
绘于1506年，利古里亚塞瓦纳修道院祭坛装饰屏的半圆部分
卢浮宫购于1919年

（第121页下图）
杰勒德·大卫
迦拿的婚礼
木板油画
100cm×128cm
路易十四收藏
卢浮宫购于1683年之前

（第122—123页图）
迦拿的婚礼（局部）

迈克尔·西托（大师米歇尔）
雷瓦尔（爱沙尼亚），1468—1525/1526年
圣母加冕
1504年前
木板油画
24cm×18cm
为卡斯蒂利亚的伊莎贝拉绘制的47幅系列图《天主教王后》之一
卢浮宫购于1966年

胡安·德·弗兰德斯
卡斯蒂利亚，1496年—帕伦西亚，1519年
基督和撒玛利亚的女人
1504年前
木板油画
24cm×18cm
为卡斯蒂利亚的伊莎贝拉绘制的47幅系列图《天主教王后》之一
卢浮宫购于1926年

洛伦佐·迪·克雷蒂

理想的艺术上升至完美的最高点就会引起一场轰动，这被我们称作"文艺复兴"。文艺复兴达到最高点的第一个迹象就是在佛罗伦萨的安德烈·德尔·委罗基奥（Andrea del Verrocchio）工作室中出现的神童——列奥纳多·达·芬奇。

文艺复兴那些有实力的艺术家团队可以在任何具有装饰风格的具象艺术中创造令人称道的作品，而芬奇这座小镇中的一位公证员的儿子（指的是达·芬奇），无疑会给人们呈现更多东西。

达·芬奇所呈现的东西超越了同时代的艺术品。他在作品中加入了无与伦比的美丽形象——特别是天使（的形象）。圣母领报瞻礼和洗礼这两个代表性主题，都包含一名天使，天使拥有想象中的完美形象，并表现出谦逊的感觉，以此吸引人们的注意。年轻的列奥纳多·达·芬奇所表达的天使的理想之美几乎立刻"传播"到他所有的绘画形式中。他的工作室合作伙伴洛伦佐·迪·克雷蒂绘制的画作也在这个天才影响之下产生了一些鲜明特征。

皮斯托亚委托制作的祭坛装饰屏，下部的绘画内容是《圣母领报》。该画不仅展示了人物形象的完美，还包括连贯的形象组合，这种组合十分迷人，充满天才的手法，且看起来与洛伦佐毫不相关。尽管洛伦佐是一个有能力且聪明的画家，但他缺少一些属于自己的"魔法"。因此尽管洛伦佐·迪·克雷蒂对祭坛的其他部分负责，但笔者也同意卢浮宫专家的意见，对《圣母领报》作者的归属问题不下定论。

洛伦佐·迪·克雷蒂或列奥纳多·达·芬奇
圣母领报
木板油画
16cm×60cm
罗马坎帕纳收藏
卢浮宫购于1863年

洛伦佐·迪·克雷蒂
佛罗伦萨，1458—1537年
圣母子与圣朱利安和圣尼古拉
木板油画
163cm × 164cm
卢浮宫购于1812年

路加·西诺雷利
科尔托纳，1445/1450—1523年
施洗者圣约翰的诞生
木板画
31.5cm × 70cm
卢浮宫购于1824年

皮耶罗·迪·科西莫
佛罗伦萨，约1461/1462—1521年
圣母子与鸽子
木板画
87cm × 58cm
卢浮宫购于1803/1804年

多梅尼哥·基尔兰达约
佛罗伦萨,1449—1494年
圣母访问
木板蛋彩画
172cm×165cm
卢浮宫购于1812年

多梅尼哥·基尔兰达约
圣母子
木板油画
79cm × 56cm
卢浮宫购于1899年

多梅尼哥·基尔兰达约
老人与小孩
木板蛋彩画
63cm × 46cm
卢浮宫购于1886年

安布罗乔·达·福萨诺（贝尔戈尼翁）
米兰，1481—1522年
圣奥古斯丁与捐赠者
木板油画
149cm×65cm
帕维亚卡尔特修道院的一幅祭坛画左侧面板
卢浮宫购于1899年

安布罗乔·达·福萨诺（贝尔戈尼翁）
殉道者圣彼得与跪下的捐助者
木板油画
150cm×65cm
帕维亚卡尔特修道院的一幅祭坛画右侧面板
卢浮宫购于1872年

柯西莫·图拉

费拉拉的埃斯滕西宫廷风格归功于意大利帕多瓦的文化气息，而其艺术动力归功于波河流域对古代艺术和雕塑绝对权威的信仰。斯齐法诺亚宫的月鉴房壁画是由杰出的画家柯西莫·图拉所绘制。这组壁画包含了神话、星占学和宫廷活动等内容，是世俗类绘画的重要杰作，很快被帕多瓦等地区效仿。图拉是能够发挥自己创作风格和特征的画家之一，他的艺术似乎受到一种力量的鼓舞，这种力量塑造了激情的形式。图拉的作品具有复杂而不可抗拒的情感隐喻，并提供了一种诱人的雕刻幻象，因此受到了客户和模仿者们的一致钦佩与赞赏。罗维莱拉祭坛的装饰屏是15世纪末最具诗意的作品之一，其中有争议的《哀悼基督》和安放在伦敦的一幅画板就来源于这个装饰屏。当暴力与温柔的结合开始显现出邪恶时，图拉对艺术的兴趣也在慢慢消减，但从而也结束了他在苦难中的日子。对我们来说，这位费拉拉画家的艺术仍然是快乐的源泉。

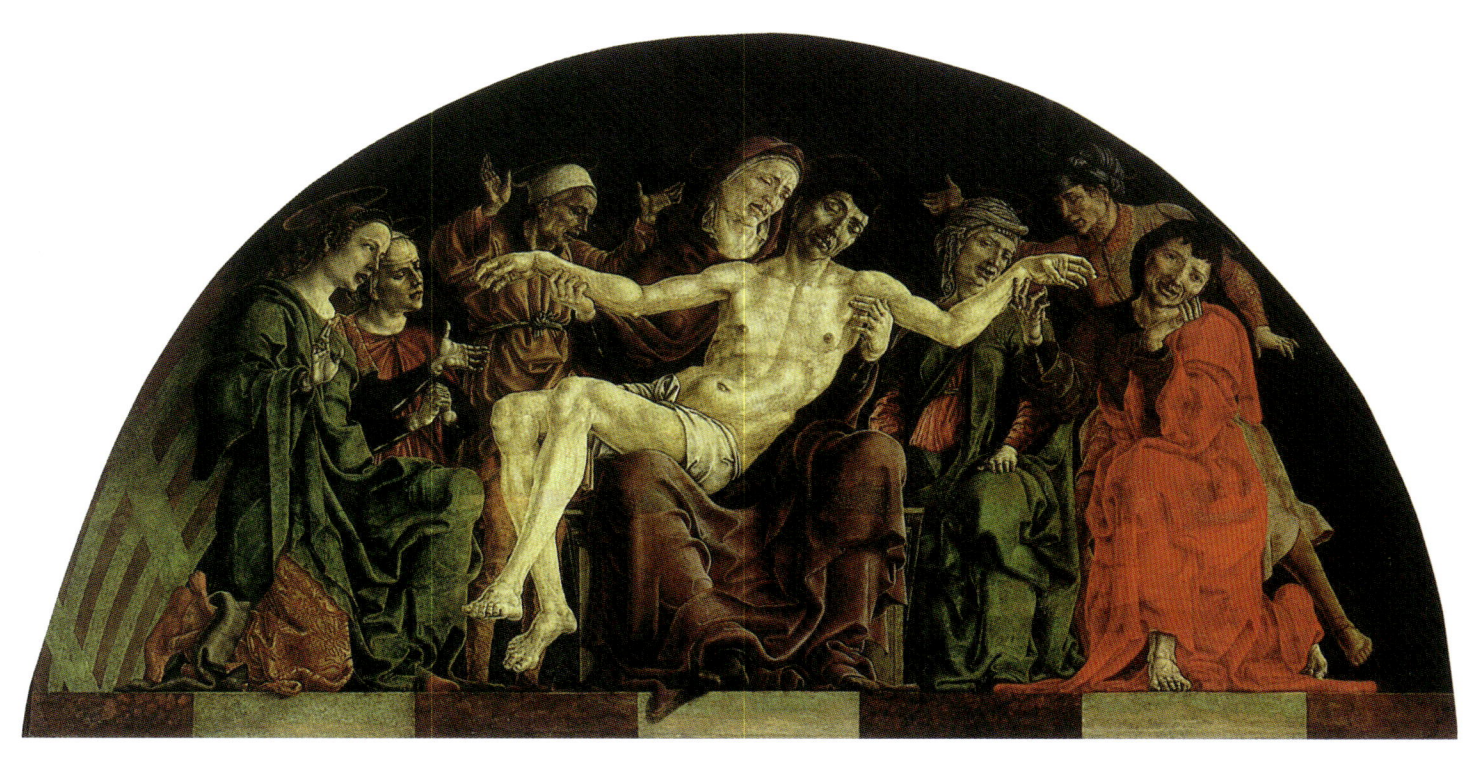

柯西莫·图拉
费拉拉，1431—1495年
哀悼基督
木板蛋彩画
132cm×268cm
卢浮宫购于1863年

柯西莫·图拉
帕多瓦的圣安东尼阅读
木板画
71cm×31cm
罗马坎帕纳收藏
卢浮宫购于1863年

巴托洛梅奥·维瓦里尼
威尼斯,约1432—1491年后
卡皮斯特拉诺的圣约翰
木板油画
198cm×99cm
罗马坎帕纳收藏
卢浮宫购于1863年

埃尔科莱·德·罗贝蒂
费拉拉，1451/1456—1496年
米迦勒
木板油画
27cm×11cm
卢浮宫购于1899年

埃尔科莱·德·罗贝蒂
圣阿波林
木板油画
27cm×11cm
卢浮宫购于1899年

雅各布·德·巴尔巴里
纽伦堡，1500—1515/1516年
圣母子在施洗者圣约翰和圣安东尼神父中间
布面油画
47cm × 56cm
卢浮宫购于1918年

马可·佐波
琴托,1433年—威尼斯,1478年
圣母子被八个天使环绕
布面油画
89cm×73cm
卢浮宫购于1980年

乔瓦尼·贝利尼
威尼斯，1459—1516年
圣母子在圣彼得和圣塞巴斯蒂安中间
木板油画
83cm×59cm
卢浮宫购于1859年

安德里亚·曼泰尼亚与乔瓦尼·贝利尼

安德里亚·曼泰尼亚的生活和创作很大程度上受他对古典艺术的迷恋影响，具体来说，这种迷恋就如同他对岩石构造的一时热衷一样。在他为维罗纳的圣泽诺教堂所画的祭坛装饰屏《耶稣受难之地》中，耶路撒冷、橄榄山、各各他山和耶稣受难之地好像都是由岩石组成的。这其中有光滑和布满纹理的石头，其他的则是分层和裂开的石头，所有这些都象征着这个悲剧事件的残酷性。然而曼泰尼亚的作品几乎从不缺乏感人的人性之美，从其作品里坚韧不拔的庄严中总能衍生出一种怜悯。

在同一年，曼泰尼亚的内弟乔瓦尼·贝利尼朝着与之相反的方向前进，以动人的甜蜜塑造了最微妙的主题。1475年，安托内洛·达·墨西拿（Antonello da Messina）在威尼斯绘画中引进了弗拉芒油画的技术，这带来了更柔和流畅的绘画效果。贝利尼是第一个放弃蛋彩画的人，因为这种方法不具备创作的灵活性，这一方面的示例是贝利尼于同年绘制的《一个男人的肖像画》。

在晚年时期，虽然贝利尼成了新一代富有诗意的代表，但曼泰尼亚伟大的智慧却被迂腐的思想所掩盖。《胜利的圣母》由一位被判有亵渎罪、想要弥补过错的犹太人购买。作品展现了画家的许多奇思妙想。

乔瓦尼·贝利尼
威尼斯，1430—1515年
赐福的基督
1460年
木板油画
58cm×46cm
卢浮宫购于1912年

安德里亚·曼泰尼亚
卡度拉岛（威内托），1431年—曼托瓦，1506年
耶稣受难之地
1457—1460年
木板蛋彩画
76cm × 96cm
维罗纳圣泽诺教堂祭坛装饰屏下部绘画的中间面板部分
卢浮宫购于1798年

安德里亚·曼泰尼亚
圣塞巴斯蒂安
1480年
布面蛋彩画
255cm×140cm
卢浮宫购于1910年

安德里亚·曼泰尼亚
圣母子被六位圣人与吉安弗朗切斯科二世·贡扎加环绕
（胜利的圣母）
1495年
布面蛋彩画
285cm×168cm
卢浮宫购于1798年

安托内洛·达·墨西拿
墨西拿，1456—1479年
一个男人的肖像画
1475年
木板油画
36cm×30cm
卢浮宫购于1865年

乔瓦尼·贝利尼
一个男人的肖像画
木板油画
33cm×26cm
卢浮宫购于1902年

乔瓦尼·贝利尼
耶稣受难之地
木板油画
71cm×63cm
卢浮宫购于1970年

维托雷·卡尔帕乔

有这样一种说法，威尼斯绘画最"真诚"的主题是威尼斯这座城市。如果对任何画家来说这都是真的，那么对卡尔帕乔来说更是如此。对那些被称为"学校"的威尼斯慈善机构来说，卡尔帕乔是它们的首选装饰家。在《圣人的生活》中，卡尔帕乔描绘的地点看起来像是威尼斯或是其他与之相邻的城市。

耶路撒冷——圣司提反布道之地，是按照一个威尼斯城市的模型被想象绘制出来的，而这一城市的建筑已经"蔓延"到了山的支脉上。画中的环境布置十分优美，画家设法通过一种与透视画法完全相反的绘画方式，使整个画面呈现出一种被精心"装饰"的感觉，这无疑也影响了我们对威尼斯这座城市的想象。

曾拥有《圣司提反在耶路撒冷布道》这幅画的学校，就坐落于一片广阔的场地上，当人们走在学院桥时便可以看见它的身影。阳光透过场地，反射到路人身上，这与卡尔帕乔想象中的耶路撒冷圣司提反的教堂会众场景没什么区别。同样地，这幅画中央的一个微型凯旋门构成了典型的威尼斯景观。

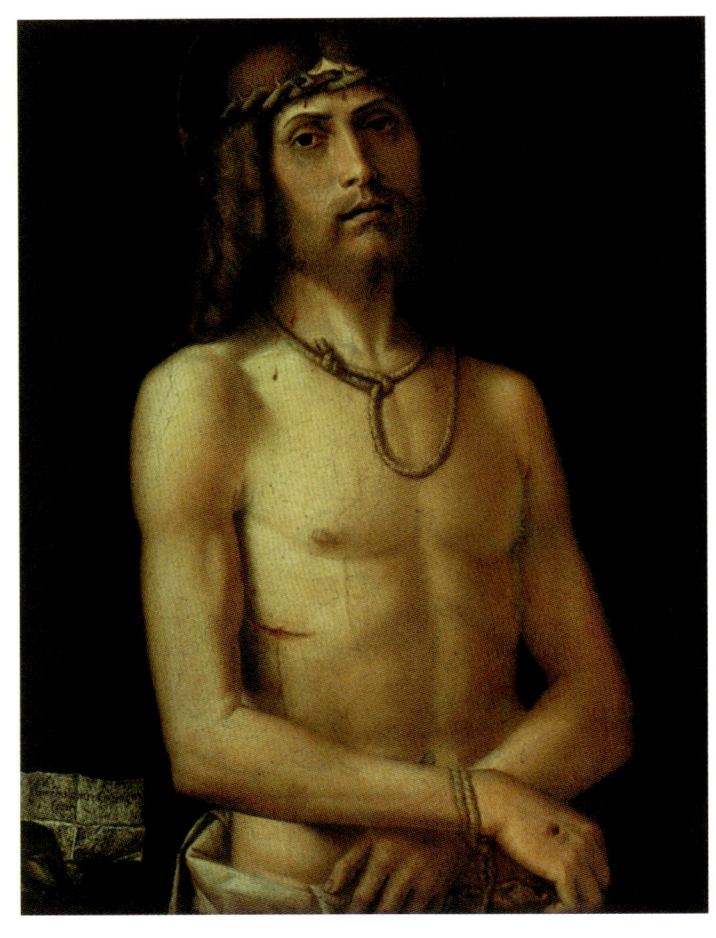

巴托洛梅奥·蒙塔尼亚
奥尔奇诺维，1450年—维琴察，1523年
看这个人
木板油画
55cm×43cm
卢浮宫购于1863年

维托雷·卡尔帕乔
圣司提反在耶路撒冷布道
布面油画
148cm×194cm
卢浮宫购于1812年

内罗乔西奥·迪·巴托洛梅奥·德·兰迪
锡耶纳，1447—1500年
圣母子在施洗者圣约翰和圣安东尼中间
木板画
43cm×32cm
卢浮宫购于1911年

卡洛·克里韦利
威尼斯，1430/1435—1493/1495年
圣雅各与志愿者
木板油画
198cm×65cm
卢浮宫购于1862年

贝尔纳多·帕伦迪诺
帕伦佐，1437年—维琴察，1531年
东方三博士的朝拜
木板油画
38cm×56cm
卢浮宫购于1863年

乔瓦尼·巴蒂斯塔·西玛（西玛·达·科内利亚诺）
科内利亚诺，1459/1460—1517/1518年
圣母子在施洗者圣约翰与抹大拉的玛利亚之间
木板油画
168cm×110cm
卢浮宫购于1812年

安德里亚·曼泰尼亚

曼泰尼亚是最适合伊莎贝拉·德·埃斯特（Isabella d'Este）文化和品位的画家。当伊莎贝拉与卢多维科·贡扎加（Ludovico Gonzaga）结婚时，后者的祖父委托曼泰尼亚为珍宝室进行装饰工作。似乎他唯一的要求就是艺术家要选择"一个受古代启发的主题，表达一些美的东西"。然而，当曼泰尼亚开始进行准备工作时，伊莎贝拉根据自己的所想给了他一张草图，《战神与维纳斯》由此诞生，他的构图令伊莎贝拉倾慕不已。在墨丘利和飞马面前，战神与维纳斯会面了，旁边还会集了众行星神。

然而这幅画的实质意义却不那么空泛。战神（委托者吉安弗朗切斯科·贡扎加是一位军人）以笨拙但迷人的方式踩在维纳斯的赤脚上，而丘比特拿着一个吹气管朝着被维纳斯抛弃的丈夫吹。和谐的旋律从阿波罗演奏的七弦竖琴中升起，音符与缪斯女神那令人愉悦的动人舞蹈相交融。人们可以确切地感知到，这位曼托瓦的人文主义者（指曼泰尼亚——译者注）与伊莎贝拉通过这种情色的画面来往进行精神交流。

曼泰尼亚之后的画作《密涅瓦将罪恶驱逐出贞洁花园》，使神话适应了道德的主题，之后画中的装饰也变得越来越充满寓意和教育的色彩。当贡扎加的财产和资源变少时，曼托瓦的收藏也分散开来。最后只有伊莎贝拉珍宝室的一系列装饰品进入了卢浮宫。

（第148—149页图）
战神与维纳斯（局部）

安德里亚·曼泰尼亚
卡度拉岛，1431年—曼托瓦，1506年
战神与维纳斯（帕那索斯山）
与以下6幅画作一样，来自曼托瓦公爵宫殿
的伊莎贝拉·德·埃斯特的书房
布面蛋彩画
159cm×192cm
卢浮宫购于1801年

安德里亚·曼泰尼亚
**密涅瓦将罪恶驱逐出贞洁
花园**
1502年
布面蛋彩画
160cm×192cm
卢浮宫购于1801年

（第150页上图）
洛伦佐·科斯塔
博洛尼亚，1460年—曼托瓦，1535年
科莫王国
布面画
152cm×238cm
曼泰尼亚起笔；1506年曼泰尼亚去世后，由科斯塔接手
卢浮宫购于1801年

（第150页下图）
洛伦佐·科斯塔
伊莎贝拉·德·埃斯特宫廷的寓言画
布面蛋彩画
165cm×198cm
卢浮宫购于1801年

皮耶罗·万努奇（佩鲁吉诺）
皮耶韦城，1448年—丰蒂纳诺，1523年
爱与贞洁之战
布面蛋彩画
160cm×191cm
卢浮宫购于1801年

安东尼奥·阿莱格里（科雷乔）
科雷乔（靠近帕尔马），1489—1534年
美德的寓言
1529—1530年
布面蛋彩画
148cm×88cm
卢浮宫购于1662年

科雷乔
邪恶的寓言
布面蛋彩画
148cm × 88cm
卢浮宫购于1661年

皮耶罗·万努奇（佩鲁吉诺）

在这些画作中，具有神话、占星元素，或是深富诗意、带有哲学劝诫意味的伟大作品仍占少数。文艺复兴时期的艺术成就达到了其顶峰，非宗教主题的绘画得益于显赫家族的委托并开始传播。安放在婚房内的被称为"卡索内"的大箱子成了每个重要的家庭中不可或缺的一部分，大箱子被许多绘画画板所装饰。这些画板通常描绘的是奢华的、充满仪式感的表演，这种表演或许象征着生活中的某一阶段，但像《珀琉斯与忒提斯的婚礼》这种画却与当时的家庭没有太大关系。一个更为亲切和特殊的例子是"分娩画板"，这些圆形画作最初是为迎接新生儿创作的。还有一些是为赞颂夫妻间的忠诚，或是描绘恋人的激情，比如占领塔兰托的大师（参见《维纳斯的凯旋》，第95页）的作品。

在16世纪初完成的作品，不能再被称为是先驱的典范。描绘着骄傲自大的阿波罗在音乐比赛中赢得马尔西亚的这幅画，使过去的历史学家想起了在佩鲁吉诺工作室拉斐尔被传授的绘画理论。《阿波罗和玛息阿》的诞生是为了布置一间工作室而不是卧室，而锡耶纳的吉罗拉莫·迪·本韦努托（Girolamo di Benvenuto）的作品《帕里斯的审判》命中注定归属于一间婚房。利贝拉莱·达·维罗纳（Liberale da Verona）的《欧洲的掠夺》却是装饰在"卡索内"上的一幅普通画作。

（第155页图）
皮耶罗·万努奇（佩鲁吉诺）
皮耶韦城，1448年—丰蒂纳诺，1523年
阿波罗和玛息阿
木板油画
39cm×29cm
卢浮宫购于1883年

吉罗拉莫·迪·本韦努托
锡耶纳，1470—1524年
帕里斯的审判
木板油画
直径71cm
卢浮宫购于1863年

乔瓦尼·安东尼奥·巴齐（索多马）
维切利，1477年—锡耶纳，1543年
爱的寓意画
木板油画
直径61cm
卢浮宫购于1914年

（第157页第一幅）
利贝拉莱·达·维罗纳
维罗纳，1445—1528/1529年
欧洲的掠夺
木板油画
39cm×118cm
卢浮宫购于1863年

（第157页第二幅）
巴托洛梅奥·迪·乔瓦尼
佛罗伦萨，1465—1494年
珀琉斯与忒提斯的婚礼
木板画
43cm×151cm
卢浮宫购于1902年

（第157页第三幅）
巴托洛梅奥·迪·乔瓦尼
忒提斯的求爱
木板画
43cm×150cm
卢浮宫购于1902年

（第157页第四幅）
尼科洛·达·福利尼奥
15世纪下半叶活跃在翁布里亚和马尔凯—1502年
两位天使与一张桌子
园中祈祷
笞刑
1492年
木板油画
左侧画板39cm×19cm
中间画板39cm×80cm
右侧画板39cm×80cm
卢浮宫购于1814年

157

列奥纳多·达·芬奇

尽管《岩间圣母》这幅作品的意义仍然很难被领悟透,但它在西方艺术最重要的作品中占有一席之地。带着圣婴的圣母,与婴儿施洗约翰及一位没有表情的天使,被难以解释的光芒所照亮,从原始洞穴的半阴影中脱离出来,在这之中隐约可以看见一丝曙光。

虽然不如祭坛装饰屏的面积大,但是它是列奥纳多最伟大的画作之一。它是1483年由圣母无原罪兄弟会委托为米兰的圣方济各教堂绘制,然而兄弟会从来没有拥有过这幅定制画。天使以礼貌的姿态用手指着婴儿施洗约翰,而婴儿施洗约翰则受到了圣母的特别关注。这幅画看起来更适合供奉给施洗圣约翰的祭坛。兄弟会之后收到了列奥纳多设计的这幅画的另一版本,也就是它的替代品。除了一些精湛的细节,列奥纳多把第二幅画委托给他的弟子来完成,并在1785年被一位英国商人购买,现在在英国。关于1483年完成的第一幅画作最有可能的解释是,它是在米兰公爵卢多维科·伊莫罗(Ludovico il Moro)的提议下完成的,后来成为卢多维科的侄女与马克西米利安皇帝婚礼的神秘礼物,之后可能又随着弗朗索瓦一世与马克西米利安皇帝侄女的婚礼一同到达法国,又辗转到达卢浮宫,就像法国王室的其他收藏一样。在这幅画中,神秘是不可或缺的元素。正是这幅作品提醒我们艺术是如何回答一个没有人问过的问题的。

列奥纳多·达·芬奇
芬奇(靠近佛罗伦萨),1452年—昂布瓦斯,1519年
米兰宫廷一位贵妇人的肖像画
木板油画
63cm×45cm
路易十四收藏

列奥纳多·达·芬奇
岩间圣母
1483年定做
布面油画
199cm×122cm
路易十四收藏

列奥纳多·达·芬奇
施洗者圣约翰
1513—1516年
木板油画
69cm×57cm
卢浮宫购于1661年

列奥纳多·达·
芬奇画室
施洗者圣约翰
布面油画
177cm×115cm
路易十四收藏

列奥纳多·达·芬奇
圣母子与圣安娜
木板油画
168cm×130cm
卢浮宫购于1636年

列奥纳多·达·芬奇
蒙娜丽莎
1503—1506年
木板油画
77cm×53cm
或许是佛罗伦萨人弗朗切斯科·德尔·焦孔多妻子的画像；两侧被切剪，窗户的支柱（现在几乎看不见）被去掉了
卢浮宫购于1519年

阿尔布雷特·丢勒

在 22 岁时,丢勒已经画过多次自画像了。第一幅自画像可以追溯到画家 13 岁的时候,当人们用惊奇的目光看待这幅画时,也会感受到画中所展现出的作者的早熟。作者 20 岁时的自画像捕捉到了他内向的青春期外表,而这一形象也保持在两年之后他画的自画像中。

那时丢勒在斯特拉斯堡,似乎正被叫回国结婚——画的题词"我的人际关系将遵从上天的进程"或许指的就是即将到来的婚姻,而他手中的海冬青是忠诚的象征。这之后的两幅肖像画中,海冬青都有这个假设的内涵。也许是受到了斯特拉斯堡氛围的影响,也许是想娶妻生子,丢勒在这幅自画像中展现出了他最好的一面。他的笔触更加自如,色彩更加丰富。这不太可能是受到阿尔萨斯绘画的影响,因为那时他的绘画风格十分独立。卢浮宫 1922 年决定购买这幅丢勒自画像的根本原因在于它所展现的画家的艺术敏感性,而这种原因也使卢浮宫经常能够获得最具艺术代表性的作品。在这幅自画像中,冷色调占据主导,几乎赋予肖像一种微妙的性感,从而展现出一种画中人正在深思熟虑的状态。这无疑是丢勒最"法国化"的作品。

卢卡斯·克拉纳赫
风景中的维纳斯
木板画
38cm×25cm
卢浮宫购于1806年

阿尔布雷特·丢勒
纽伦堡，1471—1528年
自画像（手持代表忠诚的海冬青）
羊皮纸油画
57cm×45cm
卢浮宫购于1922年

老卢卡斯·克拉纳赫
克罗纳赫，1472年—魏玛，1553年
科克里茨一位绅士的肖像画
木板画
64cm×42cm
画中人被认为是卡斯珀·万·科克里茨
卢浮宫购于1893年

卢卡斯·克拉纳赫
据称马格达莱纳·路德的肖像画
木板画
41cm×26cm
卢浮宫购于1910年

老卢德格尔·汤姆·林
主要活跃在明斯特，1496—1547年
德尔菲神庙的女祭司
木板画
44cm×31cm
卢浮宫购于1920年

老乌尔里赫·阿普特
奥格斯堡，1455/1460—1532年
东方三博士的朝拜
木板画
125cm×71cm
卢浮宫购于1807年

167

第二章
1500—1600 年

拉斐尔·圣齐奥

虽然拉斐尔留下的作品不多，但我们仍然可以从很多方面认识到他杰出的艺术才华。很多时候画家的注意力会集中在某一特定的方面，然而这位文艺复兴时期的画家不仅巧妙地渲染了人物，同时又没有失去所描绘人物特有的感觉。

现代画家并不确定他们是否喜欢拉斐尔：一些画家认为在米开朗琪罗的雕塑面前，拉斐尔落了下风。但是面对拉斐尔为哲学家巴尔达萨雷·卡斯蒂利奥内（Baldassar Castiglione）创作的这幅肖像画时，没有人怀疑它所蕴含的价值。塞尚十分喜欢这幅画，因此他向莫里斯·丹尼斯（Maurice Denis）描述道："前额塑造得非常好，凸显了人物的可塑性。色彩的平衡是多么好啊……"后来，年轻的马蒂斯创作出这幅画的复制品，强调了塞尚提到的上述特点。拉斐尔是巴尔达萨雷·卡斯蒂利奥内的密友，他以朋友的名义为其绘制了这幅肖像画。这幅画在画家密友的曼托瓦住所展出，被提香看到，并对提香产生了深刻影响，尽管可能两位大师对他们在这幅作品中所寻求的东西持完全相反的观点。不管怎样，拉斐尔的画笔向人们展示出一种直接的、与生俱来的特征，好像他就是画中的卡斯蒂利奥内，有着卡斯蒂利奥内的思想，表现出绅士的感觉。渲染灰色丝绒衣物笔触的流畅性与当时的学院派方法截然不同。当人们将目光转移到画中衣物光滑的表面时，会看到柔软衣物所呈现出的一种明显的色彩明暗对比。这幅画本身具有巴洛克风格的外表，但也包含了古典绘画在其发展顶峰时期所具有的宁静感和高贵感。

1639年，这幅画在阿姆斯特丹的拍卖会上被伦勃朗看到并用画笔勾勒出来；次年，荷兰的一位大师创作了一幅自画像，这幅画受拉斐尔画像影响颇多，同样也受到在阿姆斯特丹展出的提香画像的影响。直到今天，拉斐尔画作的风格和品质对所有画家来说仍是十分珍贵的。

拉斐尔·圣齐奥（拉斐尔）
乌尔比诺，1483年—罗马，1520年
施洗者圣约翰
1516年
布面油画
135cm×142cm
1838年被卢浮宫收购

（第171页图）
拉斐尔·圣齐奥
巴尔达萨雷·卡斯蒂利奥内肖像画
1516年前
布面油画
82cm×67cm
1661年路易十四从枢机主教马扎然遗物中购买

拉斐尔·圣齐奥
艺术家与朋友的肖像
（通常认为这位朋友是艺术家的击剑老师）
布面油画
99cm × 83cm
1607年在枢机主教格朗韦勒的收藏中被认为是波尔代诺内的作品，
1625年在枫丹白露被认为是拉斐尔的作品，随后被路易十四收藏

拉斐尔·圣齐奥
圣乔治与龙
1505年
木板油画
30cm×26cm
与《米迦勒》组成一幅双联画
1661年路易十四从枢机主教马扎然的遗物中购买

拉斐尔·圣齐奥
花园中的圣母（圣母子与小施洗者圣约翰）
1507年
木板油画
122cm×80cm
可能来自弗朗索瓦一世的收藏；
路易十四收藏于1683年前

（第175页图）
拉斐尔·圣齐奥
头戴蓝冠的圣母
木板油画
68cm×49cm
卢浮宫于1742年获得

提香·韦切利奥

我们可以从人性的角度来理解《田园合奏》这幅伟大的画作，它充分表达了对西方艺术而言，表现人类想要获得的满足和欲望是其创作来源之一。这在此画中被充分展现出来，比如对音乐和肉体的遐想、耽于声色的乐趣、乡村的景色、爱情和旋律的魅力等。

这幅画是1510年左右由提香创作的，尽管如此，它看起来又体现着乔尔乔内的独创天赋。1671年，在路易十四的财产清单中没有查到这幅画，因此不确定路易十四在那一年是否从破产的银行家埃弗哈德·雅巴赫手中买下了它。这幅画在16世纪的威尼斯十分出名，或许在17世纪的荷兰也依然出名。画面的设计和环境布置与主题相呼应，然而我们现在所理解的主题却比那时更加深刻。

我们甚至不确定这幅画是否只有一个主题。有一位细心的翻译曾提出，这些自然而优雅地裸露着身子的到访者或许在年轻音乐家面前是隐形的。精美衣物与裸体的对比似乎对爱德华·马奈（Edouard Manet）来说并不满足，他的画作《草地上的早餐》是19世纪引起诸多争议的源头。埃米尔·左拉（Emile Zole）在人们指责这幅画低俗时捍卫了它，他认为马奈的画作在某些方面显得不够庄重，但画面协调的色彩却给人眼前一亮的感觉。

如果他这样理解马奈的作品，为什么不能这样理解《田园合奏》呢？在《田园合奏》这幅画中，我们看到的是一种富有旋律的亲昵，而不是一个简单的叙事场景。

19世纪的英国评论家沃尔特·帕特（Walter Pater）解读出《田园合奏》中所追求的音乐艺术氛围。同时，人们还从中看到了一种深沉而富有诗意的性感。

提香·韦切利奥
皮耶韦卡多列，1488/1489年—威尼斯，1576年
田园合奏
1510/1511年
布面油画
105cm×137cm
可能来自阿伦德尔伯爵的收藏；
卢浮宫购于1671年

提香·韦切利奥
戴手套的青年
1520/1523年
布面油画
100cm×89cm
贡扎加（曼托瓦）和查理一世的收藏
1671年路易十四从埃弗哈德·雅巴赫处购买

177

提香·韦切利奥
家庭寓言
（或许是有关婚姻的寓意画）
布面油画
107cm×121cm
查理一世收藏
1662年路易十四从埃弗哈德·雅巴赫处购买

（第179页图）
提香·韦切利奥
梳妆的维纳斯
（或许是有关虚荣的寓意画）
布面油画
93cm×76cm
贡扎加（曼托瓦）和查理一世的收藏
1662年路易十四从埃弗哈德·雅巴赫处购买

（第180页上图）
提香·韦切利奥
帕尔多的维纳斯
布面油画
196cm×385cm
腓力二世（西班牙）和查理一世（英格兰）收藏
1661年，路易十四从枢机主教马扎然的继承人处购买

（第180页下图）
提香·韦切利奥
以马忤斯的晚餐
约1535年
布面油画
169cm×244cm
贡扎加（曼托瓦）和查理一世收藏
1662年路易十四从埃弗哈德·雅巴赫处购买

提香·韦切利奥
圣母与兔子
1530年
布面油画
71cm×87cm
这幅画是在1530年为贡扎加家族所创作的,在1624—1625年,转让给了枢机主教黎塞留。1665年,路易十四从黎塞留公爵处购买

提香·韦切利奥
基督下葬
布面油画
148cm×212cm
贡扎加（曼托瓦）和查理一世收藏
1662年路易十四从埃弗哈德·雅巴赫处购买

雅各布·卡鲁奇（蓬托尔莫）

对欧洲16世纪样式主义艺术风格的争论，导致那个时代的绘画从未被认真评价过。雅各布·卡鲁奇，又名蓬托尔莫，被认为是一个天生的神经质，就像画家们常常被公众认为的那样。

在这一品位相同、令人窒息的年代，不管神经质与否，任何年轻人都会表现得十分躁动，这与在弗拉·巴托洛梅奥（Fra Bartolommeo）和安德烈·德尔·萨托（Andrea del Sarto）统治下的佛罗伦萨绘画一样。尽管如此，蓬托尔莫还是只创作那些秉承着端庄典雅风格的传统作品。24岁时，蓬托尔莫开始表现出反抗的迹象，从那时起，他走上了属于自己的道路，并带来一种属于他自己的装饰风格。

事实上，蓬托尔莫的世俗装饰画和肖像画是他那一时代最从容、最富有诗意，也是最少有争议的作品之一。他在30岁左右正式确立了自己的创作风格，创作出了《圣母子、圣安妮与其他圣徒》以及其他以圣费利西塔为主题的作品。就像卢浮宫里保存的大多数作品一样，他的这种艺术风格通常被认为是现实主义艺术悠久历史中的一个转折点。同时，对于一个画家而言，他看到了尚未被描绘的现实中崭新和真实的一面，也正是基于这一点，蓬托尔莫想要勾勒出他同时代的人的脆弱性和不确定性。

安德烈·德尔·萨托
佛罗伦萨，1486—1530年
圣家族与天使
1515/1516年
木板油画
141cm×108cm
为弗朗索瓦一世绘制
路易十四收藏

（第184页图）
雅各布·卡鲁奇（蓬托尔莫）
蓬托尔莫，1494年—佛罗伦萨，1556年
圣母子、圣安妮与其他圣徒
1529年之前
木板油画
228cm×176cm
卢浮宫购于1814年

安德烈·德尔·萨托
博爱
1518年
布面油画
185cm×137cm
为弗朗索瓦一世绘制
路易十四收藏

马里奥托·阿尔贝蒂内利
佛罗伦萨，1474—1515年
圣母子与圣杰罗姆、圣泽诺比乌斯
1506年
（与弗朗切斯科·弗兰恰比焦一起创作）
布面油画
186cm×176cm
1813年来自佛罗伦萨的圣特里尼塔
卢浮宫购于1814年

巴乔·戴拉·波尔塔（弗拉·巴托洛梅奥）
佛罗伦萨，1475—1517年
圣母领报与圣玛格丽特、抹大拉的玛利亚、圣保罗、施洗者圣约翰，圣杰罗姆和圣方济各
木板油画
96cm×77cm
弗朗索瓦一世和路易十四收藏
卢浮宫购于1515/1530年

弗拉·巴托洛梅奥
锡耶纳圣凯瑟琳的神秘婚礼
1511年
木板油画
257cm×228cm
卢浮宫购于1800年

弗朗切斯科·弗兰恰比焦
佛罗伦萨，1482—1525年
一个男人的肖像
木板油画
76cm × 60cm
1665年路易十四从黎塞留公爵处购买

安东尼奥·阿莱格里(科雷乔)

在意大利中部的样式主义中,科雷乔在托斯卡纳和罗马占据了与拉斐尔同样的地位。科雷乔,原名安东尼奥·阿莱格里,虽然他的成功很大程度上归功于列奥纳多·达·芬奇的柔和塑造与曼泰尼亚的透视画"幻术",但是科雷乔的创作个性与这两位大师完全不同,并且明显脱离了文艺复兴鼎盛时期对艺术的苛求。他对透视画的想象似乎不是源自科学,而是源于某种对自己的放纵。

这种表现融入一种对肉感狂热的想象中。这一时期有关基督的创作主题对科雷乔的吸引力往往低于爱的神话。《维纳斯、森林神与丘比特》似乎表现了一个从迷人的休息状态转变为激情诱惑的时刻。这幅画描绘的是维纳斯和丘比特正在酣睡,好色的森林神萨蒂尔偷偷地将维纳斯的衣服撩起,以喜悦的眼神凝视着维纳斯丰满而柔美的胴体。科雷乔仿佛一位先知,似乎已经知道性和色情的喜悦将会在18世纪得以保留。

乔瓦尼·巴蒂斯塔·本韦努蒂(奥托兰诺)
费拉拉,1487—1524年之后
耶稣诞生
木板油画
58cm×48cm
罗马坎帕纳收藏
卢浮宫购于1861年

(第191页图)
安东尼奥·阿莱格里(科雷乔)
科雷乔,1489—1534年
维纳斯、森林神与丘比特
布面油画
188cm×125cm
为费德里科·贡扎加而画
查理一世、枢机主教马扎然和路易十四收藏
卢浮宫购于1661年

弗朗切斯科·玛尔米达
帕尔马，1496—1504年
圣母子在圣本尼狄克与圣昆廷及两名天使中间
木板油画
220cm×138cm
1811年来自帕尔马的一座修道院
卢浮宫购于1812年

安东尼奥·阿莱格里（科雷乔）（传）
一个青年的画像
木板油画
59cm×44cm
曾被认为是拉斐尔的作品，后又被认为是帕尔米贾尼诺的作品
被艺术家本人放大
卢浮宫购于1665年

安东尼奥·阿莱格里（科雷乔）
圣凯瑟琳的神秘婚礼
木板油画
105cm×102cm
枢机主教马扎然和路易十四收藏
卢浮宫购于1661年

拉斐尔·圣齐奥

意大利的文艺复兴对法国造成了深远的影响,其中极其重要的是拉斐尔在他艺术的第一个成熟阶段的作品,如《美丽的园丁》,还有一些与他学生合作的作品,如《大天使米迦勒与撒旦》,以及被弗朗索瓦一世收藏的《圣家族》。这些画作在枫丹白露宫展出,那里是艺术沉思与放松之地。

拉斐尔装饰风格所造成的影响,比如法尔内西纳壁画的非基督教主题和法国凉廊绘画中奇形怪状的图案,通过曼托瓦,在朱利奥·罗马诺(Giulio Romano)和普列马提乔(Primaticcio)的模仿"改造"下,间接地被帕尔米贾尼诺(Parmigianino)的优雅所影响,变得温和起来。这种优雅源自拉斐尔,在几个世纪里一直影响着法国品位和法国绘画艺术,并且没有受到任何画派的影响。而这种优雅所造成的影响在19世纪,甚至更晚些时候都表现得十分明显。只有在法国,拉斐尔的新古典主义才是一种自然而永恒的风格。

(第194页图)
拉斐尔·圣齐奥
乌尔比诺,1483年—罗马,1520年
圣家族(弗朗索瓦一世的圣家族)
布面油画
207cm×140cm
被委托作为赠予法国王后的礼物
弗朗索瓦一世和路易十四收藏

拉斐尔·圣齐奥
大天使米迦勒与撒旦
1518年
布面油画
268cm×160cm
被委托作为赠予弗朗索瓦一世的礼物
路易十四收藏

阿尼奥洛·迪·柯西莫（布龙奇诺）
蒙蒂切利，1503年—佛罗伦萨，1572年
不要摸我
1560年
木板油画
289cm×194cm
来自佛罗伦萨圣神大殿

朱利奥·皮皮（朱利奥·罗马诺）
罗马，1499年？—曼托瓦，1546年
牧羊人的诞生和崇拜（在远处向牧羊人宣告）
1531/1534年
木板油画
275cm×212cm
查理一世收藏
1662年路易十四从埃弗哈德·雅巴赫处购买

（第196页图）
拉斐尔·圣齐奥（和画室）
圣家族
木板油画
39cm×30m
1662—1666年路易十四购买

朱利奥·罗马诺
提图斯和维斯帕先的凯旋
1537年
木板油画
120cm×70cm
受费德里科·贡扎加委托创作
查理一世、埃弗哈德·雅巴赫和路易十四收藏

（第199页图）
阿尼奥洛·迪·柯西莫（布龙奇诺）
手持雕像的男人
木板油画
99cm×79cm
埃弗哈德·雅巴赫与路易十四的收藏

小汉斯·荷尔拜因

在卢浮宫人们可以找到荷尔拜因最重要的肖像画集；这5幅画作代表了他绘画的顶峰。《伊拉斯谟像》是为一位学者构思绘制的。从画中人的肩膀往上看，我们可以顺着他的目光注意到他的工作——正在为1523年印刷的《马克福音》做准备。没有任何肖像画能够比这幅对学者的描绘更精致的了。画中人不知道我们的存在，他专注于自己正在书写的内容。通过荷尔拜因的描绘我们可以感受到画中人对于自己作品的满意和欣赏。据说这幅画是寄给托马斯·莫尔爵士（Sir Thomas More）的，他对这幅画十分钟爱，格外珍惜。

我们可以在卢浮宫所藏荷尔拜因的作品中探索到更多有趣的发现。我们可以欣赏到尼古拉斯·克拉策（Nicholas Kratzer）的数学天赋和精神，因为这在他的肖像画中已经被清晰地表达出来了。

同样被清晰记录并且流芳百世的还有克里维斯的安妮（Anna di Cleves）的悲伤，因为她与英国国王亨利八世（Enrico VIII）的婚姻走到了尽头。

而对于威廉·沃勒姆（William Warham）这位坎特伯雷大主教和亨利八世的大臣，我们似乎可以通过他的肖像画看到他所有的耐心。我们还可以感受到亨利·怀亚特爵士（Sir Henry Wyatt）自身的诗人品质。

（第201页图）
小汉斯·荷尔拜因
奥格斯堡，1497年—伦敦，1543年
伊拉斯谟像
木板画
42cm×32cm
查理一世、埃弗哈德·雅巴赫和路易十四收藏
卢浮宫购于1671年

小汉斯·荷尔拜因
威廉·沃勒姆
1527年
木板画
82cm×66cm
阿伦德尔公爵、埃弗哈德·雅巴赫和路易十四收藏
卢浮宫购于1671年

（第203页上左图）
小汉斯·荷尔拜因
尼古拉斯·克拉策
1528年
木板画
83cm×67cm
阿伦德尔公爵、埃弗哈德·雅巴赫和路易十四收藏
卢浮宫购于1671年

（第203页上右图）
小汉斯·荷尔拜因
克里维斯的安妮
羊皮纸画
65cm×48cm
埃弗哈德·雅巴赫和路易十四收藏
卢浮宫购于1662年

（第203页下图）
小汉斯·荷尔拜因
亨利·怀亚特爵士
木板画
39cm×31cm
埃弗哈德·雅巴赫和路易十四收藏
卢浮宫购于1671年

203

让·克卢埃

《法国国王弗朗索瓦一世》这幅画更多地从弗朗索瓦一世的角度赞扬了法国的古典文化。一方面，他在按照意大利风格修建的新宫殿中植入了自己的文化和理想——枫丹白露宫就是托斯卡纳风格的杰作；另一方面，卢浮宫的设计以皇家权力的堡垒为象征，这种堡垒是专制主义和政治的中心，更是行政管理的总府，卢浮宫也是代表文艺复兴鼎盛时期的收藏品所在地。提香绘制的法国国王弗朗索瓦一世像是根据奖章绘制的，过程中从来没有与国王有过直接的眼神接触。所以事实上，与忠实还原国王面貌的其他画作相比，这幅肖像画只是一个理想中的描绘。让·克卢埃在1516年被选为国王的艺术家之一，他是一位十分在意画作精准度的肖像画家，这一点荷尔拜因也很难超越。在这一幅国王的肖像画中，他先画了一张国王头像的铅笔画，随后再准确地在画作中复制了它，该画作保留了16世纪法国肖像画的特征。这幅作品是在北欧文艺复兴的鼎盛时期完成的，与其单说它是一幅大师的作品，不如说它更像一个卓越君主的令人难忘的画像。

然而人们有关让·克卢埃的记忆很快就消失了，经常把他与他儿子相混淆，后者在1540年接替他成为新的宫廷画师。如今，他作为第一位法国文艺复兴时期的大师的真正价值才重新得到了认可。

让·克卢埃
巴黎，1485/1490—1540/1541年
法国国王弗朗索瓦一世
木板画
96cm×74cm
弗朗索瓦一世收藏

（第205页图）
弗朗索瓦·克卢埃
？—巴黎，1572年
伊丽莎白像
木板油画
36cm×26cm
罗歇·德·盖涅雷斯和路易十五收藏
卢浮宫购于1817年

（第206页上左图）
柯奈·德·里昂
海牙，1500/1510年—里昂，1575年
兰丹伯爵查尔斯·德·拉罗什富科
木板油画
16cm × 14cm
罗歇·德·盖涅雷斯收藏
1961年被克芬迪乌斯·科特夫人转售

（第206页上右图）
弗朗索瓦·克卢埃
皮埃尔·古廷
1562年
木板油画
91cm × 70cm
1908年被转售

（第206页下图）
柯奈·德·里昂
皮埃尔·艾美瑞克
1534年
木板油画
165cm × 142cm
卢浮宫购于1976年

（第207页上图）
老让·古赞
桑斯，1490年—巴黎，1560年
潘朵拉魔瓶前的夏娃
木板油画
98cm×150cm
1922年被转售

（第207页下图）
柯奈·德·里昂
克莱芒·马罗特
木板油画
12cm×10cm
1949年被转售

提香·韦切利奥

　　1540年，提香为米兰修道院绘制的《戴荆棘冠的基督》，为我们呈现了一幅更具感染力的作品。画中雕刻形式的生动表明作者在那段时期了解了罗马的艺术。画中对角线的运用预见了巴洛克绘画中的"暴力"，这是任何罗马画家都不能做到的。基督深红色的衣物则成为整个构图的中轴与核心。当然，在之后创作一幅尺寸更小的画作时，提香也并没有忘记这种特别的排列方式。在他死后，更小尺寸的画作经丁托雷托之手绘制，现在被慕尼黑的老绘画陈列馆所收藏。在这幅画中，提香延续了他生活的最后时期的风格。在这种情况下，整幅画呈现出一种色调的模糊与不连贯性，但其所呈现的整体效果却异常突出。在卢浮宫的描述中，士兵身着的红色外衣所散发出的金属光泽与左臂搭着橙色衣服的刽子手赋予了这幅画一种表现力，而与之后的作品相比却缺乏生动感。加上前10年绘制的《基督下葬》（第182—183页），卢浮宫共收藏了两幅以"哀悼基督"为主题的提香的杰作。

提香·韦切利奥
戴荆棘冠的基督
1543年
布面油画
303cm×180cm
卢浮宫购于1797年

提香·韦切利奥
法国国王弗朗索瓦一世
1538年
布面油画
109cm×89cm
彼得罗·阿雷蒂诺委托为弗朗索瓦一世绘制
路易十四收藏

文森佐·迪·比亚乔（卡泰纳）
威尼斯，1480—1531年
詹乔治·特里西诺肖像画
布面油画
73cm×64cm
1914年被转售到卢浮宫

乔瓦尼·卡里亚尼
威尼斯，1480/1485？—1547年？
两名青年的肖像
布面油画
45cm×63cm
查理一世和路易十四收藏
卢浮宫购于1683年前

提香·韦切利奥
圣杰罗姆
1531年
布面油画
80cm×102cm
卢浮宫购于1683年前

安德里亚·索拉里奥

并非所有的艺术品都具有卓越的品质。列奥纳多·达·芬奇崇高的思想并没有与他的艺术水平继续保持一致,而他在米兰的追随者的能力也只能达到他艺术造诣中最肤浅的层次。这些追随者与列奥纳多渐行渐远,他们也不能理解那些吸引和指导列奥纳多的艺术创新与探索。16世纪,米兰的绘画已经呈现出奢华、柔和、完美的特点,我们可以从伯纳迪诺·卢伊尼(Bernardino Luini)充满诱惑的作品中看到这些,他的画作中展示出的所有一切都是为了将恩典变成甜蜜。权力的中心,比如米兰的斯福尔扎宫廷,则更倾向于平庸和毫无意义的绘画。而法国宫廷对于列奥纳多和安德里亚·索拉里奥(列奥纳多米兰追随者中比较有天赋的人)的艺术创作也无动于衷。

安德里亚·索拉里奥生于米兰,有着一头编成小辫的柔软头发。他在法国的影响比在枫丹白露扎根的拉斐尔式精神更显微弱。他在法国工作,1507—1510年绘制了《绿垫圣母子》。这幅画没有奢华之处,但透着诱人的美丽。对弯曲形状的强调和感伤的色调在随后的艺术中仍有可能出现。《施洗者圣约翰的首级》是一幅以死亡为主题,充满恐怖氛围的画作,这种氛围在19世纪古斯塔夫·莫罗(Gustave Moreau)的作品中达到了顶峰。

伯纳迪诺·卢伊尼
卢伊尼,1480/1490—米兰,1532年
东方三博士的朝拜
壁画
222cm×165cm
卢浮宫购于1867年

安德里亚·索拉里奥
米兰，1470/1474—1514年?
绿垫圣母子
木板油画
60cm×48cm
1742年路易十五从卡里尼昂收藏中购买

213

安德里亚·索拉里奥
施洗者圣约翰的首级
1507年
布面油画
46cm×43cm
1868年被转售到卢浮宫

伯纳迪诺·卢伊尼
圣家族
木板油画
51cm×44cm
最初的收藏

伯纳迪诺·卢伊尼
圣母与熟睡的圣婴和三位天使
布面油画
92cm×73cm
路易十四购于1683年前

伯纳迪诺·卢伊尼
莎乐美收到施洗约翰的首级
布面油画
62cm × 55cm
1671年路易十四从埃弗哈德·雅巴赫处购买

乔瓦尼·安东尼奥·博尔特拉菲奥
米兰，1467/1471—1516年
圣母子和施洗者圣约翰与圣塞巴斯蒂安在两位施与者之间
木板油画
186cm×184cm
1812年通过与布雷拉交换获得

塞巴斯蒂亚诺·德·皮翁博

塞巴斯蒂亚诺·德·皮翁博的天赋极为矛盾。在深受威尼斯和罗马艺术大师们的影响这一方面，无人能出其右；同时，他却又发展出了极为独特的个人风格，其作品具有极高的权威性，极具辨识度，似乎不受任何一种风格影响。在他的家乡威尼斯，塞巴斯蒂亚诺通过他的执着和极高的鉴赏能力，学习乔尔乔内和提香的作品。他深受乔尔乔内的作品《暴风雨》中著名景观的震撼，他将这种绘画手法视为一种范例，并放入自己的作品中，如《圣母访问》。《暴风雨》中采用深色阴影描绘暴雨景观的手法，对于之后的艺术发展具有深远意义。塞巴斯蒂亚诺记住了这个威尼斯大师采用的颜色，并以一种更强烈的方式融合它，来突出他罗马画作的戏剧性。

1551年移居到罗马后，塞巴斯蒂亚诺开始模仿这座城市里最难以超越的艺术天才——米开朗琪罗。他与米开朗琪罗展开合作，共同对抗拉斐尔。他非常喜欢米开朗琪罗，并受到米开朗琪罗许多最为动人的作品的启发。塞巴斯蒂亚诺将米开朗琪罗的这些画作视为自己一系列作品的范本，但这种借鉴并没有衰减他本身的天赋。他的绘画有时几乎与同时代的大师水平相当，而且其肖像画后来发展得极具独特个性，这来自对提香和拉斐尔风格的学习。

在塞巴斯蒂亚诺的自主创作中，画中神圣的女性都富有激情而又高深莫测。他对情绪的诠释时至今日都无人能够超越。

在《圣母访问》中，玛利亚和伊丽莎白是至今仍让人难以忘怀的人物典范。对于其他绘画主题中的雄伟人物，塞巴斯蒂亚诺则表达出了一种与其相配的庄严感。

约翰·斯蒂芬·范·卡尔卡（乔瓦尼·卡尔卡）
卡尔卡（靠近克里夫斯），1499年—那不勒斯，1546年
梅尔基奥尔·冯·布劳韦勒肖像画
1540年
布面油画
109cm×89cm
1662年路易十四从埃弗哈德·雅巴赫处购买

塞巴斯蒂亚诺·德·皮翁博
威尼斯，1485年？—罗马，1547年
圣家族与圣凯瑟琳，圣塞巴斯蒂安和一名捐赠者
木板油画
95cm×136cm
曼托瓦公爵和查理一世收藏
1662年路易十四从埃弗哈德·雅巴赫处购买

乔瓦尼·鲁特里（多索·多西）
费拉拉，1489—1542年
一个男人的肖像画
布面油画
95cm×77cm
最初的收藏

雅各布·内格雷蒂（老帕尔马）
贝加莫，1480年—威尼斯，1528年
牧羊人的崇拜
布面油画
140cm×210cm
路易十四购于1685年

（第221页图）
塞巴斯蒂亚诺·德·皮翁博
圣母访问
绘于1519年，但文献记载为1521年
布面油画
168cm×132cm
1521年弗朗索瓦一世的收藏
路易十四收藏

汉斯·巴尔东·格林

20世纪中叶，卢浮宫增添了许多与法国传统特征极为不同的绘画收藏品。丢勒的学生汉斯·巴尔东·格林很快向人们展示了一种与老师的风格相比更为优秀的肖像画天赋。尽管布里斯戈维亚弗里堡的祭坛装饰屏作为他的主要作品，具有高度的法国正统色彩，但这位年轻画家总有一种探索非宗教主题和事物的激情。男人和女人的年龄、他们肉体的脆弱性，以及他们所拥有的转瞬即逝的快乐，一直吸引着巴尔东的目光。对他来说，马匹或是森林中的动物代表着人类对身体中所隐藏的动物本能的压制。在《骑士、少女和死亡》这幅画中，上面提及的所有这些元素都存在。死神站在之前受害者的尸体中，表现得更令人心生恐惧，他为漂亮的女孩设置了一个陷阱。女孩拼命逃跑，尽管她的裙裾还在死神的手中，但她跳到了一名勇敢的骑士身后的马鞍上。骏马同样表现出善良和勇敢，它跃过旁边的岩石，奔驰在绿色的田野间，这块岩石的形状奇怪地与阿尔科堡垒相似。几年前丢勒曾经在作品中设计过这种形状的岩石。

汉斯·马勒
活跃在施瓦兹（蒂罗洛），1500—1529年
马特乌斯·希瓦尔茨肖像画
1526年
木板油画
41cm×33cm
1958年被转售到卢浮宫

汉斯·巴尔东·格林
格明德（斯韦齐亚），1484/1485年—斯特拉斯堡，1545年
骑士、少女和死亡
木板画
36cm×30cm
卢浮宫购于1924年

霍夫·胡伯尔
费尔德基希，1480年—帕绍，1553年
哀悼基督
1524年
木板油画
103cm×87cm
卢浮宫购于1968年

汉斯·泽巴尔德·贝哈姆
纽伦堡，1500年—法兰克福，1550年
大卫的故事场景
木板画
128cm×131cm
彩绘平面、木板油画
1661年路易十四从枢机主教马扎然遗物中购买

戈特弗里德·冯·韦迪希
科洛尼亚，1583—1641年
蜡烛静物画
木板油画
50cm×37cm
卢浮宫购于1970年

乔治·弗莱格尔
奥尔缪兹（莫拉维亚），1566年—法兰克福，1638年
鱼和酒壶静物画
木板油画
19cm×15cm
卢浮宫购于1981年

（第227页上图）
塞巴斯蒂安·斯托斯科普夫
斯特拉斯堡，1597年—伊德斯坦，1657年
小雕像与贝壳面静物画
木板油画
52cm×73cm

（第227页下图）
塞巴斯蒂安·斯托斯科普夫
书、蜡烛和青铜雕像静物画
布面油画
51cm×69cm
卢浮宫购于1982年

昆丁·马西斯

　　昆丁·马西斯一度是北欧最负盛名的画家之一，如同 16 世纪安特卫普艺术的守护神。他有一件被现代批评界忽略的作品，名为《放贷者与他的妻子》。这是一幅细腻的、引人入胜的画作，是世俗艺术的里程碑，自此表现日常生活的主题逐渐走上了艺术舞台。画中的放贷者和他的妻子都出现在日常生活的场景中，其展现的姿态既不滑稽也不丑陋，只是单纯地为他们的生计勤勉努力。丈夫专心致志地观察着天平刻度线，以确定是否继续增加砝码。他靠向妻子，希望从自己信任的身边人那里得到一些中肯的建议。妻子则专注地读着她的祷文，折起经书的一角来做标记，然后又焦虑不安地转过身来，意识到自己现在的职业和神圣没有半点关系。

　　17 世纪后，这幅画的画框上刻有一段《利未记》（第 19 章第 36 节）的文字：要用公道的天平、公道的砝码。这段文字极有可能是艺术家写给自己的箴言。毋庸置疑，这段话指向的是这对夫妻的共同利益。尽管他们已经结婚，成为一体，但他们所关注的事物却迥然不同。商人的狡猾精明与教徒的虔诚谦卑形成对比，神圣与世俗的对照在人们潜意识的想象之中激起波澜。桌子上摆的凸面镜反射出一个人的身形，这人坐在房间的窗户边，专心又虔诚地阅读着祷文——暗示着对于《圣经》的关注才是这幅居家小幅画作最重要的部分。整个画作就是一个充满冲突的小世界，拷问着当时的信徒们。

昆丁·马西斯
卢瓦尼奥，1465/1466 年—安特卫普，1530 年
圣母子
1529 年
木板油画
68cm×51cm
卢浮宫购于 1903 年

昆丁·马西斯
放贷者与他的妻子
木板油画
71cm×67cm
卢浮宫购于1806年

（第230—231页）
放贷者与他的妻子（局部）

229

（第232页上左图）
科恩利斯·范·哈勒姆
哈勒姆，1562—1638年
基督的洗礼
铜板油画
206cm×170cm
1983年被转售

（第232页上右图）
安特卫普画派/莱顿画派
1500/1550年
罗得和他的女儿们
木板油画
48cm×34cm
卢浮宫购于1900年

（第232页下图）
扬·普罗沃斯特
蒙斯，1465年—布鲁日，1529年
基督教寓言
木板油画
51cm×40cm
1973年被克里斯蒂安·奥拉尼耶转售

朗贝宁·絮斯特利
阿姆斯特丹，1515/1520年—帕多瓦，1568年后
维纳斯与丘比特
布面油画
132cm×184cm
路易十四收藏于1683年前

拜尔内特·凡·奥利
布鲁塞尔，1488—1541年
圣家族
1521年
木板油画
107cm×89cm
卢浮宫购于1902年

约斯·凡·克莱弗

16世纪初期北欧国家杰出的艺术水平并非全部源自对意大利艺术的崇拜与追随。在清晰的画面之中,在美术的原创性里,在被放大的热情里,在伴随着强大激情的自然意识里,我们可以看到一种纯真的对独立的渴望,正是它激发了最伟大的艺术创作。然而意大利艺术中卓绝的样式主义却给他们的画作带来了灵感源泉,并且至少培育出了一位值得关注的大师——约斯·凡·克莱弗。他作品中体现的样式主义绘画风格以及他如此普通的名字所引起的混淆,使这位艺术家的身份和声誉在很长一段时间内都饱受争议。

他的艺术创作大部分都不够雅致。他一般不去尝试表现《哀悼基督》里巨大的悲痛,这样就可以避免让抹大拉的玛利亚在矫揉作态中表达她的悲痛。

意大利艺术的雅致和高尚隐含着一些对北欧艺术家们的诱惑。约斯选择将《最后的晚餐》置于祭坛装饰屏下方这块面积较小的地方,这当然没有选择较大面积的装饰屏显得"敞亮"。列奥纳多·达·芬奇对约斯潜在的影响令后者成就了更好的自己,使他满足于重新走向米兰风格,将精力集中于创造一种亲切感。

约斯·凡·克莱弗
克莱韦,1485年—安特卫普,1540/1541年
圣母子与修士
木板油画
57cm×56cm
1893年被转售

(第235页图)
约斯·凡·克莱弗
哀悼基督,最后的晚餐(祭坛装饰屏下部的绘画)与圣方济各接受圣痕(弧面)
木板油画
145cm×206cm
祭坛装饰屏下部的绘画45cm×206cm
弧面75cm×146cm
卢浮宫购于1813年

(第236页图)
克莱恩·德·科特尔
1500年后活跃在布鲁塞尔
被天使支持的死去的基督
格拉齐亚宝座中间的面板
木板油画
167cm×118cm
购于1889年

克莱恩·德·科特尔
三个玛利亚的哀歌
恩典宝座的右侧面板
木板油画
168cm×62cm
1902年被转售

布伦瑞克的佚名画家
16世纪前半叶活跃在安特卫普
去往骷髅地
木板油画
70cm×84cm
卢浮宫购于1893年

（第239页上图）
克莱兹·阿尔特
莱顿，1498—1564年
耶稣诞生
木板油画
45cm×58cm
1925年被转售

（第239页下图）
奥托·凡·维恩
莱顿，1556年—布鲁塞尔，1629年
被家庭成员包围的艺术家自画像
1584年
布面油画
176cm×250cm
卢浮宫购于1835年

239

约阿希姆·帕蒂尼尔

风景画诞生于何时并没有一个明确的定论。不过在作品中有意识地表现自然环境的3位画家分别是盖尔特根、博斯和大卫。除了一些遥远的多瑙河畔画家创作的零碎作品外,便不再有一个诸如此类独立的派别,直到1520年约阿希姆·帕蒂尼尔成为安特卫普的大师为止。在他逝世9年后,其作品中的有关人物及叙事情节就纷纷被归入次要地位。早在1520年丢勒就曾拜访过他,并尊称其为"杰出的风景画家"。在画作《圣杰罗姆在沙漠中》里,悲惨的、被忽视的圣人蹲在粗糙的庇护所下,忘记了光明的浩瀚,忘记了身边嶙峋的岩石。观者的目光应当先看到天空,然后向下转移,与高耸的山巅相遇,最后落在如镜的湖面上,并随着河流渐行渐远。世界的和谐统一第一次被众人所感知,空间的浩瀚广阔第一次震撼人们的心灵。蹲下忏悔的圣人仿佛已经迷失,相对于令人感到满足的完整和谐的大自然,他就像一个外来者,不知道信仰也存在于这片土地上自然的鬼斧神工中。

即便帕蒂尼尔没有开创风景流派,他在当时也是能够进行新尝试的人。他能够将画面渲染成像是透过玻璃看到的效果,这是前人从未想象过的。他创立的画派整整存在了一个世纪,并以一种非常庄严的高贵感界定了自己的艺术,从而保存至今。

约阿希姆·帕蒂尼尔
迪南,1480年—安特卫普,1524年
圣杰罗姆在沙漠中
木板油画
78cm×137cm
1923年被转售

（第241页上图）
扬·格萨尔特（玛布斯）
莫伯日，1479年—米德尔堡，1532年
卡隆德莱特·让-坎恩代莱与圣母子双联画
1517年
木板油画
43cm×27cm（每个面板）
卢浮宫购于1847年

（第241页下图）
卢卡斯·凡·莱登
莱顿，1494—1533年
算命先生
木板油画
24cm×31cm
1962年被转售

（第242—243页图）
圣杰罗姆在沙漠中（局部）

（第244页上图）
吉利斯·莫斯塔特
许尔斯特，1534年—安特卫普，1598年后
战争和火灾场景
木板油画
42cm×69cm
寄存于1950年

（第244页下左图）
安东尼斯·凡·达肖斯特（安东尼奥·莫尔）
乌得勒支，1519年—安特卫普，1575年
格朗韦勒大主教的侏儒和他的狗
木板油画
126cm×92cm
路易十四收藏于1683年之前

（第244页下右图）
科涅利斯·范·达勒姆
安特卫普，1545—1573/1576年
庭院中的乞丐
木板油画
39cm×52cm
埃弗哈德·雅巴赫收藏于1696年
被认为是老彼得·勃鲁盖尔的作品
1918年被转售

老彼得·勃鲁盖尔
布雷达，1525年—布鲁塞尔，1569年
乞丐群
1568年
木板油画
19cm×22cm
1892年被转售

枫丹白露画派

意大利画家普列马提乔（Primaticcio）和尼科洛·德尔·阿巴特（Niccolò dell'Abbate）是两位枫丹白露的宫廷画师，他们的追随者所采用的风格一度成为法国艺术界最主要、最权威的流派。它的一些特点，比如抒情性、形式高雅、具有意大利的主题风格、有奇异生物居住的广阔风景……在接下来的几个世纪里依然非常活跃。

对于早期枫丹白露画派艺术家们来说，他们的艺术思想与艺术模式具有公认的法国特征。亨利二世有着非常令人崇敬的权力，他所钟爱的艺术家戴安娜·迪·波迪耶（Diana di Poitiers，亨利二世的情妇）是一位非常具有预见性的鉴赏家。那一时代许多画家把她当作神话中狩猎女神戴安娜的化身并作为绘画主题。

在宗教战争结束之后，法国艺术首次面临巨大的危机。但是后期的枫丹白露画派恢复了他们良好的艺术传统。他们采用意大利式的风格，描绘来自罗马的一些主题，并运用象征性的手法强烈地表达出人们对当时社会灾难的担忧。另外，枫丹白露画派细腻的特点也为接下来流行于17世纪的古典主义的发展提供了良好的土壤。

尼科洛·德尔·阿巴特
摩德纳，1509/1516年？—枫丹白露，1571年
西庇阿的自制
布面油画
128cm×115cm
坎德鲁普城堡
庞蒂耶夫公爵收藏于法国大革命期间

（第247页图）
枫丹白露画派
1550年
狩猎女神戴安娜
布面油画
191cm×132cm
卢浮宫购于1840年

安东尼·卡隆
博韦，1521年—巴黎，1599年
蒂布尔的女卜者
布面油画
125cm×170cm
1938年被转售

卢卡·彭尼
佛罗伦萨，1500/1504年—巴黎，1557年
奥托的审判
布面油画
102cm×74cm
1816年吕西安·波拿巴收藏
被认为是普列马提乔的作品
1973年被转售

尼科洛·德尔·阿巴特
劫夺
布面油画
196cm × 215cm
卢浮宫购于1933年

枫丹白露画派
1590年
加布莉埃尔·德斯特蕾和姐妹维拉公爵夫人
木板油画
96cm×125cm
卢浮宫购于1937年

251

乔瓦尼·巴蒂斯塔·迪·雅各布（罗素·菲伦蒂诺）
佛罗伦萨，1496年—枫丹白露，1540年
哀悼基督
1530—1535年
布面油画
127cm×163cm
为陆军统帅安妮·德·蒙特莫伦西绘制
法国大革命期间从波旁的路易吉·朱塞佩收藏中转移到埃库昂城堡

乔瓦尼·巴蒂斯塔·迪·雅各布

　　乔瓦尼·巴蒂斯塔·迪·雅各布，又被称为罗素·菲伦蒂诺，或罗素。在文艺复兴的鼎盛时期，罗素在安德烈·德尔·萨托的工作室作画，他的作品中反映出的暴力元素及对16世纪样式主义的崇拜，在很大程度上推动了样式主义的发展。他的作画手法总是以一种夸张、古怪的方式不断变化着，在罗马生活一段时间后，他的风格似乎开始变得高尚起来。但1527年罗马遭到洗劫后，他的风格又一度陷入混乱。尽管如此，当罗素到达威尼斯的时候，他是那个时代最有才华的艺术家这一说法还是得到了大家的一致认可。经由彼得罗·阿雷蒂诺的推荐，弗朗索瓦一世任命罗素为他的御用画师，并交给其翻修他最喜爱的枫丹白露宫的任务。罗素的装饰精巧别致又不失新意，北欧甚至在随后的100多年里都在遵循着他的艺术原则。实际上，他最后在枫丹白露创作的画作及其他艺术品，是他在风格上最大胆的创作。他的传统题材画作《哀悼基督》采用了细长瘦削的线条，让整个画面有了一种令人紧张的新鲜感。16世纪法国雕塑常见的强烈的情感表现，很大程度上是受罗素作品的影响。

乔瓦尼·吉罗拉莫·萨沃尔多

对于威尼斯画派来说，一些最为精彩的作品往往出自威尼斯之外。乔瓦尼·贝利尼（Giovanni Bellini）和乔尔乔内（Giorgione）为了丰富单人肖像画，开创了创作镜面或盔甲反射人像的先河。这种方法又被提香运用在作品《家庭寓言》（见第178页）中，成为维纳斯表现形式的主导元素。于是以提香为代表，开始逐渐推行一种一成不变的暖光画法，所有的威尼斯艺术家都运用了这种画法，而没有向乔尔乔内的传统风格方向发展（乔尔乔内的画作本质上是平静的、现实的）。乔尔乔内的绘画风格最终被许多非威尼斯艺术家所继承。

来自布雷西亚的萨沃尔多也曾尝试过流行于佛罗伦萨的生动活泼的肖像画风格。他的肖像画有着精确流畅的笔触、独特又从容的风格，而没有提香所惯用的奢华感。一张现今被认为是自画像的作品《穿铠甲的男人》，将3个角度的视觉表现结合起来，从光影角度来看，这是画家在一个真实房间内部，凭借极佳的洞察力研究得出的结果。人物的姿态略微向作品的观者倾斜，仿佛在夸耀这部作品多么富有生机和活力。这件作品似乎是他赠予一位佛罗伦萨画家好友的礼物，后人发现的一封信件可以佐证，受赠人看到这幅充满了大胆与活力的作品时是十分惊奇又愉快的。在布雷西亚流派画家之中，萨沃尔多的作品对16世纪末艺术发展方向的影响最为明显。

詹巴蒂斯塔·莫罗尼
阿尔比诺（靠近贝加莫），1520/1525年—贝加莫，1578年
牧师的肖像
布面油画
98cm×83cm
卢浮宫购于1888年

乔瓦尼·吉罗拉莫·萨沃尔多
活跃在布雷西亚,1508—1548年
穿铠甲的男人
布面油画
91cm × 123cm
弗朗索瓦一世收藏

亚历山大·莫雷托
圣文德和帕多瓦的圣安东尼
木板油画
113cm × 60cm
于1812年在米兰通过与布雷拉交换获得

洛伦佐·洛托
威尼斯，1480年—洛雷托，1556年
基督和淫妇
布面油画
124cm×156cm
原始尺寸为99cm×127cm
路易十四购于1671年

洛伦佐·洛托
圣杰罗姆在沙漠中
1506年
木板油画
48cm×40cm
卢浮宫购于1857年

洛伦佐·洛托
基督背负十字架
卢浮宫购于1981/1982年

费德里科·巴罗奇

伟大的独创中总有一些让人难以理解的东西。虽然巴罗奇来自乌尔比诺,这个地方绘画语言与其他传统之地没什么区别,但他却选择一种与意大利绘画习惯不同的、易逝的、独有的绘画传统。达·芬奇的绘画手法是让画作中的形象像烟雾一样轻盈,而科雷乔则给列奥纳多的这种方法增添了一种诗意的情感,即使是那些拥有普通主题的画作,也注入了一些高贵的"欣喜"。与其说巴罗奇围绕着人物形象的光与影进行创作,不如说他是在所有可能的色彩范围内仔细研究颜色的可塑性。他没有依靠当时在大多数意大利绘画中流行的理想类型,反而引进了一些现实主义的元素。在意大利的艺术作品中,很难找到一位牧羊人以这样一种更加令人信服的方式从事他的职业,在卢浮宫的《割礼》中,牧羊人把羊带到圣殿中祭祀。

巴罗奇最初是一位很有前途的传统画家,1568年时,他已经获得了瓦萨里超过30年的称赞。然而他的职业生涯被一种疾病所打断,这种疾病似乎是其竞争对手放毒所致。这位竞争对手看到巴罗奇担心自己的身体,显得比之前更为高兴。然而当巴罗奇恢复健康之后,人们发现他的绘画手法变得奇特异常。毫无疑问,他反思了色彩的重要性。例如,在他50岁完成的画作《割礼》中,他运用了被约书亚·雷诺兹(Joshua Reynolds)定义为"历史的颜色"的色调,这一色调被摇曳的光和不同寻常的活泼笔触分成了热情的橙色、明亮的黄色及暗淡的蓝色,除此之外他还运用了在意大利中部绘画中流行的奇异但非凡的绘画方式。

朱塞佩·切萨里(阿尔皮诺骑士)
罗马,1568—1640年
亚当和夏娃被逐出伊甸园
铜板油画
51cm×38cm
路易十六收藏
卢浮宫购于1777年

(第259页图)

费德里科·巴罗奇
乌尔比诺,1535—1612年
割礼
1590年
布面油画
356cm×251cm
1797年在佩萨罗的一座教堂中
卢浮宫购于1798年
曾被安放到巴黎圣母院60年
1862年返还卢浮宫

弗朗西斯科·德·罗西（萨尔维亚蒂）
佛罗伦萨，1510年—罗马，1563年
圣托马斯的怀疑
布面油画
275cm×342cm
来自里昂的一座修道院
卢浮宫购于1794年

乔尔乔·瓦萨里
阿雷佐，1512年—佛罗伦萨，1574年
圣母领报
木板油画
216cm×166cm
1813年来自阿雷佐的一座修道院
卢浮宫购于1814年

多米尼克·贝卡富米
瓦尔迪比耶纳（蒙塔佩蒂），1486年—锡耶纳，1551年
锡耶纳圣伯纳德布道
木板油画
33cm×51cm
1966年购买的同一祭坛装饰屏3幅绘画面板中的一幅

多米尼克·贝卡富米
圣安东尼和骡子的奇迹
木板油画
33cm×51cm
1966年购买的同一祭坛装饰屏3幅绘画面板中的一幅

多米尼克·贝卡富米
圣方济各接受圣痕
木板油画
33cm×51cm
1966年购买的同一祭坛装饰屏3幅绘画面板中的一幅

261

保罗·卡利亚里（委罗内塞）

卢浮宫博物馆所具有的历史价值，是与被拿破仑掠夺的作品分不开的。保罗·卡利亚里，又被称为委罗内塞，他的作品在这些被掠夺的作品中比其他任何艺术家的作品都更能体现该博物馆的历史价值。来自威尼斯圣乔治·马焦雷教堂的《迦拿的婚礼》，由于时局不稳，没有在1815年从巴黎转移到意大利。这幅委罗内塞的伟大画作，从那时起就一直留在卢浮宫，开创了一系列的宴会场景画，并以前所未有的方式展现出作者所采用的明艳色彩。它影响了许多法国色彩画家的创作，从德拉克罗瓦到马蒂斯都很喜欢这幅画。拿破仑的成就就像是一群富于幻想的法国天才的胜利。

正如评论家泰奥菲尔·戈蒂耶（Théophile Gautier）在1860年所说，法国人毫不怀疑地认为，委罗内塞是最出色的色彩画家，他比提香、鲁本斯和伦勃朗更伟大，因为他实现了色彩的自然和谐，而不是卖弄一些技巧上的明暗程式。德拉克罗瓦写到，委罗内塞能够不通过强烈的对比来描绘光，他的原话是："呈现在我们面前的仿佛是不可能存在的东西，因为它即使是在阴暗的地方也能够保持色彩的强度。"

委罗内塞的这项色彩上的革新对后世的影响已经无法用言语来描述了，他所呈现出的和谐与明亮的外部色彩照亮并启发了整个19世纪的艺术，他的成就是现代绘画的基础。那么他这种对色彩的应用究竟是如印象派所认为的那样属于自然主义，还是只是他的一个美丽的小发明呢？相信每个时代都会根据自己的标准来回答这个问题。

保罗·卡利亚里（委罗内塞）
维罗纳，1529年—威尼斯，1588年
朱庇特惩罚罪恶
布面油画
560cm×330cm
来自威尼斯的道奇宫
卢浮宫购于1798年

保罗·卡利亚里（委罗内塞）
迦拿的婚礼
布面油画
666cm × 990cm
根据传统，画中的客人都是当时的威尼斯艺术家和君主（或王子）。在艺术家中，提香以音乐家的身份出现，同时出现的还有委罗内塞、贝内代托、丁托雷托、雅各布·达·巴萨诺和帕拉迪奥。
1562—1563年，为威尼斯的圣乔治·马焦雷教堂的餐厅绘制
卢浮宫购于1798年

保罗·卡利亚里（委罗内塞）
以斯帖在亚哈随鲁王面前
布面油画
198cm × 306cm
1662年路易十四从埃博哈德·雅巴赫处购买

保罗·卡利亚里（委罗内塞）
圣母子与圣朱斯蒂娜，圣乔治与一名本笃会修士
布面油画
100cm × 99cm
1671年路易十四从埃博哈德·雅巴赫处购买

保罗·卡利亚里（委罗内塞）（或工作室）
耶稣跌倒在十字架的重压下
布面油画
57cm × 73cm
路易十四收藏于1683年前

雅各布·罗布斯蒂（丁托雷托）

雅各布·罗布斯蒂，又称丁托雷托，他带给了威尼斯画派爆炸性的冲击。他的肖像画表现手法达到了一个前所未有的高度，甚至米开朗琪罗都不能够轻易超越。他强调将男性气概具象化，因此，其画作中充满了肌肉的张力。300多年后，塞尚提起丁托雷托的时候，认为他是威尼斯画家中最强大的一位。而丁托雷托的美学原则也蕴含在塞尚的作品里，并由后来的画家逐渐继承下去。《入浴的苏珊娜》就是一幅采用了类似手法的作品，画家运用两性的魅力使整部作品大放光彩，作品中由女性激发出的欲望及忍不住偷窥她的迷恋心情，不仅极易传达给观众，还能引起强烈的共鸣。

人们从丁托雷托的艺术出发，便能很好地理解他复杂的人格：他试图在野心、奉献和爱国精神之中找到一种平衡。他是唯一一位出生在威尼斯主岛上的威尼斯画家。他的画作就好像是他的生活手记，我们能观察到一个多情善感、难以忍受挫折且不能容忍战争的人。他曾在圣洛克与其他一些同事共同参与一项装饰学校的工作，当他被要求出示自己的计划模型时，他只是简单地指向屋顶，原来他前一夜就在这里把计划模型安置好了。

丁托雷托创作的人像都带着令人激动不安的雄性气息，而他的叙事类作品通常被安置在波涛汹涌的景色之中，这也为下个世纪即将诞生的更伟大的艺术准备了舞台。他描绘的人像画可以说是后无来者，这些人像仿佛是受什么内在的激情驱动着，甚至他自己在70多岁高龄时创作的自画像也依然如此，这位豪放不羁的天才形象也因此流传至今。

在丁托雷托的作品里，每一个人像之间本质上都在互相呼应，甚至在不同的画作中也是一样。在《天堂》的草图里，他将整个宇宙画成了自己想象中的威尼斯，而在他接下来的一个委托作品里，他便真的这样创作了——他在威尼斯道奇宫议会厅无边无际的墙壁上创作了他想象中的威尼斯。从这个透视角度看去，圣人们是整个作品的主题，他们一同站在一个平缓的小岛上，被众星拱月般簇拥在大厅的圆顶中央，周围则是一片生机勃勃的光之海洋。

圣经故事的戏剧性和《天堂》这幅作品自身的结构设计等元素，促使丁托雷托朝着威尼斯画派更为复杂和完整的肖像画构图方向发展。画中的人物仿佛被制作成了光影交替的条带，被安置在故意如此设计的舞台和讲坛之上，整个故事便在接连不断的光明与黑暗之中上演。这幅画作明显地采用了一种华丽的说明性质的绘画风格，既包含了虔诚的宗教含义，又有着世俗和情色的暗示，而这两点都被充分地表现了出来，并且后者正是整幅画的灵魂所在。

雅各布·罗布斯蒂（丁托雷托）
威尼斯，1518—1594年
威尼斯道奇宫议会厅《天堂》的草稿图
布面油画
143cm×362cm
卢浮宫购于1798年

雅各布·罗布斯蒂（丁托雷托）
入浴的苏珊娜

雅各布·罗布斯蒂（丁托雷托）
入浴的苏珊娜
布面油画
167cm×238cm
路易十四购于1684年

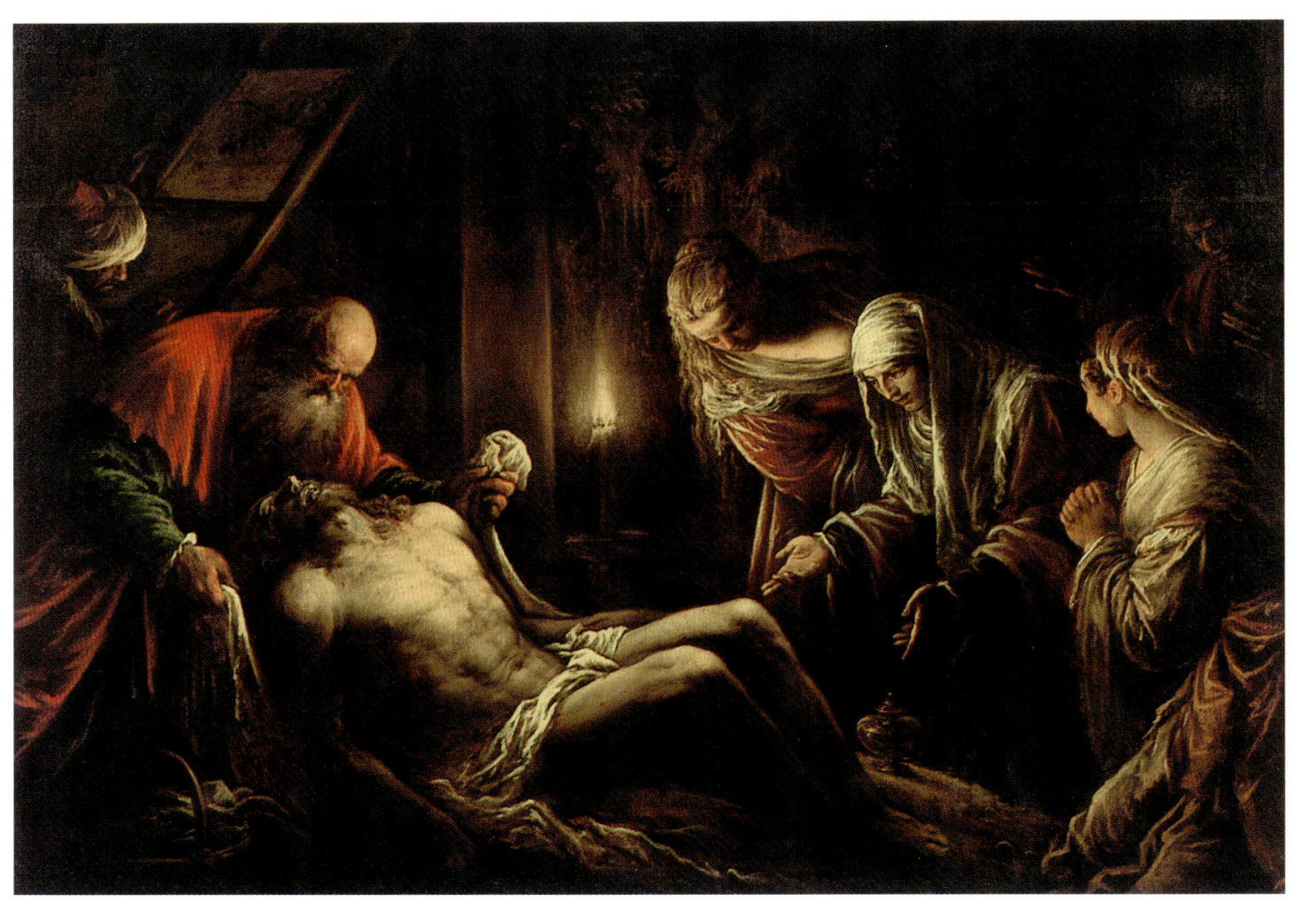

雅各布·达·庞特（雅各布·达·巴萨诺）
巴萨诺，1515—1592年
安葬基督
布面油画
154cm×225cm
1661年路易十四从枢机主教马扎然的遗物中购买

保罗·卡利亚里（委罗内塞）

保罗·卡利亚里（委罗内塞）
以马忤斯的晚餐
布面油画
241cm×415cm
枢机主教黎塞留和查理十四收藏

雅各布·罗布斯蒂（丁托雷托）
自画像
布面油画
65cm×52cm
路易十四收藏

保罗·卡利亚里（委罗内塞）
美丽的娜妮（女人的肖像画）
布面油画
119cm × 103cm
1914年被转售

第三章

1600—1700 年

多米尼克·提托克波洛（埃尔·格列柯）

多米尼克·提托克波洛，又称埃尔·格列柯。1577年，当36岁的他来到托莱多，其艺术风格受到了与威尼斯和罗马相反的绘画风格的影响，也受到了最初他在家乡克里特接触的希腊艺术的影响。卢浮宫的这幅画，《十字架上的耶稣与两修士》是他受到这些影响的3年之后绘制成的。基督的形象呈现出一种几乎衰弱无力的感觉，而喧嚣的夜空的轮廓以一种流畅的笔触被勾勒出，这流畅让人不禁联想起提香的艺术风格。人们认为这幅画的主题是一幅虔诚的圣像，而不是一个叙事的片段。假设这幅画的外部景观延续了埃尔·格列柯大部分作品的特点，它的背景被他在许多版本中反复运用，那么毫无疑问，画中的两位施与者是为了托莱多修道院绘制的。这两个人物的存在为这幅画渲染了一种虔诚奉献的氛围，但是在埃尔·格列柯最后的作品中，这种氛围被一种充满幻想的情欲所超越，并且开始发生转变。

这位艺术家在观念上发生的转变十分独特。他有意识地将他的宗教理想与原始美学结合起来。闪亮的色彩与瘦长的人物形象，以及特有的罗马样式主义，彰显出了他所寻找的神圣之光。埃尔·格列柯所具备的神学知识、音乐和艺术理论，滋养并丰富着他的内心，一直到现代也几乎没有人能与之相比。评论家把他看作富有现代精神的艺术先驱。

多米尼克·提托克波洛（埃尔·格列柯）
甘迪亚（克里特），1541年—托莱多，1614年
安东尼奥·杜·科瓦鲁维亚斯的画像
布面油画
68cm×58cm
1941年通过交换获得

（第275页图）
多米尼克·提托克波洛（埃尔·格列柯）
十字架上的耶稣与两修士
布面油画
260cm×171cm
卢浮宫购于1908年

加默·胡盖特
巴尔斯（加泰罗尼亚），1415年—巴塞罗那，1492年
耶稣受笞图
木板油画
中心面板92cm×156cm
侧边面板92cm×20cm
卢浮宫购于1967年

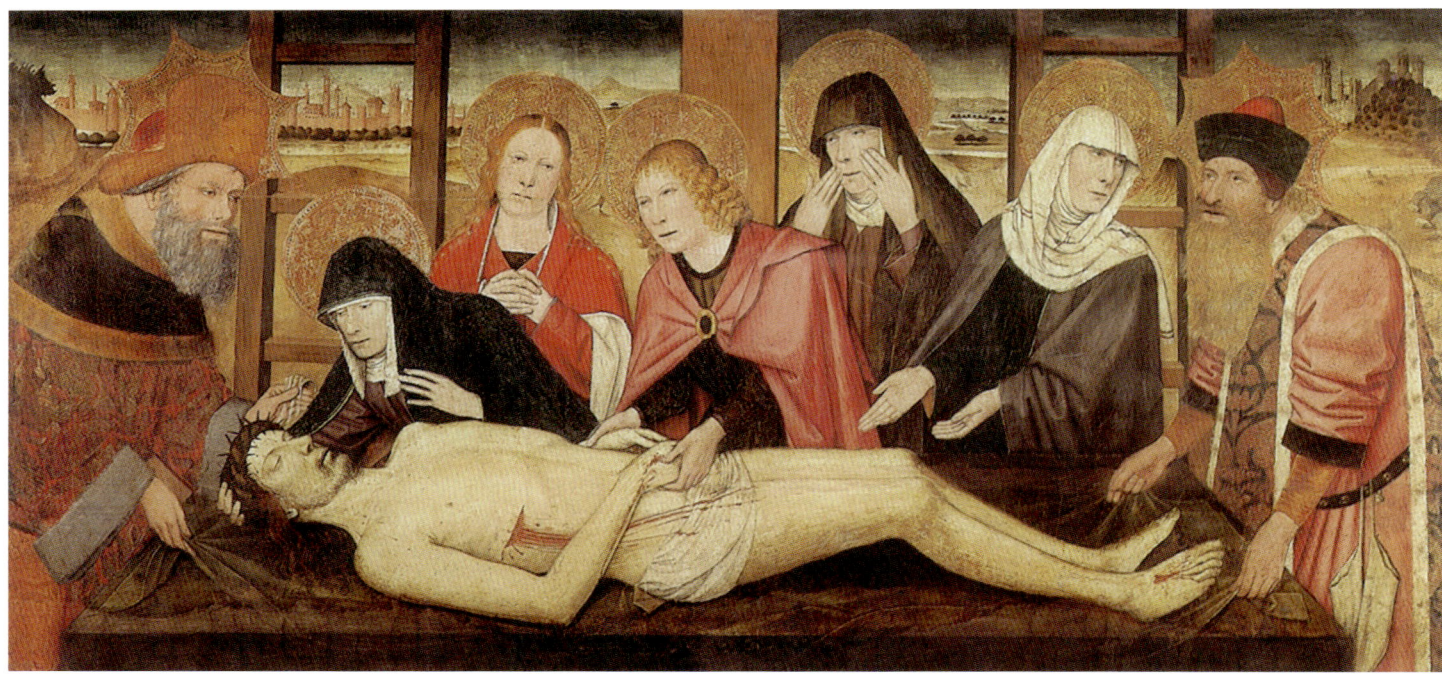

加默·胡盖特
哀悼基督
布面油画
73cm×158cm
来自路易·菲利普的西班牙画廊
卢浮宫于1850年之后接收

（第277页图）
圣伊尔德丰索教堂画的大师
卡斯蒂利亚，15世纪末
圣母赐祭披给圣伊尔德丰索
木板油画
230cm×167cm

贝尔纳多·蒙托雷尔
活跃在加泰罗尼亚，1427—1452年
来自圣乔治的传说：笞刑
木板油画
107cm×53cm

贝尔纳多·蒙托雷尔
来自圣乔治的传说：被拖拽的圣徒穿过城市
木板油画
107cm × 53cm

贝尔纳多·蒙托雷尔
来自圣乔治的传说：圣徒的斩首
木板油画
107cm × 53cm
卢浮宫于1904年接收

与《耶稣被钉死在十字架上》有很多版本不同,有关圣路易的画寥寥无几。只有埃尔·格列柯的追随者路易斯·特里斯坦绘制的《发放施舍的法国国王圣路易》,向我们表明了40年后法国国王的画像依然是受欢迎的。埃尔·格列柯在完成了《十字架上的耶稣与两修士》(第275页)的5年后,绘制了自己的圣路易,一同诞生的还有他的第一幅杰作《奥尔加斯伯爵的葬礼》(本书未收录)。

在《法国国王圣路易与少年侍从》中,对于圣路易的形象,艺术家采用了当时的人物做模特,画中人物的神情紧张不安。这幅画里的少年侍从是埃尔·格列柯的儿子豪尔赫·曼努埃尔(Jorge Manuel)。画中除了盔甲是当时的以外,国王的形象则被描绘成了300年前的守护神,他的慈善使他成为仁慈君主的典范,这一守护神形象在埃尔·格列柯时期也依旧适用。这幅画重新展现出了一种理想化形象与现实的结合。

由于没有百合的标志,画中人物很难被定义为法国国王。然而,国王的皇冠却带有中世纪的徽章,并遵循法国王室的纯正传统。

路易斯·特里斯坦
托莱多,1585—1624年
发放施舍的法国国王圣路易
布面油画
245cm×183cm
1932年被转售

多米尼克·提托克波洛（埃尔·格列柯）
法国国王圣路易与少年侍从
布面油画
120cm×97cm
卢浮宫购于1903年

281

路易斯·特里斯坦
圣方济各看到神迹
布面油画
125cm × 104cm
1879年被转售

阿隆索·卡诺
格拉纳达,1601—1667年
福音书作者圣约翰与含毒的酒杯
布面油画
54cm × 36cm
卢浮宫购于1977年

（第283页上左图）
维森特·卡杜乔
克莱尔沃的圣伯纳德
布面油画
60cm×48cm
卢浮宫购于1980年

（第283页上右图）
维森特·卡杜乔
比雷利神父的狂喜
布面油画
60cm×48cm
卢浮宫购于1980年

（第283页下图）
阿隆索·卡诺
圣雅各
布面油画
54cm×36cm
卢浮宫购于1977年

卢多维科和阿尼巴尔·卡拉奇

卢多维科是博洛尼亚美术学院的创始人，这个学院赋予了学院派艺术一个全新的定义，并开始对当时的风格进行重新评价，这将成为17世纪意大利中部的绘画基础。卢多维科生于1555年，比他的兄弟，也就是他工作室的合伙人阿尼巴尔（Annibaie）和阿格斯提诺（Agostino）早出生几年。卢多维科早期的作品具有他那一时代传统的流畅性和温和性，其缱绻的轮廓与带有情色的优雅，从根本上要归功于科雷乔，并且这些也潜移默化地影响了当时没有什么特点的艾米利亚画派的绘画风格。1594年，天主教多明我会的圣贾钦托被封圣，这给予了卢多维科在祭坛装饰屏（现藏卢浮宫）上绘画的机会，他借此引入了一种让人意想不到的艺术手法。以往圣人显现时所展现出的柔和被一种恐怖感所笼罩，同样的圣人展现出了痛苦和令人心碎的奉献精神。裸体的天使具有科雷乔的风格，他们在瀑布边朝天空方向不规则地排列。样式主义被纯粹的激情和强大的修辞所强化，最终突破了旧的局限。阿尼巴尔和阿格斯提诺两兄弟，都是因为卢多维科而走上了绘画的道路，他们从古典主义色调中发现一种新的现实主义类型。阿尼巴尔还拓展了风景画的概念，他以人和自然之间细致的对话为基础，表达出了一种新的诗意。

卢多维科·卡拉奇
博洛尼亚，1555—1619年
圣母子在圣贾钦托面前显现
1594年
布面油画
375cm×223cm
卢浮宫购于1797年

阿尼巴尔·卡拉奇
博洛尼亚，1560年—罗马，1609年
圣母向圣路加和圣凯瑟琳显灵
1592年
布面油画
401cm×226cm
来自摩德纳的公爵画廊，1776年
卢浮宫购于1797年

阿尼巴尔·卡拉奇
圣母与樱桃
布面油画
120cm×98cm
来自利斯勒·阿当的城堡（瓦勒德瓦兹）
卢浮宫购于1800年

阿尼巴尔·卡拉奇
圣司提反的石刑
铜板画
42cm×54cm
1679年前被路易十四转售

阿尼巴尔·卡拉奇
狩猎
布面油画
136cm×253cm
1665年东·卡米洛·潘菲利转售给查理十四

（第289页上图）
阿尼巴尔·卡拉奇
打鱼
布面油画
136cm×253cm
1665年东·卡米洛·潘菲利转售给查理十四

（第289页下图）
菲利普·迪·潘菲利（菲利普·那波莱塔诺）
那不勒斯，1587/1591—1629年
废墟和人物景观
铜板画
35cm×45cm
卢浮宫于1951年获得

米开朗基罗·梅里西(卡拉瓦乔)

　　米开朗基罗·梅里西,又称卡拉瓦乔。从16世纪的理想风格向下一世纪对现实的痛苦认知的转变中,卡拉瓦乔无疑是最有影响的人。他的同时代人对他拒绝接受传统典范的行为印象深刻。卡拉瓦乔坚信,只有"画得好,模仿得好"的艺术家才能被称为"人"。

　　现代评论家发现,卡拉瓦乔这种由纯粹模仿现实姿态产生强烈情感的风格在当时很难被接受。然而所有的解释都认为,卡拉瓦乔作品中创新的本质是源于其极致简单的生活。如果说他的方法是画现有的(东西),那么他的主题就是死亡。《圣母之死》或许是卢浮宫藏品中最伟大的悲剧杰作。这幅画的订购者加尔默罗会士在画作未完成之前就宣布,他不会接受这种如此不雅的画作。极致的痛苦呈现在这张普通的女人脸上,以此来强调她已死去的现实。除了罗马的年轻艺术家,任何人见到这幅画都会感到震惊。这个具有如此现实效果的悲剧形象,通过鲁本斯的介入,成为曼托瓦公爵的收藏品之一,也获得了其他画家永久的尊重。

(第291页图)
米开朗基罗·梅里西(卡拉瓦乔)
卡拉瓦乔,1571年—波尔图·埃尔科莱,1610年
圣母之死
布面油画
369cm×245cm
受委托为罗马圣玛利亚德拉斯卡拉教堂绘制
卢浮宫1671年购于埃弗哈德·雅巴赫处

米开朗基罗·梅里西（卡拉瓦乔）
好运
布面油画
99cm×131cm
1665年东·卡米洛·潘菲利转售给路易十四

亨德里克·特尔·布吕根
代芬特尔，1588年—乌得勒支，1629年
二重奏
布面油画
106cm×82cm
卢浮宫购于1954年

（第294页图）
米开朗基罗·梅里西
（卡拉瓦乔）
阿罗夫·德·维格纳科特及侍从的画像
1608年
（绘制于马耳他）
布面油画
194cm×134cm
路易十四购于1670年

赫里特·凡·洪特霍斯特
乌得勒支，1590—1656年
音乐会
1624年
布面油画
168cm×178cm
1795年来自海牙的诺代恩德宫的小壁炉的相框
海牙一位守将收藏

卡洛·萨拉切尼
威尼斯，1585—1620年
圣母的诞生
铜板画
72cm×42cm
1974年被转卖到卢浮宫

（第296页上图）
赫里特·凡·洪特霍斯特
牙医
1628年
布面油画
130cm×186cm
卢浮宫购于1930年

（第296页下图）
乔瓦尼·塞罗丁
提契诺，1600年—罗马，1630年
耶稣在教师中间
布面油画
145cm×224cm
卢浮宫1983年购于伦敦

巴塞洛缪斯·斯普兰格

斯普兰格是国际样式主义的开创者,他为这种艺术流派设想出了大量的新方案,并在欧洲传播他的作品。无论他走到哪里,都会发现并掌握新的元素,同时也保留了流畅、精湛,以及对情欲的幻想,还有他最得意的邪恶的天真等元素,并会根据客人的需要结合和改造这些元素。在家乡安特卫普,他学习了约阿希姆·帕蒂尼尔有名的风景画(参见《圣杰罗姆在沙漠中》,第240页),并尝试将一种简单元素与之相结合,这也是他最独特的艺术特征。1560年左右,他在巴黎学习了当时经典的微型画,又在米兰获得了丰富的艺术灵感。在帕尔马,他为帕尔米贾尼诺教堂的穹顶创作了《斯特卡塔的圣玛利亚》,这使他展现出了优雅的精湛技艺,从而达到了创作巅峰。他是哈布斯堡宫廷的理想艺术家,凭借在维也纳、布拉格等地的作品,得到了帝国贵族的封爵。后来他将所有的知识传授给了哈勒姆的艺术家们,他们自然也成了他故乡安特卫普样式主义的继承人。在他的艺术中,与荷兰乡村的朴实相结合,我们发现了一种艾米利亚式的精致细腻。从来没有人将《忏悔的玛达莱娜》描绘得如此肉感。

巴塞洛缪斯·斯普兰格
安特卫普，1546年—巴黎，1611年
正义的寓言
布面油画
131cm×106cm
卢浮宫购于1936年

约阿希姆·乌提耶沃
乌得勒支,1556—1638年
朱庇特和达那厄
铜板画
21cm×16cm
卢浮宫购于1979年

马蒂亚斯·施托梅尔
阿莫斯福特，1600年—西西里，1650年后
彼拉多洗手
布面油画
153cm×205cm
卢浮宫购于1795年

扬·伍特斯
阿姆斯特丹？1599—1663年？
戴贝雷帽的老人
木板油画
68cm×49cm
1950年被交予卢浮宫

彼得·拉斯特曼
阿姆斯特丹，1583—1633年
亚伯拉罕的牺牲
1616年
木板油画
36cm×42cm
卢浮宫购于1895年

约阿希姆·乌提耶沃
珀修斯与安德洛米达
1611年
布面油画
180cm × 150cm
1982年被转售

尼古拉斯·普桑

普桑完全背离了他之前作品中所具有的严肃性。他前往罗马，用威尼斯绘画丰富的感性元素完善了自己的法国绘画认知。他于1624年定居罗马，开始以当地艺术家的方式绘画，随后只曾短暂返回法国一次，但没有从宫廷中获得任何委托。他采用了其同胞瓦伦丁（Valentin）和乌埃（Vouet）运用的具有冲击力的风格，这种风格被称为巴洛克风格，教会正在逐渐恢复对这种风格的支持。这对罗马风格画作的冲击是立竿见影的。当被委任为圣彼得教堂的祭坛作画时，他几乎立刻就成了最受年轻画家们追捧的对象。他作品中最典型的巴洛克风格正是在这个时期展现的。祭坛画《圣雅各大教堂的圣母柱》是为荷兰南部的一座教堂创作的，但最终这幅画没有到达它应去往的城市瓦朗谢讷，而是被枢机主教黎塞留收藏，后来转到路易十三的宫殿，最终藏于卢浮宫。

该作品呈现出对角线上的张力，让人联想到贝尼尼雕塑的戏剧性。并且还少见地引用了卡拉瓦乔的一个手法：在诸多信徒中，有一位勇敢地向前跪下，露出了他肮脏的脚底，这让人仿佛置身于卡拉瓦乔创作的罗马祭坛之中。这幅作品表达了一种活力，并让人联想起威尼斯画派的纤细感性。普桑在罗马度过的前几年中，与其生活有关的事件可能在某种程度上导致了这种相当情绪化的特征。显然，普桑对于未能在巴洛克式祭坛画领域取得成功感到失望和沮丧，以至于后来再也没有尝试过这种风格。这种挫折也许是命中注定的。1629年，他患上了一种性病，后来与房东的女儿结婚，并渐渐恢复了健康。而后，他朝着一个更加包容和智慧的创作方向转型。我们往往很难清晰地描述出这位艺术大师的个人经历。

西蒙·乌埃
巴黎，1590—1649年
马尔坎托尼奥·多利亚王子肖像
1621年
布面油画
129cm×95cm
1979年被转售

尼古拉斯·普桑
莱桑德利，1594年—罗马，1665年
圣雅各大教堂的圣母柱
布面油画
301cm×242cm
1665年路易十四购于黎塞留公爵处

克劳德·维尼翁
图尔，1593年—巴黎，1670年
年轻的歌唱者
布面油画
95cm×90cm
1966年被转售

尼古拉斯·图尼埃
蒙贝利亚尔，1590年—托洛萨，1655年后
耶稣被钉在十字架上与圣文森特·德·保罗
布面油画
422cm×292cm
图卢萨小教堂的祭台装饰屏
法国大革命期间被征用
1800年卢浮宫通过交换获得

（第307页上图）
尼古拉斯·雷尼尔
莫泊日，1590年—威尼斯，1667年
好运
布面油画
127cm×150cm
卢浮宫购于1816年

（第307页下图）
瓦伦丁·德·布洛涅（勒·瓦伦丁）
库洛米耶，1594年—罗马，1632年
好运
布面油画
125cm×175cm
路易十四收藏

307

巴尔托洛梅奥·斯凯达尼

除了曾予以他启发的卢多维科·卡拉奇，巴尔托洛梅奥·斯凯达尼似乎比别人更早知道科雷乔留下的绘画教义促进了16世纪样式主义的发展，并对之后绘画语言的更新产生了重大影响。尽管斯凯达尼的生命短暂，但他仍然是巴洛克绘画领域中最聪慧的先驱之一。正是得益于他，像乔瓦尼·兰弗兰科（Giovanni Lanfranco）这样的画家才能在科雷乔的风格中找到属于自己的戏剧效果，他们坚决反对像竞争对手多梅尼基诺那样采用温和古典的手段。

一些画家天生就有将极端的画面转化为范本的本领。科雷乔风格中典型的强光与阴影，以及强烈色彩的运用似乎启发斯凯达尼创作出了一种清澈而明亮的色彩褶皱。最终的结果是一个多角度的设计，强烈的亮度与深处的阴影形成鲜明对比，而这种阴影往往掩盖了场景的叙事内容，但却给画面带来一种强烈的情感冲击。这种巴洛克风格的作品在当时也许不是最好的作品，但却产生了巨大的影响力。我们发现斯凯达尼身上具有一种早熟和与卡拉瓦乔相同的暴力精神。

（第309页图）
巴尔托洛梅奥·斯凯达尼
摩德纳，1579年—帕尔马，1615年
葬礼
布面油画
248cm×181cm
为靠近帕尔马的一座修道院绘制
1796年从帕尔马学院获得

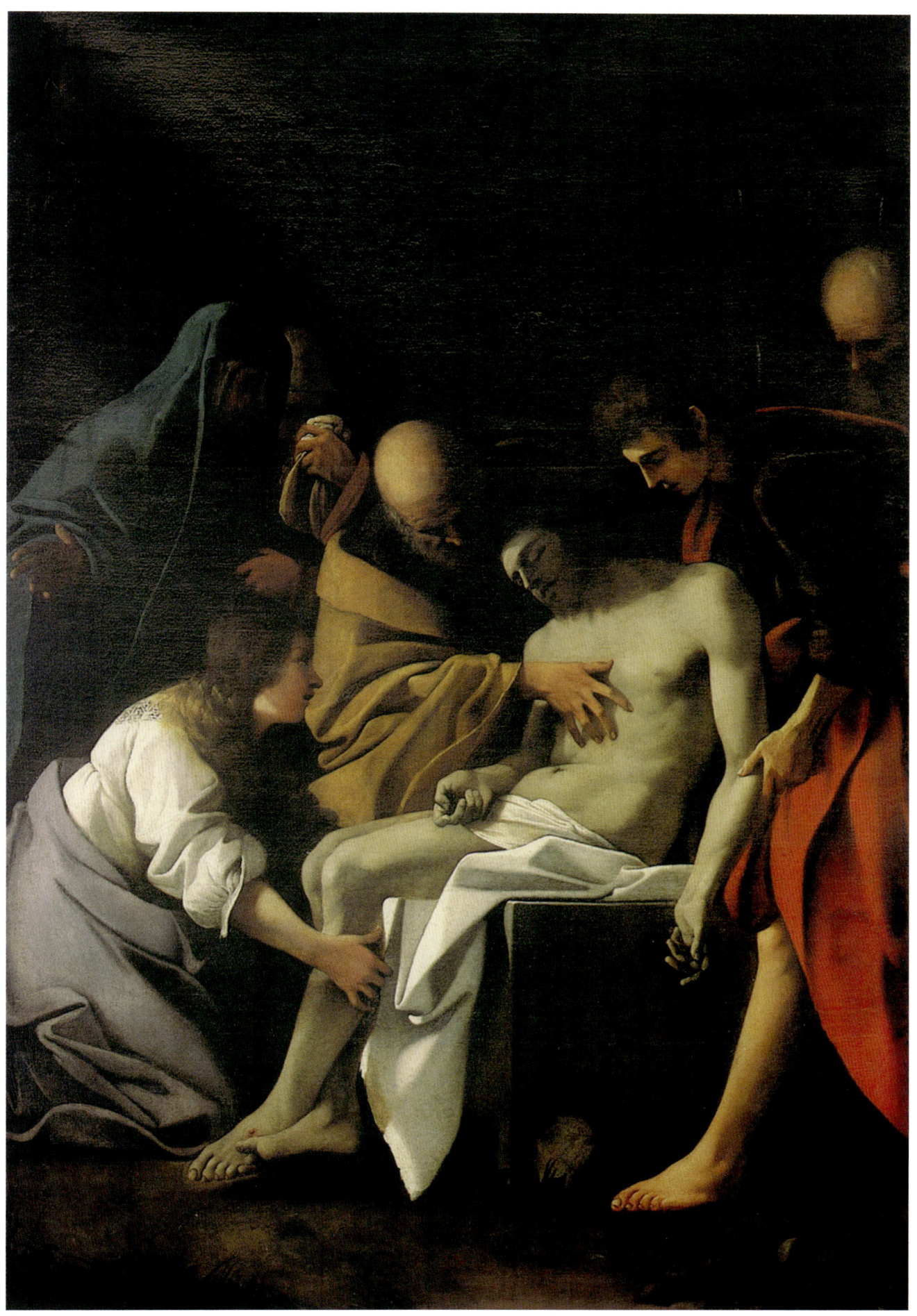

乔瓦尼·兰弗兰科
帕尔马，1582年—罗马，1647年
圣奥古斯丁和阿基坦的圣威廉为圣母加冕
布面油画
220cm×144cm
路易十四收藏
1671年购于埃弗哈德·雅巴赫处

吉多·雷尼
卡尔文扎诺，1573年—博洛尼亚，1642年
诱拐海伦
布面油画
253cm×265cm
法国大革命期间被庞蒂耶夫公爵征用

（第311页图）
莱昂内罗·斯帕达
博洛尼亚，1576年—帕尔马，1622年
浪子回头
布面油画
160cm×119cm
曾位于摩德纳的公爵画廊中
卢浮宫购于1797年

吉多·雷尼
德伊阿妮拉被半人马涅索斯掳走
1620—1621年
布面油画
239cm × 193cm
查理一世收藏
1662年路易十四从埃弗哈德·雅巴赫处购买

（第313页上左图）
吉多·雷尼
柴堆上的赫拉克勒斯
布面油画
261cm×192cm
查理一世收藏
1662年路易十四从埃弗哈德·雅巴赫处购买

（第313页上右图）
吉多·雷尼
赫拉克勒斯与阿刻罗俄斯的斗争
1620—1621年
布面油画
260cm×192cm
查理一世收藏
1662年路易十四从埃弗哈德·雅巴赫处购买

（第313页下图）
吉多·雷尼
赫拉克勒斯战胜九头蛇
布面油画
260cm×192cm
查理一世收藏
1662年路易十四从埃弗哈德·雅巴赫处购买

丹尼斯·凡·阿尔斯鲁特

尽管从扬·凡·艾克到布吕格尔的荷兰艺术家们已经对绘画的渲染有了特别的关注,并随后对17世纪前荷兰市场上广泛流传的风景画进行了细致入微的模仿,但是当时北欧的画家尚未能完全通过绘画来诠释自然环境。17世纪初,人们反映日常生活的艺术需求通过邮票的流通开始蔓延。人们开始在画里寻找自己居住的真实场景,而不是《启示录》中所发生的事件了。正是由于这种趋势,出现了像《冬季景观》这样的雅致珍品。我们不知道在17世纪初期是否有人真正享受过冬日的美好,然而,我们知道,从那一刻起,风景画艺术出现了新的可能性,这激发了人们欣赏自然风景中光影变幻的兴趣。

丹尼斯·凡·阿尔斯鲁特
马利纳,1570年—布鲁塞尔,1628年
冬季景观
1610年
木板油画
36cm×47cm
1950年被交给卢浮宫

(第314页图)
约斯·德·蒙佩尔
安特卫普,1564—1635年
山地景观,包括一座桥和四个骑马的人
布面油画
135cm×153cm
卢浮宫购于1733年

保罗·布里尔
安特卫普，1554年—罗马，1626年
狩猎鹿
布面油画
105cm×137cm
1683年前被路易十四收藏

（第317页上图）
老扬·勃鲁盖尔（布吕格尔·德·韦卢蒂）
安特卫普，1568—1625年
伊苏斯之战
1602年
木板油画
87cm×136cm
1693年安德烈·勒·诺特尔留给路易十四

（第317页下图）
阿德里安·凡·德·范尼
代尔夫特，1589年—海牙，1662年
1609年休战寓言画
1616年
木板油画
62cm×113cm
1683年前被路易十四收藏

弗兰斯·哈尔斯

  当一种新的风格出现时，就会跟着出现一种新的绘画语言，并总会出现一些奇迹。30岁的弗兰斯·哈尔斯展现出一种在肖像画上的掌控力，这的确象征着一种全新的绘画可能。画家笔下的色调，涵盖了生活中方方面面的复杂性与难以预知性。这种色调，如果从油画这种简洁而又精确的表现方式对其进行评论，那就是它可以给人带来一种生动的印象与强烈的现实感，整个画面的完整性，或者说是一种丰富性，是那时的绘画从未拥有的。在哈尔斯的画作中，他所采用的新绘画手法，尤其是每一次他的手法与正确的绘画理论相结合的技巧，使得他的作品呈现出一种活泼与生动感，以及一种前所未有的随意的自然感。这使画家不受以往主导风格的拘束，创造出一种新的绘画风格。

  随后，哈勒姆的画家与哈尔斯家族的画家立即采纳了这项创新。意识到新的风格会为他们提供描绘事件的素材，他们立即采取行动，将三十年战争最后阶段的最后几天，哈勒姆的战士和妇女举办宴会的欢乐开场情景描绘在画中。

  毫无疑问，与同时代的画家相比，哈尔斯更具重要性。对他的完整理解也许只能在后代对他的不断模仿与超越中实现。但我们已经开始试着去理解他了，我们不仅已经认识到哈尔斯肖像画的准确度，还认识到了他对动物与人类关系的感知。他似乎常常在喜悦的时刻自我批评，以嘶哑的方式大笑，像猴子一样社交，或者像公鸡一样大叫。

弗兰斯·哈尔斯
安特卫普，1581/1585年—哈勒姆，1666年
弹曼陀林的小丑
木板油画
71cm×62cm
1984年交给卢浮宫

彼得·德·格雷伯
哈勒姆，1600—1652/1653年
文身课
木板油画
62cm×56.5cm
卢浮宫于1914年接收

弗兰斯·哈尔斯
一个女人的画像
布面油画
108cm×80cm
1869年路易斯·拉卡泽博士的遗赠

简·德·布雷
哈勒姆，1627—1697年
一个男人的肖像画
1658年
木板油画
67cm×56cm
卢浮宫于1910年接收

弗兰斯·哈尔斯
吉卜赛女郎
木板油画
58cm×52cm
1869年路易斯·拉卡泽博士的遗赠

彼得·保罗·鲁本斯

33岁时，彼得·保罗·鲁本斯已经到达其艺术表达的最高境界。那时他刚刚完成安特卫普耶稣会教堂穹顶的油画。这些作品如此生动而令人感到惊奇，实际上，它标志着巴洛克绘画在北欧的开端（参见《架设十字架》，第365页）。出于一种绝对的自信，鲁本斯从未隐瞒他要寻找一个同样大规模的非宗教题材的野心。他写信给英国一位代理人说："我是如此具有才华，以至于从来不会缺少勇气去承担任何项目，无论这个项目的规模有多大，有多少个主题。"

1621年，鲁本斯被召唤到巴黎承担一项极为重要的任务。为了两万克朗，他绘制了21幅与玛丽·德·美第奇王后日常生活有关的大幅油画。这些画作（连同3幅肖像画）被用来装饰卢森堡宫的墙壁，那里是王后与她的儿子路易十三和好之后最终回到的地方。他还计划描绘伟大的亨利四世国王的一系列生平画作，他是玛丽·德·美第奇已故的丈夫，但王后显然想要优先考虑自己。

在这之前，宫廷已经委托鲁本斯为君士坦丁大帝的日常生活绘制了12幅油画速写，作为巴黎挂毯编织工人编织的模板。尽管工作量巨大，但鲁本斯并没有失去作画的热情，他一回到家就开始为实现玛丽·德·美第奇的组画而努力。众所周知，这种宫廷中的客户向来都是贪婪、顽固、虚荣和暴躁的，因此，这样的主题和客户所带来的困难也是十分巨大的。玛丽·德·美第奇的委托属于一种自我炫耀，主题也离不开最近与其子的冲突。在这一前提之下，鲁本斯不得不使用一种寓言式的回避方法，并抛弃之前在他主题中所出现的现实主义。他倾向于把他们描绘成属于他们世界的一分子，带着感性的活力与冲动，从而达到一种非凡的效果。

彼得·保罗·鲁本斯
锡根，1577年—安特卫普，1640年
鲁本斯以法国王后、亨利四世的妻子玛丽·德·美第奇的生平为主题绘制了一系列共21幅画。该系列以王后父母的肖像和王后玛丽·德·美第奇的肖像作为结束，就像女战神贝娄娜一样
1693年路易十四收藏
1816年转入卢浮宫

玛丽·德·美第奇的命运
在朱庇特和朱诺的注视下，命运三女神正在纺着玛丽的命运之线
布面油画
394cm×155cm

玛丽·德·美第奇的诞生
朱诺将发光的婴儿交到她故乡的化身——佛罗伦萨手中
布面油画
394cm×295cm

玛丽·德·美第奇的教育
阿波罗和墨丘利向她介绍音乐和雄辩术,密涅瓦教她阅读,而三女神则教她美学
布面油画
394cm×295cm

324

在美第奇组画的第一幅画中，人们可以从场景的仪式和装饰中看到艺术家的某种"脱离"。画中的情节即使不完全是想象的结果，也是通过常规的拟人法被象征地表达出来的。第一幅画和最后一幅画与这系列其他画的高度相同，却窄一些，被挂在画廊的入口处。观众被带入到《玛丽·德·美第奇的命运》所描绘的象征意味中：三女神为即将出生的公主纺织命运之线。克罗托拿着纺锤，拉克西斯主导着命运线，阿特洛波斯确保着它被纺织出来。这三位健壮的女性，除了一件呢绒绸缎的织物之外未着片缕。在高处的是她们的母亲，她对身旁的朱庇特对孩子的慈爱深信不疑。尽管这是传统中唯一的热情表达方式，但却足以让人置身于一种被人物和某种感官所驱使而产生的一种更为深情的想象中。

（第324页上左图）
亨利四世收到玛丽的画像
朱诺，婚姻之神，将玛丽的一幅画像送到法国国王亨利四世面前，画像展示了玛丽令人不可抗拒的美丽
布面油画
394cm×295cm

（第324页上右图）
婚礼
忙于旅行的国王在佛罗伦萨与玛丽·德·美第奇结婚
（鲁本斯作为参加了这场盛世婚礼的人，以比本系列其他画作更为简单的方式说明了这一场景）
布面油画
394cm×295cm

（第324页下左图）
墨西哥玛丽和亨利四世在里昂的会晤
狮子拉着战车，这座城市向他们表达敬意，婚礼被授予上天的祝福
布面油画
394cm×295cm

（第324页下右图）
路易十三的诞生
新生的王储被健康之神抱在怀里，而生育女神为王后带来一篮鲜花
布面油画
394cm×295cm

（第325页上图）
玛丽抵达马赛
在化身为人的海神护送下，名声大噪的玛丽受到法国的欢迎
布面油画
394cm×295cm

（第325页下图）
摄政权的建立
亨利四世因与奥地利的战争离开，将政府和儿子托付给王后
布面油画
394cm×295cm

（第326—327页）
玛丽抵达马赛（局部）

玛丽·德·美第奇的加冕
为了增加摄政的权威，亨利四世在圣丹尼斯为王后加冕，授予她权力
布面油画
394cm×727cm

亨利四世的神化
被疯子杀死的国王，被朱庇特和萨图尔诺带到天上，而悲伤的王后收到了来自法国的统治之球
布面油画
394cm×727cm

众神聚会
为了说明玛丽王后是法国的主权者,要赋予她一种神圣的角色。
这幅画描绘的是玛丽在与众神协商以支持西班牙联盟的场景
布面油画
394cm×702cm

接下来的一幅象征着玛丽的诞生,朱诺将健康的婴儿(象征着王后玛丽)放在佛罗伦萨的化身前。在这幅画中,朱诺那赤裸的身体上的阴影与飘浮在周围的帷幔结合在一起,表达出一种亲和力,也给了原本冷冰冰的寓言画一种温暖。在鲁本斯最喜欢的《玛丽的教育》中,三女神受到墨丘利的支持来教育这个孩子。然而,构图的雄伟也带来了一定形式上的僵硬。在巴洛克时代,宫廷生活的特点是强烈的耽于声色与习惯性地顺从,这是众所周知的。除此之外,鲁本斯的家族也有类似的经历。1577年,鲁本斯出生的那一年,他的父亲因任职议员期间与奥兰治公主私通,被软禁在韦斯伐里亚的锡根,他父亲很担心自己的性命。尽管充斥着大量的寓言故事,但玛丽·德·美第奇在这组画中仍不乏生动。后来被许多画家喜爱的著名海神在《玛丽抵达马赛》这幅画中护送玛丽,他们在画中的形象是以真人为蓝本创作的。事实上,韦特布瓦街(Rue Vertbois)的卡帕约(Capaio)夫人曾为鲁本斯介绍她的侄女路易斯。在北欧,很难找到像意大利的夫人那样体态丰腴的女模特。事实上,这组画中的几个场景更忠于现实。22年前,当将与玛丽·德·美第奇结婚的亨利四世忙于他的婚礼时,鲁本斯也在佛罗伦萨。他被出现在婚礼上的米开朗琪罗的作品《哀悼基督》所打动,这幅作品位于菩菩利花园,100年之后被转移到大教堂。

鲁本斯以惊人的速度在两年之内完成了前9幅画的绘制。在接下来的两年中,他又相继完成了后面12幅的创作。亨利四世的形象是他根据其雕像绘制的,而玛丽的形象则是以真人为基础创作的。鲁本斯笔下充满诗意的表达与君主权力的庄严在中间画板的画作中展现得更为明显——它几乎是其他画作3倍大小,表现了将权力归还给玛丽·德·美第奇的仪式。

《玛丽·德·美第奇的加冕》为法国王室这一概念增添了一种持久的庄重感。在雅克-路易·大卫为拿破仑的加冕仪式作画时,鲁本斯画作中的背景被重新采用,从而展现出一种相似的光辉与私心。原本服从君主权威统治之下的众神,从来没有像在鲁本斯的《众神聚会》中那样被温柔地召唤。

最伟大的一幅无疑是《亨利四世的神化》。这件事情本身只能通过一条被刺穿的扭曲的蛇来回忆，这条蛇代表了杀害国王的疯狂凶手。国王被一群神抬到奥林匹斯的场景，无疑成为法国浪漫主义绘画的最重要的主题。德拉克罗瓦和后来的塞尚都采用了这种主题。被悲伤折磨的、抓住头发的贝娄娜的形象，更多地在塞尚的作品中被刻画。鲁本斯作品中所展现的威严和冲突，经常被塞尚拿来反复研究，并且对其自画像产生了很大影响。

美第奇的组画对法国民族意识的贡献比卢浮宫任何其他作品都大。有时，一幅画的统一性不仅在于它的象征意义，更在于其简单生动的形象与明艳的色彩结合。在《路易十三的诞生》中，金色、猩红色与深红色用来表现继承人出生的喜悦，彰显出鲁本斯在作品中对色彩的"慷慨使用"，以及对皇室权力的理解和描绘。玛丽脱掉便鞋，自然又迷人地展现出母亲的艰辛。这种和谐的姿态，即使在严肃的宫廷环境中也能给我们展现出一种迷人的魅力。

鲁本斯总是把他的职权与艺术相互调和，以求迎合多方的需求与品位。黎塞留决定不再对其委托其他系列的画作，可能是由于忌惮鲁本斯作为宫廷绘画顾问的身份。黎塞留可能意识到，这样一位与西班牙建立友谊的捍卫者不应该被任命为亨利四世组画的画家。而鲁本斯本人将这组绘画定义为"一个如此庞大且气势十足的主题，足以被十个画廊容纳"。作为官方艺术最具权威性的组画之一，《玛丽·德·美第奇》出人意料地表达出一种意味深长的情感。

（第331页上左图）
于利希的凯旋
王后征服了一座奥地利的小城，胜利女神维多利亚为王后加冕，她手中的财富象征着慷慨
布面油画
394cm×295cm

（第331页上右图）
公主的联姻
公主注定要通过联姻的方式巩固联盟，而幸福之神则在她们看起来和谐的舞蹈中洒下金色的雨点
394cm×295cm

（第331页下左图）
摄政之乐
关于摄政益处的寓言画，绘于1625年
当时是一个具有争议的、不合适的主题
布面油画
394cm×295cm

（第331页下右图）
路易十三最伟大的时代
1614年成年之后，这位王储领导着国家，以武力、信仰、正义和谨慎进行统治
布面油画
394cm×295cm

332

（第332页上左图）
逃离布卢瓦
玛丽和儿子之间的冲突使得儿子将她带到布卢瓦边境，女王在夜里逃离。在对其凯旋的描述中，她的失败并没有被遗忘，但她的尊严仍旧完整
布面油画
394cm×295cm

（第332页上右图）
昂古莱姆的谈判
玛丽接受墨丘利的橄榄枝，同意与她的儿子达成协议
布面油画
394cm×295cm

（第332页下左图）
王后选择和平
在墨丘利的护送下王后到达神庙的安全领域，而纯洁之神在暴风雨天气下阻碍愤怒、欺骗和妒忌的道路
布面油画
394cm×295cm

（第332页下右图）
玛丽与儿子和解
当审判之神以掷出箭来对抗已故不久的国王喜爱的九头蛇的诽谤时，路易像上帝一样，将他的母亲举到他打开的暴风雨天空的裂缝中
布面油画
394cm×295cm

真理的胜利
时间之神挽起真理女神，为了参与母子间的会面
布面油画
394cm×160cm

奥拉齐奥·真蒂莱斯基

巴洛克绘画浪潮中的一些观点事实上源于卡拉瓦乔的影响。那些为艺术之路做出贡献的人,例如卡洛·萨拉切尼(Carlo Saraceni)(参见《圣母的诞生》,第297页)和奥拉齐奥·真蒂莱斯基,曾是卡拉瓦乔在罗马的工作伙伴,后来他们又发展出一种与卡拉瓦乔宿命中摆脱不了的自然主义不同的不朽风格。在《逃亡埃及途中的休息》中,真蒂莱斯基绘制的那些昏昏欲睡的旅行者、行李,以及灰暗的黄昏,都具有一种原始的表现力,这种表现力只有里贝拉的作品能与之媲美,后者绘制的是贾科贝在黎明中的梦境。

真蒂莱斯基还具有其他的绘画风格。比起鲁本斯和他的工作室在安特卫普的创作,玛丽·德·美第奇已经开始寻找一种更为直接的方式,她要求真蒂莱斯基来解决这个问题,在《公众的幸福战胜了危险》中,女王想以一种胜利的姿态面对其摄政期间的危险。

在圭尔奇诺,真蒂莱斯基创造出一种神秘和华丽的风格,虽然与卡拉瓦乔的风格相似,但事实上二者似乎并无关系。他更倾向于创作出引人回忆的光影效果,这种效果是卢多维科·卡拉奇自博洛尼亚画派中引入的。

他在最后选择了一种更为浅淡的色调,并采用了该世纪中叶意大利中部所认同的"合乎礼节"的拉斐尔准则。

乔瓦尼·弗朗切斯科·巴尔别里（圭尔奇诺）
琴托，1591年—博洛尼亚，1666年
拉撒路的复活
1619年
布面油画
201cm×223cm
路易十六购于1785年

（第334页图）
奥拉齐奥·真蒂莱斯基
比萨，1562年—伦敦，1647年
逃亡埃及途中的休息
1628年
布面油画
157cm×225cm
为查理一世绘制，绘于英国
1671年路易十四从埃弗哈德·雅巴赫处购买

奥拉齐奥·真蒂莱斯基
公众的幸福战胜了危险
布面油画
268cm×170cm
1624年玛丽·德·美第奇委托绘制,是一幅描绘摄政期间皇室权力不稳定的寓意画,描绘了女王在她周围充满危险情况下的凯旋
在1624年路易十四的收藏中,卢森堡宫和他的收藏都成为王室的财产

乔瓦尼·弗朗切斯科·巴尔别里（圭尔奇诺）
带有调色板的艺术家画像
布面油画
77cm × 62cm
旧收藏

乔瓦尼·弗朗切斯科·巴尔别里（圭尔奇诺）
圣彼得的眼泪
布面油画
122cm×159cm
路易十四收藏
卢浮宫购于1683年前

乔瓦尼·弗朗切斯科·巴尔别里（圭尔奇诺）
圣母子与四位圣人
布面油画
332cm×230cm
1668年受委托为摩德纳的一座教堂绘制
1783年转移到公爵画廊
1796年自公爵画廊获得

乔瓦尼·弗朗切斯科·巴尔别里（圭尔奇诺）
赫西莉亚分开罗慕路斯和塔提乌斯
布面油画
253cm×267cm
罗慕路斯的妻子赫西莉亚试图将罗慕路斯从萨宾国王身边带走
在法国大革命期间被在巴黎的庞蒂耶夫公爵征用

皮特·范·拉尔（班波丘）

阿尔卑斯山北部的流动商贩们在 16 世纪末到 17 世纪初到达罗马，这些背景简单的小市民占据了相当重要的历史地位。他们很贫穷，任何东西都可以拿来买卖，并与自己的货物一起"旅行"，在市区的市场中设置摊位。在他们出售的画作中，有一些描绘了风景如画的场景，还有一些则描绘了乡村或战争的场景，抑或是世界末日的景象。在北方，这种绘画主题逐渐变成了生产过剩的商品。伴随这些北方的手艺人一同到来的，还有他们的手艺。克劳德·热莱（Claude Gellée）就是带着北欧的酥皮糕点手艺到达罗马的。

民众经常光顾的城墙下的集市本身就如同画中的风景。除了皮特·范·拉尔，其他画家也逐渐开始吸引顾客的注意。皮特·范·拉尔又名班波丘，那些追随起源于他的绘画风格的艺术家们被评论家蔑视地称为"班博西昂塔"，因为他们并不欣赏这些以表现普通人生活为题材的作品。与大多数意大利人不同，这些艺术家也在户外工作。事实上，在北欧，自然景观与人类活动无疑是艺术的主题。这些画家关注地中海的环境、阳光、黎明、黄昏及普通人的日常生活，而意大利的艺术从未曾符合这些北欧艺术家们的想象。

（第341页上图）
皮特·范·拉尔（班波丘）
哈勒姆，1592/1595—1642年
旅行者离开小旅店
木板油画
32cm×43cm
法国大革命期间被征用

（第341页下图）
皮特·范·拉尔（班波丘）
山景中的牧羊人
木板油画
32cm×43cm
法国大革命期间被征用

341

卡雷尔·迪雅尔丹
阿姆斯特丹，1621/1622年—威尼斯，1678年
在意大利景色中的江湖人士集会
1657年
布面油画
45cm×52cm
路易十四收藏
卢浮宫购于1783年

卡雷尔·迪雅尔丹
放牧
布面油画
52cm×47cm
路易十四收藏
卢浮宫购于1784年

亚当·皮纳克
皮纳克（靠近代尔夫特），
1622年—代尔夫特，1673年
日出的景观
布面油画
122cm×103cm
卢浮宫于1891年接收

菲利普斯·沃夫曼
哈勒姆，1619—1668年
路边的猎人与骑士
木板油画
36cm×33cm
法国大革命期间购于佩斯特·赛内夫的收藏

尼古拉斯·梅斯
多德雷赫特，1634年—阿姆斯特丹，1693年
沐浴的男孩
布面油画
73cm × 92cm
卢浮宫于1914年接收

多米尼科·撒姆皮耶里（多梅尼基诺）

多米尼科·撒姆皮耶里又称多梅尼基诺，他继承了阿尼巴尔·卡拉奇所具有的古典风格。作为被知识分子青睐的艺术家，多梅尼基诺对学术、音乐，以及用风景表达现实具有浓厚兴趣。这些因素加上其在罗马和那不勒斯取得的成功，引起了对手兰弗兰科（参见《圣奥古斯丁和阿基坦的圣威廉为圣母加冕》，第310页）和里贝拉（参见《基督被解下十字架》，第425页）的仇恨。他们是科雷乔和卡拉瓦乔的继承人，其绘画理念与多梅尼基诺形成鲜明对比。这些竞争对手认为作品的原创性取决于艺术家的灵感，因此他们对多梅尼基诺的祭坛装饰屏的统一性感到愤怒，他们认为这是对阿格斯提诺·卡拉奇创意的复制。而这位博洛尼亚艺术家最终因作品获得成功所引起的敌意或许是他被毒害暗杀的原因。

在《圣塞西莉亚和举着乐谱的天使》这幅画中，多梅尼基诺所运用的艺术技巧和知识为作品带来了精神上的美感：拉斐尔风格的设计、受委罗内塞风格影响的丰富色彩，令画作激起了一种真挚的崇拜。一位记录博洛尼亚画家的传记作者玛尔维萨曾记述道：当多梅尼基诺还是孩子的时候，"十分喜爱音乐，尽管他不知道音乐的实用性"。另外，多梅尼基诺在音乐理论方面也颇有建树，即使是专业人士也会听取他的意见。他拥有一架竖琴和一架古钢琴，而这幅画中所展现的这个奇形怪状的七弦古提琴所演奏的音乐是作曲家克劳迪奥·蒙特威尔第（Claudio Monteverdi）喜欢的类型。在多梅尼基诺之前为圣路易教堂绘制的纪念圣塞西莉亚的壁画中，圣塞西莉亚在此前20年出土于罗马的身体竟奇迹般地完好无缺。

（第347页图）
多米尼科·撒姆皮耶里（多梅尼基诺）
博洛尼亚，1581年—那不勒斯，1641年
圣塞西莉亚和举着乐谱的天使
1620年
布面油画
160cm×120cm
1662年从埃弗哈德·雅巴赫处购买
路易十四收藏

多米尼科·撒姆皮耶里（多梅尼基诺）
厄米尼亚在牧羊人中间
布面油画
123cm×181cm
1662年从埃弗哈德·雅巴赫处购买，路易十四收藏

多米尼科·撒姆皮耶里
（多梅尼基诺）
逃亡埃及的景观
1620年
布面油画
165cm×212cm
1668年路易十四为收藏购买

多米尼科·撒姆皮耶里
（多梅尼基诺）
赫拉克勒斯将卡库斯拉出洞穴
布面油画
119cm×150cm
路易十四收藏于1683年前

弗朗切斯科·阿尔巴尼
博洛尼亚，1578—1660年
阿克泰翁变成鹿
布面油画
52cm×62cm
路易十四收藏
1693年安德烈·勒·诺特尔赠予国王

弗朗切斯科·阿尔巴尼
维纳斯的盥洗室
布面油画
202cm×252cm
1621年由费尔南多·贡扎加委托，为曼托瓦附近的一个村庄绘制
1684年路易十四为收藏购买

351

彼得罗·贝尔勒基尼（彼得罗·达·科尔托纳）

彼得罗·贝尔勒基尼又称彼得罗·达·科尔托纳。1625—1650 年间，教皇乌尔班·巴贝里尼在任期间，罗马的艺术被画家彼得罗·达·科尔托纳和雕塑家吉安·洛伦佐·贝尼尼所统治。两位艺术家都拥有非凡的才能，雕塑家所描绘的是人物转变的戏剧性场面，而画家彼得罗的作品则显得十分华丽、隆重，具有仪式感。彼得罗创作中的优雅和精致与韦罗内塞的艺术"魔法"十分相配，但彼得罗艺术整体所具有的怪诞只完全归属于他个人。在他的画作中，每一样装饰都叠合在另一样上面。在巴贝里尼宫殿的穹顶上，彼得罗将各种艺术元素混合在一起，形成了一种隐喻。彼得罗艺术的多面性具有典型的托斯卡纳风格。他不但是一名极具天赋的画家，我们还需要知道关于他的另外两点：其一，他的一些画作事实上是由西罗·费里执行完成的；其二，他也是一位纵情声色的建筑师和泥瓦匠，此外，他还是最严格的订购者。

在了解彼得罗的生平时，我们十分惊讶。他为我们留下了一个模糊的猜想，即他这种荒淫的消遣娱乐生活会不会给意大利中部的艺术造成一种无可挽回的庸俗化影响。

（第353页图）
彼得罗·贝尔勒基尼（彼得罗·达·科尔托纳）
科尔托纳，1596年—罗马，1669年
圣母诞生
布面油画
168cm×119cm
1662年埃弗哈德·雅巴赫为路易十四收藏而购买

西蒙·坎塔里尼（佩萨罗）
佩萨罗，1612年—博洛尼亚，1648年
逃往埃及途中的休息
木板油画
40cm×57cm
1784年被买下献给路易十六

彼得罗·贝尔勒基尼（彼得罗·达·科尔托纳）
由浮斯图卢斯收养的罗慕路斯和雷穆斯
布面油画
251cm×265cm
大约1643年，受路易十三和路易十四的国务卿弗里利埃侯爵委托，与圭尔奇诺、雷尼、图尔希和普桑一起创作完成；大革命期间成为巴黎庞蒂耶夫公爵藏品

彼得罗·贝尔勒基尼（彼得罗·达·科尔托纳）
维纳斯出现在埃涅阿斯面前
布面油画
127cm×176cm
这幅作品可能是和罗马内利共同完成的
首次收藏

乔瓦尼·弗朗切斯科·罗马内利
1610—1662年
法国王后（奥地利安妮）夏宫里塞维诺大厅天花板上4个历史场景中的3个，绘制于1655—1658年

西庇阿的自制
古罗马将军西庇阿（公元前185—前129年）以围攻和捕获迦太基而闻名

穆齐奥·谢沃拉
根据传说，古罗马人穆齐奥·谢沃拉将手放在伊特鲁里亚国王面前的火上，以展示他的耐力

参议院的代表向辛辛纳图斯献上独裁服装

古罗马参议院的代表向辛辛纳图斯献上了一件象征独裁统治的衣服,辛辛纳图斯接受并率兵打败了埃奎人,并在战后仅仅16天就卸任回到了他在台伯河上的农场

乔瓦尼·弗朗切斯科·罗马内利

阿波罗和玛息阿

法国王后(奥地利安妮)夏宫里塞维诺大厅天花板上描绘戴安娜和阿波罗场景中的一幅,绘制于1655—1658年

尼古拉斯·普桑

由于普桑在大病初愈之后就与房东的女儿结了婚,过上了幸福的婚姻生活,因此他走上了一条与之前的巴洛克风格完全不同的道路。他的作品不再带有华丽的声色感,而是有着古典的克制感和鲜明的构图。另外,他也不再接受教会委托的大幅作品创作,而是对古罗马人文主义学者和考古学家产生了极大兴趣。

普桑创作新阶段早期的杰作之一是《诗人的灵感》,画中的诗人是维吉尔(Virgilio)。为诗人戴上桂冠的美丽缪斯更多地借鉴了委罗内塞(Veronese)的著名人物形象,而不是其他罗马画派的风格;作品的冷色调也与画家之前模仿提香的暖色调相反。

普桑这一阶段的创作风格与之前的主要不同在于新的作品更简洁、更容易理解。并且他的创作受到了罗马画派新古典主义运动的影响,这个运动旨在回到拉斐尔的创作理念中,有别于兰弗兰科(Lanfranco)的戏剧性情感表现形式(见第310页的《圣奥古斯丁和阿基坦的圣威廉为圣母加冕》)。这种创作形式直接或间接地受到科雷乔(Correggio)的影响,同时也受到了反宗教改革思想的极大影响。这种艺术风格在雕塑家吉安·洛伦佐·贝尼尼身上获得了成功。

基于这些先决条件,画家乌埃(Vouet)(《财富的寓言》)和勒·叙厄尔(Le Sueur)(《缪斯女神》)在巴黎受到了学者的追捧和国王的支持。在普桑还没有出现之前,他们就已经发展出了一种与鲁本斯不一样的风格,并在此后的100余年反复影响着法国的绘画风格。

西蒙·乌埃
巴黎,1590—1649年
财富的寓言
布面油画
170cm×124cm
路易十三藏品

尼古拉斯·普桑
莱桑德利，1594年—罗马，1665年
诗人的灵感
布面油画
183cm×213cm
1911年购入卢浮宫

尼古拉斯·普桑
埃科和那尔基索斯
布面油画
74cm×100cm
路易十四藏品

（第360页上图）
尼古拉斯·普桑
花神弗洛拉的胜利
布面油画
165cm×241cm
路易十四藏品
1685年购入卢浮宫

（第360页下图）
尼古拉斯·普桑
安德里亚人，或酒神和弹琵琶的女子
布面油画
121cm×175cm
路易十四藏品
1665年由黎塞留公爵购买

厄斯塔什·勒·叙厄尔
巴黎，1617—1655年
墨尔波墨涅、埃拉托和波吕许谟尼亚
木板油画
130cm×130cm
巴黎兰伯特宫的缪斯之家的部分装饰
路易十六的藏品
1776年购入卢浮宫

尼古拉斯·普桑
强掳萨宾妇女
布面油画
159cm × 206cm
路易十四的藏品
1685年购入卢浮宫

尼古拉斯·普桑
阿卡迪亚的牧羊人
布面油画
85cm×121cm
路易十四的藏品
1685年购入卢浮宫

彼得·保罗·鲁本斯

鲁本斯有着极高的天赋，他的创作不受技法的约束，这在艺术史上是前所未有的。没有什么能够阻止他创作自己想要的东西。他能把想象中的画面迅速勾勒成令人惊叹的草图，其中大胆的创新和非凡的修饰让这些草图显得独一无二。他为安特卫普的耶稣会教堂创作的《架设十字架》就是典型的例子。事实上，在鲁本斯的创作生涯中，他几乎不用担心需要修改已经画好的作品。如果他改变了主意，最简单的办法就是放弃这幅作品，再重新创作。他拥有源源不断的创造力和毋庸置疑的作画能力。

文艺复兴以来，西方绘画风格最终向一种单一的隐喻手法靠拢。这种风格不仅能展现人类的力量和活力，而且其本身也是一种典范。然而，没有任何其他作品能像鲁本斯的画作一样，将现实生活与这一鲜明的风格融合起来，表现得如此清晰明了。他笔下的线条和色彩都充满了活力。《村民游乐会》中的舞蹈展现了鲁本斯赋予它的节奏感，河边的树枝则有着他作品中一贯的活力。可以肯定的是，当他画孩子的时候，他的心情也如同他自己的孩子刚出生时一样，激动无比。

晚年的鲁本斯回到了故乡，与以往的作品一样，他把乡村的光线与生活素材鲜活地结合在一起。他既是父亲，也是画家，在他身上这两个角色和谐地融合在了一起。作为父亲，他有多个孩子，作为画家，他创作了众多作品。鲁本斯在 63 岁时去世，当时他年轻的妻子还怀有身孕。

彼得·保罗·鲁本斯
村民游乐会
木板油画
149cm×261cm
路易十四的藏品
1685年购入卢浮宫

彼得·保罗·鲁本斯
锡根，1577年—安特卫普，1640年
架设十字架
木板油画
32cm×37cm
为安特卫普耶稣会教堂穹顶创作的一部分的草图
画于1620—1621年，于1718年被烧毁；1869年找到遗迹

彼得·保罗·鲁本斯
在斯蒂恩城堡的护城河举行的比赛
木板油画
72cm×106cm
路易十五的藏品
1742年购入卢浮宫

（第367页图）
彼得·保罗·鲁本斯
海伦·芙尔曼和她的两个孩子
约1636—1637年
木板油画
115cm×85cm
路易十四的藏品
1784年购入卢浮宫

368

彼得·保罗·鲁本斯
有饮水槽的景观
木板油画
29cm × 43cm
首次收藏

（第368页上图）
彼得·保罗·鲁本斯
捕鸟人
木板油画
46cm × 85cm
1795年从海牙的斯坦德胡德藏品中购入卢浮宫

（第368页下图）
彼得·保罗·鲁本斯
认出菲洛皮门
木板油画
50cm × 66cm
1869年购入卢浮宫

贝尔纳多·斯特罗齐

艺术界令人欣喜的变化带来了新的风格。出于对鲜活表现力的需求，这种绘画风格直接借鉴威尼斯画派强烈的色彩，并带来了一种重视即兴创作的手法。

快速下笔、几乎不讲求准确性的草图和率性的创作在人们眼中有一种独特的吸引力，其中，贝尔纳多·斯特罗齐的代表作《蔑视》就是一个典型的例子。他的作品形象带有戏剧性的生命力，他有力的笔触画出铅灰的色彩，抖动的笔法有着炫目的高超技巧。当冰冷的闪电发出一道冷光时，他杰出的创作能力能在这渐变的色彩中表现出或强烈或细微的变化。

斯特罗齐在热那亚的继承者们都学会了这种既夸张又简洁的风格。他们的作品在卢浮宫展出，我们在后面会提到这些作品。他们为18世纪意大利绘画增添了极具吸引力的光彩。没有其他任何画派具有这样一种叛逆而又强烈的活力，事实上这种风格已经具有现代绘画的特点。然而，当时的人们却难以认同和感知这种前卫风格的魅力。

（第371页上图）
贝尔纳多·斯特罗齐
热那亚，1581年—威尼斯，1644年
圣家族与施洗者圣约翰
布面油画
82cm×104cm
1950年存放于卢浮宫

（第371页下图）
亚历山德罗·马格纳斯科
热那亚，1667—1749年
吉卜赛人的婚礼
布面油画
86cm×119cm
1927年售出

瓦莱里奥·卡斯特罗
热那亚，1624—1659年
摩西击打岩石
布面油画
195cm×259cm
1869年路易斯·拉卡泽博士遗赠

（第373页图）
乔凡尼·贝内戴托·卡斯蒂廖内
热那亚，1609年—曼图亚，
1663—1665年
牧羊人的崇拜
铜板画
68cm×52cm
1742年购入，献于路易十五

乔凡尼·贝内戴托·卡斯蒂廖内
基督从圣殿里驱赶商人
布面油画
100cm×124cm
1742年购入,献于路易十五

亚历山德罗·马格纳斯科
沙滩上推着木桶的男人
布面油画
114cm × 203cm
1939年售出

伦勃朗·哈尔曼松·凡·莱因

伦勃朗独特的艺术风格在他那个时代已经非常出众了。尽管他的作品时而苍白、怪异,时而高贵,但几乎没有人会怀疑他的才能。从某种程度上讲,伦勃朗非常神秘,他一直都是一位天才,从一开始就具备特殊的艺术技巧:他能够将脑海中的形象画得像真的一样富有活力并且合乎逻辑,而且,这些形象有着人类的一切特性——戏剧性、社会性、感性、视觉性和精神性,这些特性在伦勃朗笔下被表现得十分真实。

与伦勃朗的同代人一样,我们坚信伦勃朗对其他画家的重大影响在于他在狭隘与博大的各种矛盾风格中展现了一种价值。

伦勃朗在 23 岁时创作了《犹大退还三十枚银币》,画作内容是可怖的背叛。奥兰治亲王的秘书从伦勃朗的角度欣赏这幅画,意识到画家在细节上超越了古今所有的艺术家。他还发现,没有任何一位古代画家的作品能与伦勃朗的这幅作品相比,他们也无法作出这样的构思。毫无疑问,这位秘书是对的。

8 年之后,伦勃朗创作了《大天使之飞离托比亚斯家》,那时他的同代人已经对他的创作习以为常了。这幅作品的所有元素都体现了他的独特技法,没有任何人画过这样的素材,他用最平常的、最为人熟知的关系处理这一主题,使托比亚斯家的大天使散发着光辉,显得非常真实,就像那些惊奇地跪下来感谢他的凡人一样。完成了使命之后,天使奇迹般地飞上天,回到属于他的地方。

伦勃朗
莱顿,1606 年—阿姆斯特丹,1669 年
自画像
1633 年
木板油画
60cm×47cm
首次收藏

伦勃朗
大天使之飞离托比亚斯家
1637年
木板油画
66cm × 52cm
路易十五藏品
卢浮宫购于1742年

（第378页上左图）
伦勃朗
艾伯特·库珀
1632年
木板油画
61cm×45cm
1933年购入卢浮宫

（第378页上右图）
伦勃朗
艾伯特·库珀的妻子科妮莉亚·布朗克
1633年
木板油画
60cm×47cm
1933年购入卢浮宫

（第378页下图）
伦勃朗
戴金链的自画像
1633年
木板油画
70cm×53cm
没收于大革命期间

伦勃朗
大天使之飞离托比亚斯家
1637年
木板油画
66cm×52cm
路易十五藏品
卢浮宫购于1742年

（第378页上左图）
伦勃朗
艾伯特·库珀
1632年
木板油画
61cm×45cm
1933年购入卢浮宫

（第378页上右图）
伦勃朗
艾伯特·库珀的妻子科妮莉亚·布朗克
1633年
木板油画
60cm×47cm
1933年购入卢浮宫

（第378页下图）
伦勃朗
戴金链的自画像
1633年
木板油画
70cm×53cm
没收于大革命期间

伦勃朗
沉思中的哲学家
1632年
木板油画
28cm×34cm
和萨洛蒙·科尼克类似主题的画作
路易十六藏品
卢浮宫购于1784年

伦勃朗
圣家族
1640年
木板油画
41cm×34cm
1793年购入卢浮宫

伦勃朗
以马忤斯的晚餐
1648年
木板油画
68cm×65cm
1777年购入卢浮宫

路易斯·勒南

17世纪初，绘画的主题逐渐转向表现日常生活，这一变化对各地产生了不同的影响。来自拉昂的路易斯·勒南和他的家族在绘画创作中无人能及。

勒南的作品大多描绘日常生活，场景有朴素的餐桌、贫苦的农民生活和田间小路，这些场景反而让作品主题变得庄重、伟大。在他的画中，朴素的人物围坐在简陋的餐桌旁，表现出朴素生活的尊严。他的作品绝不会出现像哈勒姆画派那种一群卑劣的人相聚在一起的情景，也绝不会出现乌得勒支意大利化的浪荡色彩。

勒南曾画过一支警卫队，在画中他既没有表现不实的功绩，也没有表现带有异域色彩的娱乐。画中没有任何喜剧的、浪荡的、无赖的、讽刺的，或取悦他人的元素，也没有任何景物细节的描写，更加没有说教或宣扬永生的思想。作品的寓意来自一道暗淡的光和一大片阴影空间营造出来的庄严感。画中的人物被置于一道微弱的光亮中，正在思虑重重地等待着什么，好像他们都摆好了姿势等着被画下来一样。作品的主题是要表现在近乎贫穷条件下的艰苦生活，同时也向我们传达了一种崇高的理念：忍受贫穷，避免浪费。

勒南的其他作品用了类似的表达方式，以一种带有尊严、优雅和尖锐的手法表现主题，这些作品有取材自《福音书》片段的，也有取材于神话故事的。

通常人们会认为，这些平静而又简单的生活只存在于想象与创作中，而不是来源于真实的场景。诚然，勒南在他最伟大的作品中以古典主义风格压制了宁静与活力，这两种元素在他的作品中似乎是永恒不变的，但要达到预期效果并非易事。很多不同版本的作品中都缺乏庄严感与宁静感，取代这两个元素的是青春的纯真，而这样的作品往往缺乏感染力。

法式绘画常常在表现日常生活中融入古典简朴的风格，这种风格有时会出现在勒南的画作中，但更多时候，法式绘画都带有一种与勒南提出的人类理想相近的和谐感。

（第383页上图）
路易斯·勒南
拉昂，1593年？—巴黎，1648年
小屋里的农民一家
布面油画
113cm×159cm
1915年购入卢浮宫

（第383页下图）
路易斯·勒南
农夫的饭
布面油画
97cm×122cm
1869年路易斯·拉卡泽博士遗赠

383

路易斯·勒南
装着牧草的推车
1641年
布面油画
56cm × 72cm
1879年购入卢浮宫

路易斯·勒南和马修·勒南
牧羊人的崇拜
1630—1632年
布面油画
287cm×140cm
没收于大革命期间

路易斯·勒南、安东尼·勒南和马修·勒南
以马忤斯的朝圣者
布面油画
74cm × 91cm
旺多姆地区的罗尚博城堡教堂（直到1948年）
后归安德烈·蒙塔利维伯爵所有
卢浮宫购于1950年

路易斯·勒南
警卫队
1643年
布面油画
117cm×137cm
1969年购入卢浮宫

路易斯·勒南
铁匠铺里的马蹄铁匠
布面油画
69cm×57cm
路易十六藏品
1777年购入卢浮宫

尼古拉斯·普桑

很少有画家像普桑一样如此重视绘画的准则。他曾写道：绘画是为了愉悦。

实际上，如果一幅作品画的是一件事，那么它就应该表现比人性更美好的内涵；如果画的是一道风景，那么主题就该超越自然。在这两种情况中，绘画都不应该比其内容多一分或少一分愉悦。普桑所有的创作都持续并且极为细致地朝着这个目标进行。当一个主题选定之后，所有围绕这个主题的细节也确定了，普桑会通过古代的雕像研究人物形象，并用蜡把它们制作出来。接下来，他会把这些蜡像摆在一个适当的场景中，在一个小小的舞台上用幕布控制光线的照射方向。当这些人像都固定好了，整体的效果也达到了，普桑就用彩笔把它们画下来。

之后，普桑才开始画风景，并使用5种技法（来源于希腊音乐的格调），使之与绘画的主题精神契合。这样一来，《奥菲欧与尤丽迪丝》"愉悦与欢乐"的主题就可以用弗里几亚调式，表现出"细微的变调"，尽管这种技法是为了"给观众一种恐怖的感觉"；远处城堡升起的烟雾似乎是画家修饰过的，用以表达"恐怖的战争"。

另外，近似风格的作品还有《圣保罗的狂喜》，使用的是混合利底亚调式，以表达"神圣的主题，荣耀与天堂使观众充满喜悦"。

普桑之前创作的《酒神和弹琵琶的女子》中画有诗琴演奏者，他使用的是伊奥尼亚调式表现"舞蹈与节日"，而在《森林女神与水仙花》中他则用了凄婉的利底亚调式。

普桑曾在1647年写信给自己的赞助人向特罗（Chantelou），提到了多里安调式和其他技法，他在信中写道：多里安调式是"坚定的、严肃的、纯朴的"，并且能与"美德和智慧"完美地融合在一起。这也许就是他在杰作《圣方济各·沙勿略显现神迹》中的表现手法。

普桑是第一位把绘画技法当作内心情感且比喻成音乐的画家。这5种技法虽然风格各不相同，但都充分地展示了画家哲学思想的各种可能性。

尼古拉斯·普桑
莱桑德利,1594年—罗马,1665年
奥菲欧与尤丽迪丝
布面油画
124cm×200cm
路易十四藏品
卢浮宫购于1685年

尼古拉斯·普桑
圣保罗的狂喜
布面油画
148cm×120cm
路易十四藏品
1665年黎塞留公爵购买

尼古拉斯·普桑
施洗者圣约翰
布面油画
94cm×120cm
路易十四藏品
1693年由安德烈·勒·诺特尔献给国王

尼古拉斯·普桑
圣方济各·沙勿略显现神迹
布面油画
444cm×224cm
路易十五藏品
卢浮宫购于1763年

（第391页上图）
尼古拉斯·普桑
埃利泽和丽贝卡
布面油画
118cm×199cm
路易十四藏品
1665年由黎塞留公爵购买

（第391页下图）
尼古拉斯·普桑
基督治愈盲人
布面油画
119cm×176cm
路易十四藏品
1665年由黎塞留公爵购买

尼古拉斯·普桑
风景中的圣家族
布面油画
94cm × 122cm
路易十四藏品
卢浮宫购于1685年

尼古拉斯·普桑
第欧根尼
1648年
布面油画
160cm×221cm
路易十四藏品
1665年由黎塞留公爵购买

克劳德·热莱（洛林）

普桑在学者当中很受欢迎，克劳德·热莱与他不一样，其委托人更多是贵族。克劳德·热莱又称洛林，他作品的风格早已为人熟知。这风格如同舞台中远处的田园风光，贯穿于他的整个艺术生涯，几乎没有任何改变。但是，他以一种非常新奇、独特的手法去展现这种风格，给后人留下了一种崭新的关于自然光线与和谐风景的绘画理念。

除此之外，克劳德还养成了用鹅毛笔和水彩笔画自然风景的习惯。他对罗马广阔的郊外风景非常感兴趣，专注于自然元素——在阳光与阴影中隐约所见的爬山虎、树木和小径，并由此从自然环境中学到了一种新的情感表达方式。除了同时期的伦勃朗创作的《阿姆斯特丹的运河》草图，在艺术界没有任何其他作品能与克劳德的创作相提并论，但他仍然以最原始的方式革新了自己的创作技巧。

克劳德早上外出到乡村中观察，晚上到家后，画布早已摆上画架，他用一系列颜色调制出观察到的由远及近的色彩变化，并将其运用到作品最恰当的地方。在当时，用昏暗色调去表现自然是一种很不寻常的手法，这使克劳德很快成了使用这种手法的第一人。

克劳德是唯一一位完全具有英语国家历史风格的艺术家。英国和美国的画家用这种原创的手法和自然元素为风景画做出了独特贡献，使其成为19世纪的传统艺术风格。

（第395页上图）
克劳德·热莱（洛林）
香槟，1600年—罗马，1682年
克利奥帕特拉在塔尔苏斯登陆
布面油画
119cm×170cm
路易十四藏品

（第395页下图）
克劳德·热莱（洛林）
乡村节日
1639年
布面油画
103cm×135cm
1693年由安德烈·勒·诺特尔献给路易十四

克劳德·热莱（洛林）
海港落日
1639年
布面油画
103cm×137cm
1693年安德烈·勒·诺特尔献给路易十四

克劳德·热莱（洛林）
坎比多里奥宫旁的海港景色
1636年
布面油画
57cm×72cm
在大革命期间从布里萨克公爵的藏品中没收入卢浮宫

克劳德·热莱（洛林）
凡西诺广场的景色
布面油画
56cm×72cm
在大革命期间从布里萨克公爵的藏品中没收入卢浮宫

（第398页上图）
克劳德·热莱（洛林）
尤利西斯将克律塞伊斯交予其父
布面油画
119cm×150cm
路易十四的藏品
1665年由黎塞留购买

（第398页下图）
克劳德·热莱（洛林）
帕里斯和俄诺涅
布面油画
118cm×150cm
路易十四的藏品
1665年由黎塞留购买

彼得·杰兹·萨恩雷丹

19世纪荷兰的每一个画派都有自己独一无二的特点。然而，当人们过快地给这些画派下定义的时候，却忽略了它们的多面性，也过分简化了荷兰绘画的复杂性。

哈勒姆画派主要是在弗兰斯·哈尔斯（Frans Hals）的领导下发展起来的，来源于真实的精美风格。这一画派的作品注重色调的运用，以一种幸福感和生命力展现出一种幻象。画作的主题看似是完全包含在画中的，但实际上只是一种高超的笔法。可以看出，把这种迷惑性的表现手法发挥到极致的不仅有哈尔斯（见第319页《弹曼陀林的小丑》和第321页的《吉卜赛女郎》），在他的影响下，彼得·德·格雷伯（Pieter de Grebber）也采用了同样的手法（见第320页的《文身课》）。哈勒姆画派倾向于不打草稿，直接作画。

然而，在我们看来，哈勒姆画派最伟大的画家却以一种与哈尔斯完全不同的创作方式作画。除创作了《天文学家》（见第453页）的维米尔之外，从来没有哪位画家像萨恩雷丹一样，能够让自己的作品充满卢浮宫的荷兰画廊。萨恩雷丹是一位杰出的艺术家，他不仅是建筑画家，还是非常优秀的绘图师。他图稿的每一厘米都是经过精心考量的，画得非常细致，被作为他那个时代意大利壁画的草稿。对页这幅作品的设计非常细致，却又很随性地忽略了一些并不令人满意的细节；建筑物的拱顶呈扇形朝上，巨大的侧翼很轻薄，因此最后呈现出的空间非常广阔、清晰。准确地说，这幅作品呈现的效果并不尽如人意：人物的刻画显得非常尖锐、零散，散落的人物好比教堂里的蟑螂。为了突出木材和石头的质地，色彩的使用非常暗淡。地板看起来很真实，离我们很近，拱顶在我们头顶的广阔空间中。观察这幅作品时，我们会有一种强烈的感觉，就算它在我们眼前消失，这种感觉还是一样清晰。

稍微看一点关于萨恩雷丹的资料，我们就知道他既驼背又跛脚。所以，如果我们想要清楚地认识他，就该用一种对我们来说既陌生又感人的观察方式，一种接近浮夸的图卢兹-罗特列克（Toulouse-Lautrec）的观察方式。

彼得·杰兹·萨恩雷丹
阿森德尔夫特，1597年—哈勒姆，1665年
哈勒姆的圣巴夫教堂内部
木板油画
41cm×37cm
新藏品

彼得·雅各布·科德
阿姆斯特丹，1599—1678年
舞蹈课
木板油画
40cm×53cm
1950年存放于卢浮宫

威廉·科内利斯·杜斯特
阿姆斯特丹，1599—1635年
恶人
木板油画
37cm×51cm
1794年从图尔奈的圣马丁修道院购入卢浮宫

米希尔·史维特斯
布鲁塞尔，1624年—果阿（印度），
1664年
年轻人和拉皮条的女人
布面油画
19cm×27cm
1967年购入卢浮宫

雅各布·范·维尔森
代尔夫特，1625年之前—阿姆斯特丹，1656年
好运
1631年
布面油画
26cm×23cm
1950年存放于卢浮宫

安东尼·凡·代克

尽管鲁本斯没有将自己的创作技法传授给他的学生凡·代克,但却将一种优雅而又注重原创性的精神给予了他,这一精神贯穿了凡·代克的所有作品。人们很难从画中准确地辨别出凡·代克除继承鲁本斯的特点外,还有什么迷人的诗意的创造,很难观察到他相比于鲁本斯有什么简单,甚至微不足道的改变。

在《英格兰国王查理一世狩猎》这幅作品中,我们得以在打猎的间隙遇见这位不幸的英国国王,我们会惊异于与这位君主靠得如此之近,也会惊异于这种不真实的想象所带来的吸引力。在某个时刻,我们会理解提香从绘画艺术中试着提取到的精致,这一精致也为后面几个世纪的绘画增添了一丝性感。《圣母子与施与者》和《维纳斯请火神把武器交给埃涅阿斯》很好地表明凡·代克是如何模仿提香的。

作为收藏家和艺术资助者,查理一世非常谨慎,并且拥有过人的直觉。不幸的是,在他的国民看来,这些特质纯粹是古怪的行为,他的藏品被法国和西班牙的皇室收藏家洗劫一空。但是英国的肖像画家从凡·代克身上学到的技法却完整地流传到了接下来的整个世纪。

安东尼·凡·代克
安特卫普,1599年—布莱克福里(伦敦),1641年
詹姆斯·斯图尔特,里士满公爵和伦诺克斯公爵
布面油画
107cm×84cm
1683年前为路易十四的藏品

安东尼·凡·代克
查理一世行猎图
布面油画
266cm × 207cm
1635年前由国王命令作此画，1638年交付
1775年从路易十六的藏品中纳入卢浮宫

安东尼·凡·代克
圣母子与施与者
布面油画
250cm×191cm
画布上部的57.5cm由后人添加
1685年从路易十四藏品中纳入卢浮宫

安东尼·凡·代克
热那亚侯爵夫人斯皮诺拉·多利亚的肖像
布面油画
239cm × 170cm
1949年购入卢浮宫

雅各布·约尔丹斯
安特卫普，1593—1678年
圣殿的净化
布面油画
288cm×436cm
1751年在画家那托尔的协调下为路易十五购买

安东尼·凡·代克
维纳斯请火神把武器交给埃涅阿斯
布面油画
220cm×145cm
画布上部的51cm由后人添加
1684—1715年从路易十四藏品中纳入卢浮宫

雅各布·约尔丹斯
在主显节上国王喝酒庆祝
布面油画
152cm × 204cm
1793年购入卢浮宫

雅各布·约尔丹斯
四福音教士
布面油画
134cm × 118cm
路易十六藏品
卢浮宫购于1784年

乔治·德·拉·图尔

一些 17 世纪现实主义大师，在 20 世纪被重新审视之前，一直处于争议的中心，后来被评论家和民众重新审视而得到尊崇。乔治·德·拉·图尔就是其中之一。如果就像我认为的那样，现在卢浮宫所展出的乔治·德·拉·图尔的画作都是真迹，那么另一种与之相反的假设同样值得考虑，因为与这位伟大画家的其他作品相比，《玩牌的作弊者》无疑是一幅相当"反常"的作品。这种"反常"源于作者用一种极端的自我认知描绘出画中所有人的姿态。在这幅作品中，所有人都在偷看彼此，小心且谨慎，大胆又狡猾。由于画中的每个人都在彼此怀疑着，因此它也与天真坦率的主题相悖。

事实上，我们不太了解拉·图尔，无法解释这位伟大艺术家明确的发展脉络。卢浮宫的 5 幅画作显然属于他作品的 5 个不同阶段。其中《圣爱莲哀悼圣塞巴斯蒂安》是这位画家最伟大的作品，它的伟大之处就在于它照亮了人性的光辉，彰显了人性的伟大。这些重要作品中所塑造的人物造型在更复杂的绘画中更为明显，例如《油灯前的抹大拉》《木匠圣约瑟》等等。对于他的其他作品，我们应该用发展的眼光来看待，最好是从头开始看。拉·图尔的早期作品《牧人来拜》是卢浮宫中唯一汇集了拉·图尔最著名和最美丽画作特质的作品，而收藏于法国雷恩博物馆的《新生儿》就是在其基础上绘制而成的。

或许，在未来的岁月里，我们将更好地了解这位艺术家，尽管此刻的他仍旧如此神秘。当他的绘画鲜为人知时，他是最受赞赏的画家之一，当他的人文品质被人们了解之后，他一定会继续受到尊重。

乔治·德·拉·图尔
塞耶河（摩泽尔省），1593年—吕纳维尔，1652年
油灯前的抹大拉
布面油画
128cm×94cm
1949年购入卢浮宫

乔治·德·拉·图尔
圣爱莲哀悼圣塞巴斯蒂安
布面油画
167cm×131cm
1979年购入卢浮宫

乔治·德·拉·图尔
牧人来拜
布面油画
107cm × 131cm
1926年购入卢浮宫

乔治·德·拉·图尔
玩牌的作弊者
布面油画
106cm × 146cm
1972年购入卢浮宫

玩牌的作弊者（局部）

乔治·德·拉·图尔
木匠圣约瑟
布面油画
137cm×102cm
1948年购入卢浮宫

卢宾·鲍金
皮蒂维耶，约1612年—巴黎，1663年
静物画：棋盘
木板油画
55cm×73cm
1954年购入卢浮宫

卢宾·鲍金
甜点
木板油画
41cm×52cm
1954年购入卢浮宫

迭戈·罗德里格兹·德·席尔瓦·委拉斯凯兹

弗朗索瓦一世喜欢在洗完澡后欣赏大型绘画,这显然已经成为皇家风俗,并在他以后被保存下来。他将文艺复兴鼎盛时期的杰作挂在枫丹白露城堡地下室的浴室,但这里似乎并不安全。这个先例影响了路易十四,他在17世纪中期将委拉斯凯兹所作的幼儿时期的玛格丽特·特蕾莎的肖像挂在了卢浮宫的盥洗室中。然而,路易十四很可能对这幅画背后的意义更感兴趣,这是作为女王的西班牙亲戚的纪念,绘画本身不是很重要。

如果路易十四了解他那个时代的意大利绘画,那肯定会妨碍他对委拉斯凯兹的反巴洛克风格的欣赏,其作品的视觉和风格没有使用意大利艺术的典型设计元素。

当鲁本斯访问马德里时,他试图向他的西班牙同事传达国际风格的优点。委拉斯凯兹第一次访问意大利,毫无疑问是在鲁本斯的建议下前往的。然而,这次意大利的访问并没有对他的作品产生任何深远影响。

当时,在拿破仑的官员维旺-德农(Vivant-Denon)和路易·菲利普(Louis Philippe)的官员泰勒男爵的努力下,成立了位于巴黎的西班牙画廊,尽管其存在时间很短(1838—1851)。在那13年间,西班牙的大部分画作都集中在巴黎,但现在大部分都分布在欧洲和美国。这些画对法国绘画的影响是立竿见影的。西班牙艺术是马奈艺术风格的源泉,奠定了现代绘画的基础。因此,今天我们可以尽情欣赏西班牙公主的这幅肖像画,画作呈现出精心细致的色调和由委拉斯凯兹创造的灰色与粉红色构成的微妙和谐。

(第419页图)
迭戈·罗德里格兹·德·席尔瓦·委拉斯凯兹
塞维利亚,1599年—马德里,1660年
西班牙国王腓力四世的女儿玛格丽特·特蕾莎幼儿时期
布面油画
70cm×58cm
1654年在卢浮宫的"浴室"
路易十四的藏品

胡安·德·瓦尔德斯·里尔
塞维利亚，1622—1690年
迦拿的婚礼
1660年
木板油画
24cm×34cm
1980年购入卢浮宫

老弗朗西斯科·埃雷拉
塞维利亚，1585年—马德里，1654年?
圣巴西尔正在布道
木板油画
243cm×194cm
1858年从苏尔特元帅的继承人处购入卢浮宫

弗朗西斯科·克朗特斯
马德里，1599—1656年
燃烧的灌木丛；上帝命令摩西带领以色列人离开埃及
布面油画
116cm × 163cm
1683年前路易十四收藏

弗朗西斯科·德·苏巴朗
丰特德坎托斯,1598年—马德里,1664年
圣阿波罗尼亚
布面油画
134cm×67cm
1867年从苏尔特元帅的继承人处购入卢浮宫

弗朗西斯科·德·苏巴朗
里昂大公会议上的圣文德
布面油画
250cm×225cm
1858年从苏尔特元帅的继承人处购入卢浮宫

422

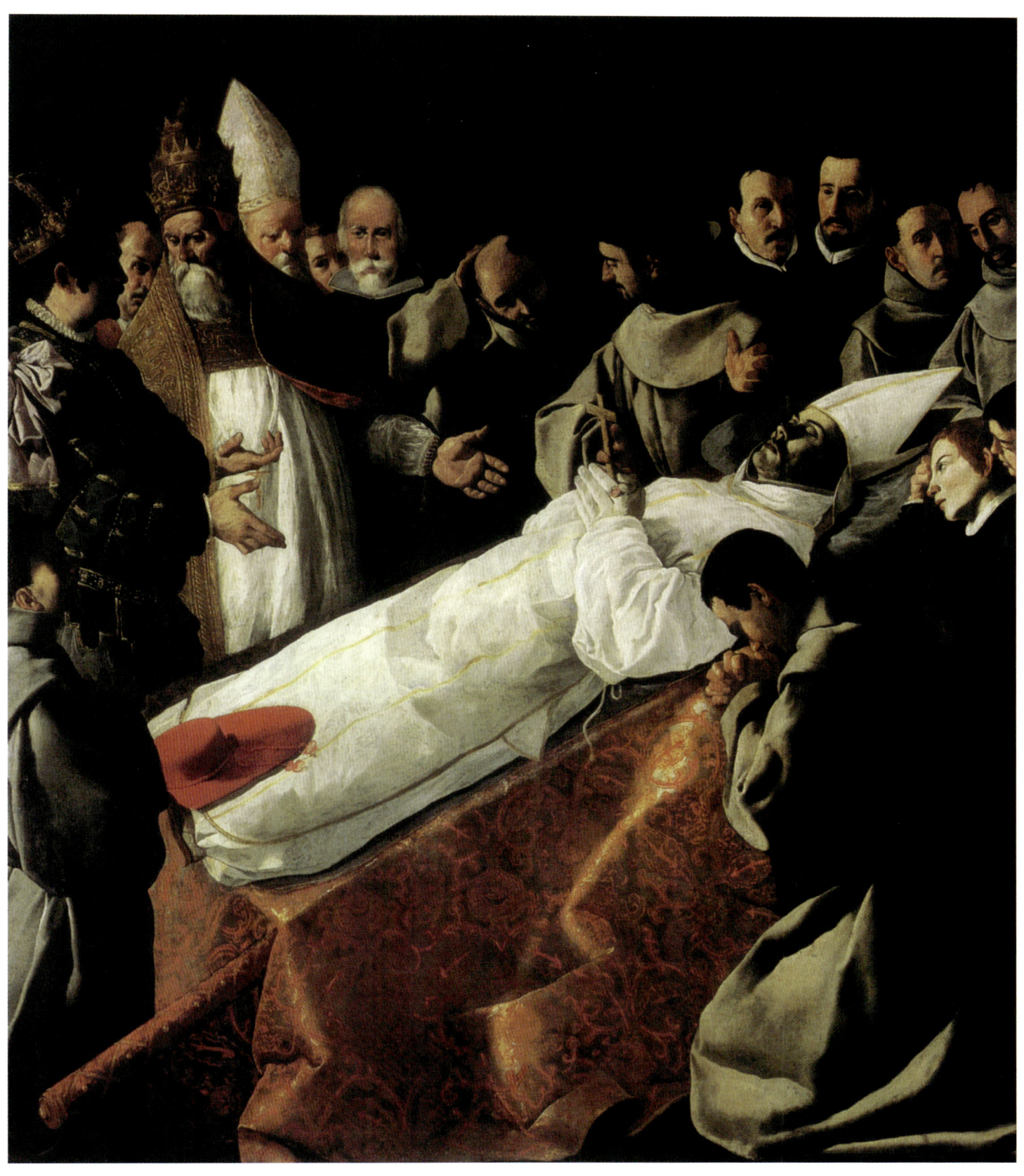

弗朗西斯科·德·苏巴朗
圣文德的葬礼
布面油画
245cm × 240cm
1858年从苏尔特元帅的继承人处购入卢浮宫

胡塞佩·德·里贝拉和巴罗洛梅·埃斯特巴·穆立罗

在法国,西班牙的绘画作品在 1860 年陆续被发现,当时卢浮宫收购了里贝拉这位在那不勒斯度过了一生的西班牙画家的一系列权威画作。这位艺术家比其他艺术家更能将卡拉瓦乔对残酷现实所作出的客观表达传递给下一代的画家。光从未如此无情地照射在老人们痛苦的肉体上,死亡也从来没有像里贝拉画中人物那样痛苦。他是波德莱尔和库尔贝一致认为的法国所需要的悲剧画作的代表人物。

拿破仑三世捐赠给卢浮宫的《基督被解下十字架》在一定程度上影响了年轻的塞尚。里贝拉风格的影响力随着他作品的不断被收购而日益增长,例如《隐士圣保罗》和《跛子乞丐》。《跛子乞丐》表现了一种令人毛骨悚然的欺负弱者的恶趣味,这是拉卡泽博士收藏并留下的一幅重要作品。拉卡泽曾于 1869 年捐赠给卢浮宫 500 幅大型画作,对于塑造法国风格有很大帮助。大约在 17 世纪,萨尔瓦托·罗萨提出抗议,主张没有必要以乞讨的男孩为主题来创作出优秀画作。在那些日子里,每一位遵守风格要求的画家都必须以这些主题作画。

卢浮宫保存了一组穆立罗的著名画作,其中不仅包括 18 世纪和 19 世纪一直乐此不疲的煽情题材,还包括现实主义的《年轻乞丐》。在这部早期的作品中,画家凭借精湛的绘画技艺,勾勒出角色的衣衫褴褛,虽然它在面对那不勒斯的风格时不堪一击,但却极大地影响了随后的学院派画家。

胡塞佩·德·里贝拉
舍蒂瓦,1591年—那不勒斯,1652年
隐士圣保罗
布面油画
197cm×153cm
1875年购入卢浮宫

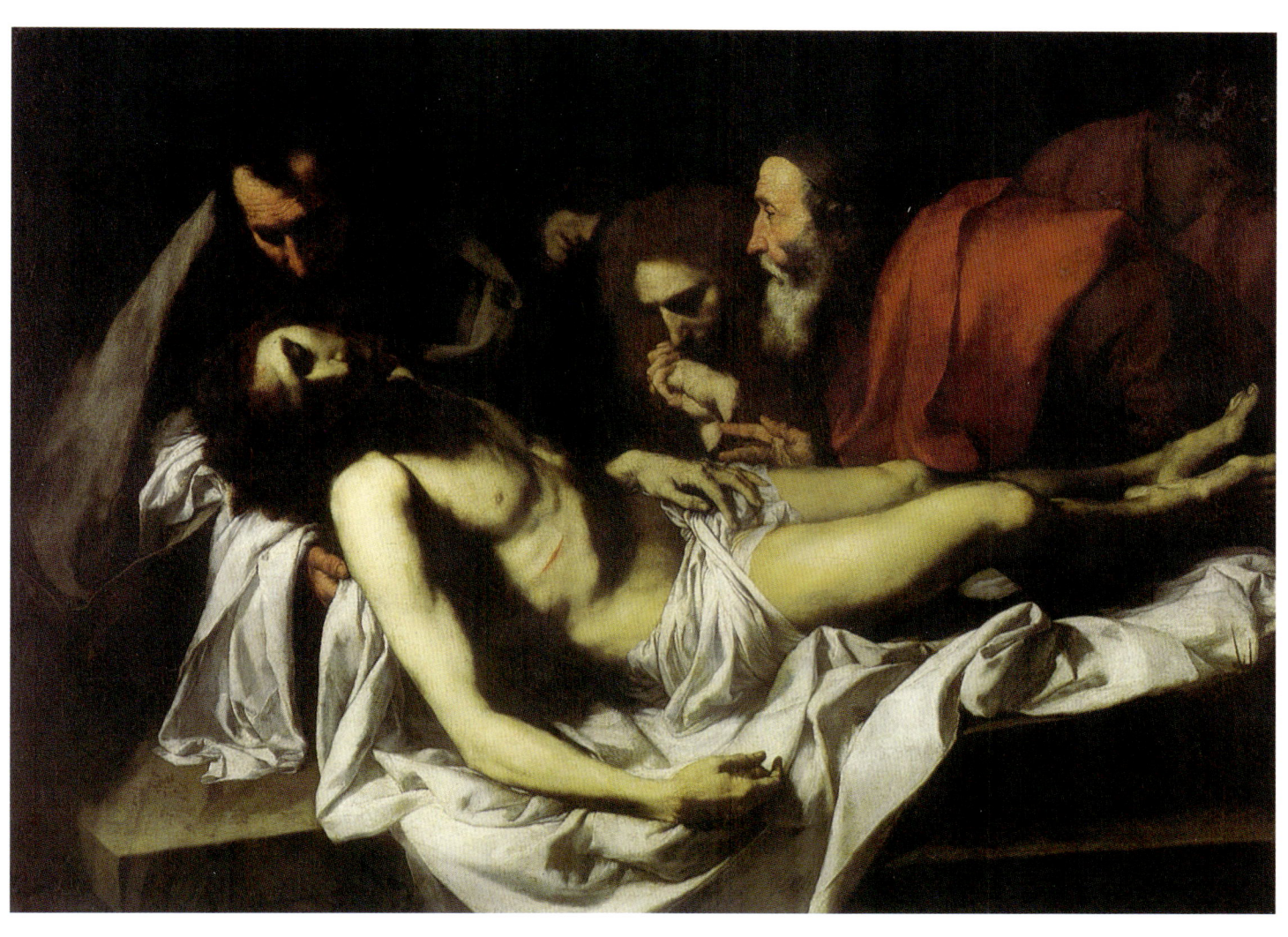

胡塞佩·德·里贝拉
基督被解下十字架
布面油画
127cm × 182cm
1868年拿破仑三世捐赠给卢浮宫

巴罗洛梅·埃斯特巴·穆立罗
塞维利亚,1618—1682年
年轻乞丐
布面油画
134cm×100cm
1782年路易十六购买

巴罗洛梅·埃斯特巴·穆立罗
天使的厨房
1646年
布面油画
180cm×450cm
1858年从苏尔特元帅的继承人处购入卢浮宫

胡塞佩·德·里贝拉
牧羊人的崇拜
1650年
布面油画
239cm×181cm
由那不勒斯国王费迪南四世出售给法国政府,以赔偿1802年那不勒斯军队从罗马圣路易教堂带走的画作。收藏于拿破仑博物馆

胡塞佩·德·里贝拉
跛子乞丐
1642年
布面油画
164cm×94cm
画中男孩手中纸上的内容是：请求施舍
1869年路易斯·拉卡泽博士遗赠

巴罗洛梅·埃斯特巴·穆立罗
圣胡尼佩罗和穷人
布面油画
76cm × 222cm
苏尔特元帅藏品
卢浮宫购于1964年

萨尔瓦托·罗萨

萨尔瓦托·罗萨对他同时代画家产生了强烈而重要的影响。和他的同时代人相比，他的绘画主题更广泛，在传统主题之外增加了其他主题。这些主题来自诗歌和戏剧，还有可能来自音乐和政治。他画中的角色一般都是忧郁而老练的，他能够十分准确地表达想要表达的主题。他表现得像一个19世纪的人：对未知事物和巫术感兴趣，思想跳跃，会抓住每次机会去描绘一些奇异的、一反常态的场景。他是第一批从大自然中汲取灵感的画家之一，在他的传统风景画中，他总能发现一些不祥的元素。他对更具反思性的18世纪画家的影响是重要而深远的。

对页的画中体现的是萨尔瓦托·罗萨作品的经典主题，尽管在他之前很少有人提及。扫罗王害怕被腓利士人击败，想要咨询女巫。他的仆人认识一个女巫，他伪装了一番后晚上去找她。女巫犹豫片刻之后，召唤了已故的撒母耳的灵魂。扫罗看到了一个从地上出来的老人，身上披着斗篷站在他面前，他低下了头以表示对老人的尊重。然而，撒母耳却向他证实，因为扫罗冒犯了主，他将被击败，听到这些话，扫罗被恐怖和软弱所摧毁。

整个故事就像是戈雅的剧本：罗萨的撒母耳被斗篷包裹着，预见了戈雅的组图《幻景》（本书未收录）中出现的可怕的幽灵。事实上，萨尔瓦托·罗萨作为浪漫运动的发起者，无人能及。

萨尔瓦托·罗萨
那不勒斯，1615年—罗马，1673年
在扫罗王面前女巫召唤撒母耳的灵魂
1668年
布面油画
273cm × 193cm
1693年前路易十四的藏品

萨尔瓦托·罗萨
英勇的战斗
布面油画
214cm×351cm
路易十四藏品
1664年捐赠给卢浮宫

贝尔纳多·卡瓦利诺
那不勒斯，1616—1654/1656年
罗得和他的女儿们
布面油画
101cm×76cm
1983年购入卢浮宫

卢卡·焦尔达诺
那不勒斯，1634—1705年
圣母的婚礼
布面油画
116cm×136cm
1869年路易斯·拉卡泽博士遗赠

多米尼克·费蒂
罗马，约1589年—威尼斯，1623年
忧郁（告解的抹大拉）
布面油画
171cm × 128cm
为威尼斯家庭康达里尼家族绘制的绘画的副本，1621—1623年；路易十四于1685年购买

皮尔·弗朗切斯科·莫拉
科尔德雷里奥，1612年—罗马，1666年
埃米尼娅和瓦夫里诺照顾受伤的坦克雷德
布面油画
69cm × 93cm
路易十四购于1685年

（第435页图）
皮尔·弗朗切斯科·莫拉
野蛮的海盗和弓箭
1650年
布面油画
172cm × 123cm
1948年购入卢浮宫

伦勃朗·哈尔曼松·凡·莱因

在伦勃朗的早期绘画中,我们已经看到了画家通过如光线照射下闪亮珠宝或金色刺绣那样的高光手法,表现出对丰富、复杂的人性的理解和对神的迷恋。他的作品能抓住每一位观者的目光,使人感受到其价值。

他的妻子萨斯基亚于 1642 年去世,在那之后一切都发生了变化。伦勃朗继续挥霍他所拥有的一切,并在大约 14 年后破产了,50 岁时他的健康也亮起了红灯。后来,他的生活和艺术得到了一位新伴侣的拯救——一位名叫亨德里克的慷慨单纯的女人。

在《沐浴中的拔示巴》(*Betsabea al bagno*)中,伦勃朗正在寻找一种带有他独特风格的方式来凸显普通事物的美丽。虽然他的模特手里拿着一封信,却没有王权秩序的感觉。未着衣服的人在一个家庭场景中是理所当然也是极其自然的,甚至更激进的理解也是自然且合理的。模特和画家表现出一种彼此相熟的默契,再没有其他艺术家更能表达出这种丰富的感受。在他早期的画作中,美是外在的;在他晚期的作品中,对人的尊重是由内而外散发的。

伦勃朗享年 63 岁。可悲的是,亨德里克先于他去世了。但在她去世后的两年内,伦勃朗完成了他后期的一幅重要的自画像,它不仅描绘了这位伟大画家威严的仪态,还激发了雷诺兹以及塞尚等其他许多画家的灵感。

得益于路易十四的收藏,这幅自画像成为卢浮宫收藏系列的第一件伦勃朗作品。

伦勃朗·哈尔曼松·凡·莱因
莱顿,1606年—阿姆斯特丹,1669年
亨德里克·斯托福尔思
布面油画
74cm×61cm
路易十六藏品
1784年购入卢浮宫

伦勃朗·哈尔曼松·凡·莱因
沐浴中的拔示巴
1654年
布面油画
142cm×142cm
1869年路易斯·拉卡泽博士遗赠

伦勃朗·哈尔曼松·凡·莱因
城堡
木板油画
44cm × 60cm
1948年购入卢浮宫

伦勃朗·哈尔曼松·凡·莱因
圣马太和天使
1661年
布面油画
96cm × 81cm
没收于大革命期间

伦勃朗·哈尔曼松·凡·莱因
以马忤斯的朝圣者
布面油画
50cm×64cm
没收于大革命期间

伦勃朗·哈尔曼松·凡·莱因
艺术家的儿子提图斯肖像
布面油画
72cm×56cm
1948年购入卢浮宫

伦勃朗·哈尔曼松·凡·莱因
被宰杀的牛
1655年
木板油画
94cm×69cm
1857年购入卢浮宫

（第440页图）
伦勃朗·哈尔曼松·凡·莱因
画架前的自画像
1660年
布面油画
111cm×90cm
路易十四藏品，1671年购入卢浮宫

尼古拉斯·普桑

　　尼古拉斯·普桑的智慧和决心改变了他绘画的整体表现力，他在临终前说他不曾忽略任何东西。马萨乔和拉斐尔曾描绘过诸如"撒非喇之死"等主题，但当普桑处理这个主题时，画中不再有传统的基督教团体或胜利的罗马教廷，取而代之的是明确的秩序和清晰的视角，其所赋予的权威凸显了艺术家本人的智慧。

　　这幅《自画像》是普桑为其赞助人向特罗绘制的，通过这幅作品，我们可以了解到普桑最喜欢的两种手法都带有简朴严峻的风格。但是，他并不仅仅局限于这样的风格。在这幅画的背景中，可以看到靠在墙上的两幅画中的其中一幅绘有一位女王，在她的王冠上有一个眼睛形状的纹章。因此，这是一幅寓言画。

　　女王的两条胳膊似乎环抱着自己，这个细节和整个画面象征着对绘画的热爱。在这幅自画像的另一个版本（现在收藏在柏林）中，普桑呈现了另外一种方式，画中人物友好地微笑着面向众人。这幅画的主题是友谊，是普桑为他的另一位赞助人创作的。

　　普桑晚年绘制的风景画体现了其哲学的另一面——源于希腊的理性自然观。早期的风景画《第欧根尼》揭示了自然力量的永恒循环和与之和谐相应的生活的简单性。遗憾的是，泛神主题的画作《阿波罗和达芙妮》直至普桑去世也没完成。

（第443页图）
尼古拉斯·普桑
莱桑德利，1594年—罗马，1665年
自画像
1650年
布面油画
98cm × 74cm
为保罗·福莱尔·德·向特罗所作
卢浮宫购于1797年

（第444页上图）
尼古拉斯·普桑
基督和淫妇
布面油画
121cm×195cm
1653年为安德烈·勒·诺特尔所画；1693年勒·诺特尔献给了国王；路易十四藏品

（第444页下图）
尼古拉斯·普桑
撒非喇之死
布面油画
122cm×199cm
1685年购入卢浮宫路易十四藏品

尼古拉斯·普桑
阿波罗和达芙妮
布面油画
155cm×200cm
普桑的最后一幅画，于1664年以未完成状态交给枢机主教卡米洛·马西米
卢浮宫购于1869年

（第446页上图）
尼古拉斯·普桑
春天（人间天堂）
布面油画
118cm×160cm
这幅画与随后的3幅画一起形成了一个代表四季的系列，1660—1664年为黎塞留公爵所画；1665年由黎塞留公爵购买；4幅画都是路易十四的藏品

（第446页下图）
尼古拉斯·普桑
夏天（露丝和博阿斯）
布面油画
118cm×160cm

（第447页上图）
尼古拉斯·普桑
秋天（应许之地的果实）
布面油画
118cm×160cm

（第447页下图）
尼古拉斯·普桑
冬天（大洪水）
布面油画
118cm×160cm

雅各布·伊萨克松·范·勒伊斯达尔

现今，雅各布的画作已广为人知。我们欣喜地看到这位荷兰大师笔下的风景画，他一步步地成为西方艺术的主要创新者之一。较早出现的自然风景和海洋风景主题是荷兰艺术家描绘的第一批主题，这也是第一次画中没有出现超自然或幻想的主题。但这些主题并不是特别具有戏剧性或哲学性，尽管它反映出了日常生活中存在的美好事物的共同特征。

我们感到震惊，不仅是因为第一批顾客强烈的反应，更是因为绘画在不断提高我们的认知，使我们今天能够运用自己的能力去开辟一条通往现实世界的道路。荷兰的景观画是一项伟大的革新，几乎所有的艺术类型都能够从中受益。

这种革新使绘画更加考虑人类的行为和满足感，而这通常使我们感到愉悦。从那一刻开始，人们就会欣赏艺术，以获得他们在其他所有事物中所寻求的同样的满足感：如渴望和好奇的感受，或从记忆、感情、生活等方面体会到的快乐。

不久，艺术家们就将注意力转移到了室内，他们观察了人们在儿童房、病房、厨房中的家庭活动、娱乐活动和日常家务。这些都是莱顿和代尔夫特的画家最感兴趣的地方。

恰恰是哈勒姆那些自然风景和海洋风景的画家，彻底摒弃了过去的主题。他们意识到艺术和它的观众不仅准备好了迎接新的主题，还准备好以一种焦虑和痛苦的情绪来迎接。正如雅各布的画作所揭示的那样，景观能够激发沉思和忧郁的思想，包括他本人也处于一种忧郁的精神状态，焦躁不安。但有时候有阳光照进来的地方，他不仅可以画出场景，还能画出阳光洒落的效果，在他之前，没有艺术家可以做到像他一样。

雅各布·伊萨克松·范·勒伊斯达尔
哈勒姆，1628/1629年—阿姆斯特丹，1682年
一束阳光
布面油画
83cm×99cm
1784年路易十六购入

雅各布·伊萨克松·范·勒伊斯达尔
灌木丛
布面油画
68cm×82cm
1783年路易十六购入

450

保罗斯·波特
恩克赫伊森,1625年—
阿姆斯特丹,1654年
小木屋前的两匹马
1649年
木板油画
24cm×26cm
没收于大革命期间

(第450页上图)
雅各布·伊萨克松·
范·勒伊斯达尔
暴风雨
布面油画
110cm×160cm
1783年从路易十六收藏
品中纳入卢浮宫

(第450页下图)
萨洛蒙·凡·雷斯达尔　　梅因德尔特·霍贝玛
那顿,1600/1603年—　　阿姆斯特丹,1638年—
哈勒姆,1670年　　　　　阿姆斯特丹,1709年
渡船　　　　　　　　　**水车**
布面油画　　　　　　　　布面油画
40cm×60cm　　　　　　　80cm×66cm
1899年购入卢浮宫　　　　1861年购入卢浮宫

约翰内斯·维米尔

　　许多伟大的画家常常致力于比较简单的主题。维米尔是世界上最伟大的画家之一,他的大部分作品都致力于艺术和女性的主题,但也有一小部分例外。他在大约 40 岁时创作了两幅画作,其中一幅是《天文学家》,现在收藏在卢浮宫。这幅作品画的是一位学者,是他在代尔夫特居住时的邻居。在此之前,维米尔曾描绘过这座城市的景观,这说明他不仅仅从家庭生活中获取题材。但是,在他的艺术成熟期,他最热衷的始终是家庭环境和他看作守护神的女人。他完全被女人这个存在本身所吸引:她在窗户边,阳光洒落在身上,仿佛光线本身便可以使这种微妙的时刻永久存在下去。

　　家庭生活是代尔夫特画家们最喜欢的主题。维米尔表现这些绘画的方式拥有着纯粹的个人风格,而代尔夫特的其他任何画家都没有达到如此完美的程度。众所周知,维米尔非常关注流入荷兰艺术市场的画作。年轻时,他常常采用当时最流行的风格进行临摹或适当修改,然后出售。他可以一丝不差地绘制人和物,不加任何描述性特征,唯有日光笼罩着这些人和物。通过色调和配色达到不朽的效果,既通透又微妙。

　　这是抽象化运用视觉效果的第一缕曙光,是印象画派的萌芽。在长达两个多世纪的时间里,维米尔的画作被认为拥有一种很少有人注意到的独特风格。只有在评判品位变化之后,他们的伟大和主题的普遍性才得以凸显:女人的精致和神秘,亲密却又如此疏离,仿佛是一种遥远的存在。

杰拉德·特·博尔奇
少女的士兵追求者
布面油画
68cm × 55cm
路易十六的收藏
卢浮宫购于 1785 年

约翰内斯·维米尔
代尔夫特，1632—1675年
天文学家
1668年
布面油画
51cm×45cm
1983年购入卢浮宫

加布里埃尔·梅特苏
莱顿，1629年—阿姆斯特丹，1667年
懒惰的酒鬼
木板油画
28cm×27cm
没收于大革命期间

加布里埃尔·梅特苏
忙碌的厨师
木板油画
28cm×26cm
没收于大革命期间

杰拉德·杜
莱顿，1613—1675年
生病水肿的女人
木板油画
86cm×68cm
1663年签名并署明日期。当时声称这位画家已经65岁了，而他实际上只有50岁。这幅画从都灵皇家画廊被查理·伊曼纽尔四世卖给克芳泽将军，将军又于1799年将其捐赠给了卢浮宫

彼得·德·霍赫
鹿特丹，1629年—阿姆斯特丹，1684年
与士兵喝酒的女人
1658年
布面油画
69cm×60cm
1974年购入卢浮宫

杰拉德·特·博尔奇
兹沃勒，1617年—代芬特尔，1681年
阅读课
木板油画
27cm×25cm
1869年路易斯·拉卡泽博士遗赠

约翰内斯·维米尔
花边女工
木板油画
24cm×21cm
卢浮宫1870年购入

扬·范·德·海登

　　荷兰绘画的社会学解读很复杂，要解释每一座城市绘画的不同特点并非易事，因此有时很难理解那些从一座城市搬到另一座城市的大师们是如何适应当地风格的。莱顿倾向于对艰苦的描述，阿姆斯特丹倾向于对财富的炫耀，这两座城市风格迥异，但是谁都没有预测到这两种截然不同的环境会共同培养出历史上最伟大的艺术天才之一——伦勃朗·哈尔曼松·凡·莱因。

　　事实上，荷兰的城市中并非没有代表性的绘画大师。杰拉德·杜是莱顿画派一位相当特殊的人物，他在年轻时和伦勃朗合作过，并受到了后者的影响。但他仍有着与之不同的风格，其在艺术成熟期的作品实际上是被低估的。要想客观地评判这位大师，我们应该通过卢浮宫里的伟大学者保罗·塞尚的眼睛来看他。塞尚认为杰拉德·杜的作品充满了奇迹，将他的《浮肿女人》（第455页）称之为"不可思议的画作"。很难找到像杰拉德·杜作品那样极为和谐的画作，塞尚自己也曾复制过这位荷兰艺术家的作品。加布里埃尔·梅特苏（第454页）作品的简单和谐在一定程度上也归功于杰拉德·杜的构图影响。

　　同样，每一位大师的风格也经历了比我们预期更多的变化。如扬·范·德·海登的作品《阿姆斯特丹水坝广场的新市政厅》，画家的注意力很容易受到现实视角和一天中光影变化的影响。

　　当然，他也能够从这个主题中抽离出来，创作出最吸引人的静物画。他还致力于一项与绘画毫无关系的活动——发明了一种设计巧妙的消防栓来保护他的画作，由此我们可以看到他对自己作品的精心程度。

扬·范·德·海登
戈库姆，1637年—阿姆斯特丹，1712年
阿姆斯特丹水坝广场的新市政厅
1668年
布面油画
73cm × 86cm
画中人物由阿德里安·凡·德·维尔德所画
1783年购买献给路易十六

达维茨德·海姆
乌得勒支，1606年—安维萨，1683/1684年
甜点
1640年
布面油画
149cm×203cm
1683年前路易十六收藏

阿德里安·凡·德·维尔德
阿姆斯特丹，1636—1672年
席凡宁根海滩上的一辆高贵的马车
1660年
木板油画
37cm×49cm
1784年路易十六购买

雅各布·范·奥斯特
布鲁日，1637—1713年
圣马卡里奥帮助瘟疫患者
布面油画
350cm×257cm
卢浮宫于1794年获得

菲利普·德·尚帕涅

要了解《女修道院长凯瑟琳·艾格尼丝·阿尔诺和修女凯瑟琳·圣苏珊娜（画家的女儿）》这幅画，我们需要了解背景中铭文的含义。画家将基督称为灵魂和身体的医生，画中26岁的年轻女子是修女凯瑟琳，已经连续14个月高烧不退，这几乎使她身体的一半瘫痪。连医生们都已经对她束手无策了，但是在凯瑟琳的修道院院长艾格尼丝与她一起祈祷之后，她竟然恢复了健康。铭文说，作为这个奇迹的见证，作为喜悦的纪念，凯瑟琳的父亲菲利普·德·尚帕涅创作了这幅画。

在这幅画中，光从侧面均匀落下。向艾格尼丝院长投下去的光芒并没有打扰到她，因为这不是地球上的光线，而是代表着天主已经听到了艾格尼丝院长的祈祷，感受到了她内心的希望。

凯瑟琳膝盖上的盒子可能装有荆棘冠冕的遗物，康复被归功于这些遗物。艾格尼丝院长一丝不苟地祈祷，希望获得忍受痛苦的力量。

从这幅画作中可以清楚地看出，坚定的信仰激发了画家的创作。

菲利普·德·尚帕涅
布鲁塞尔，1602年—巴黎，1674年
男子肖像画
1650年
布面油画
91cm×72cm
1806年购入卢浮宫

菲利普·德·尚帕涅
女修道院长凯瑟琳·艾格尼丝·阿尔诺和修女凯瑟琳·圣苏珊娜（画家的女儿）
1662年
布面油画
165cm×229cm
1662年由艺术家出售给巴黎的波尔罗亚尔女修道院
大革命期间购入卢浮宫

菲利普·德·尚帕涅
最后的晚餐
布面油画
80cm × 149cm
路易十六的藏品
购于1777年

厄斯塔什·勒·叙厄尔
巴黎，1617—1655年
去往髑髅地
木板油画
61cm × 126cm
巴黎圣热尔韦教堂的一个小教堂的祭坛画
没收于大革命期间

菲利普·德·尚帕涅
死去的耶稣
木板油画
68cm×197cm
为波尔罗亚尔女修道院所作
1710年转移到巴黎的波尔罗亚尔
女修道院
大革命期间购入

厄斯塔什·勒·叙厄尔
圣布鲁诺检阅戴克里先浴室设计图
木板油画，部分
162cm×114cm
在巴黎卡尔特修道院的角落放置的一
系列绘画的一部分
没收于大革命期间

菲利普·德·尚帕涅
圣母玛利亚忏悔的奇迹
布面油画
219cm×336cm
1656年,为法国王后(奥地利的安妮)位于巴黎圣宠谷的公寓所画
没收于大革命期间

菲利普·德·尚帕涅
罗伯特·阿诺尔德·达迪利的肖像画
布面油画
79cm×65cm
1979年购入卢浮宫

菲利普·德·尚帕涅
枢机主教黎塞留
布面油画
222cm×255cm
庞蒂耶夫公爵藏品
大革命期间纳入卢浮宫

467

夏尔·勒·布朗

勒·布朗是法国王室及其部长马扎然和柯尔贝尔的艺术政策的指导者。他不仅指导王室绘画和雕塑学院（成立于 1648 年）并主导决策和讨论，还在 1671 年成为王室绘画内阁的主任，也是卢浮宫的第一任主任。

没有哪个具有批判品位的领导者拥有如此强大的权力，更令人惊讶的是他也是一位优秀的画家。虽然他模仿的是普桑的风格，但他的装饰作品，更接近彼得罗·达·科尔托纳的画风。

他最具吸引力的作品无疑是《大法官塞吉埃》，这是他的第一位赞助人及其跟随者的骑士肖像。在这幅作品中，勒·布朗用法国古典而现实的元素代替了国际风格中过多的英雄主义元素。作品的现实主义体现出一种意想不到的泰然，并有浅浮雕的特质。

当柯尔贝尔于 1683 年去世时，勒·布朗的权力也随之消失了：他被竞争对手皮埃尔·米格纳德取代。两人的风格并没有太大差别，尽管在学院的辩论中他通常站在相反的立场。当下个世纪的审美偏向鲁本斯的风格时，普桑的风格才慢慢失去了影响。

夏尔·勒·布朗
巴黎，1619—1690年
熟睡的婴儿耶稣
1655年
布面油画
87cm×118cm
路易十四收藏
1696年献给路易十四

夏尔·勒·布朗
牧羊人的崇拜
布面油画
151cm×215cm
1690年路易十四收藏

夏尔·勒·布朗
大法官塞吉埃
布面油画
295cm × 351cm
1942年由塞吉埃后代购买

雅克·布兰查德
巴黎，1600—1638年
维纳斯和赐人美丽和欢乐的三女神被一位凡人惊吓
布面油画
170cm×218cm
1921年购入卢浮宫

夏尔·勒·布朗
亚历山大和波罗
布面油画
470cm×1264cm
一系列代表亚历山大大帝的故事中的一个
路易十四的收藏

老皮埃尔·帕特尔
皮卡第，1605年—巴黎，1676年
废墟中的美景
布面油画
73cm×150cm
卢浮宫购于1776年路易十四的收藏

让·茹弗内和亚森特·里戈

鲁本斯对生活的热爱为 18 世纪的法国艺术风格赋予了生命。虽然普桑与鲁本斯的影响力总是相互交错，但与他同时期的另一种风格并不是来自普桑的影响。

让·茹弗内因其肖像画《雷蒙德·皮诺博士》而闻名于今。他善于在宗教绘画中表现出几分原始情感的虔诚，他将《基督被解下十字架》想象成一件充满恐惧的事情，并以姿态笨拙为其特征。基督殉道时倾斜的位置，下垂的四肢，展现了极度的痛苦，而暴行的绝望象征本身就是令人痛苦不堪的。裹布展开的形状，让人想到拍打的翅膀，增强了原始的悲痛表达，体现了画面中所透露出的深深的虔诚感。

路易十四收集和资助的收藏品，也是国家收藏品，是为了对抗以这种情绪为特征的艺术环境。在长达一个多世纪的时间里，在路易十四的统治下，人们一直认为卢浮宫成了一个国家画廊，但观众只有一个人：国王。或许只有在法国肖像画中，才能清楚地看到，我们今天所享有的成就超越了原有专制制度的辉煌，它归功于我们所拥有的智慧。仔细观察由亚森特·里戈描绘的一幅路易十四的很随意的画像，我们从中可以一睹这位伟大赞助人的尊容。

今天，可以更容易地从《里戈夫人》的两幅侧面像中领悟对个人情感表现方式的探究，从里戈夫人的官方肖像中可以看到同样的情绪，这些肖像很少得到应有的重视。

（第475页图）
让·茹弗内
鲁昂，1644年—巴黎，1717年
基督被解下十字架
1697年
布面油画
424cm×312cm
1756年存放于皇家绘画和雕塑学院

（第476页上左图）
安东尼·夸佩尔
巴黎，1661—1722年
德谟克利特
1692年
布面油画
69cm×57cm
1869年路易斯·拉卡泽博士遗赠

（第476页上右图）
让·茹弗内
雷蒙德·皮诺博士
布面油画
73cm×59cm
1704年沙龙展出
卢浮宫购于1838年

（第476页下图）
让·茹弗内
拉撒路的复活
1706年
布面油画
388cm×664cm
为巴黎圣马丁德香榭丽舍教堂所作
没收于大革命期间

亚森特·里戈
佩皮尼昂，1659年—巴黎，1743年
艺术家的母亲，里戈夫人的两种不同的姿势
1695年
布面油画
93cm×103cm
1704年艺术沙龙展出
艺术家在皇家绘画和雕塑学院的遗产
皇家学院收藏

皮埃尔·米格纳德
特鲁瓦,1612年—巴黎,1695年
自画像
布面油画
235cm×188cm
1696年,由艺术家的女儿弗吉埃尔伯爵夫人
捐赠给皇家绘画和雕塑学院

亚森特·里戈
和查尔斯·赛文·德拉·佩纳耶合作完成
莫城教区主教雅克-贝尼涅·博须埃
1702年
布面油画
240cm × 165cm
卢浮宫购于1821年

亚森特·里戈
法兰西国王路易十四
1701年
布面油画
277cm × 194cm
1704年艺术沙龙上展出
路易十四藏品

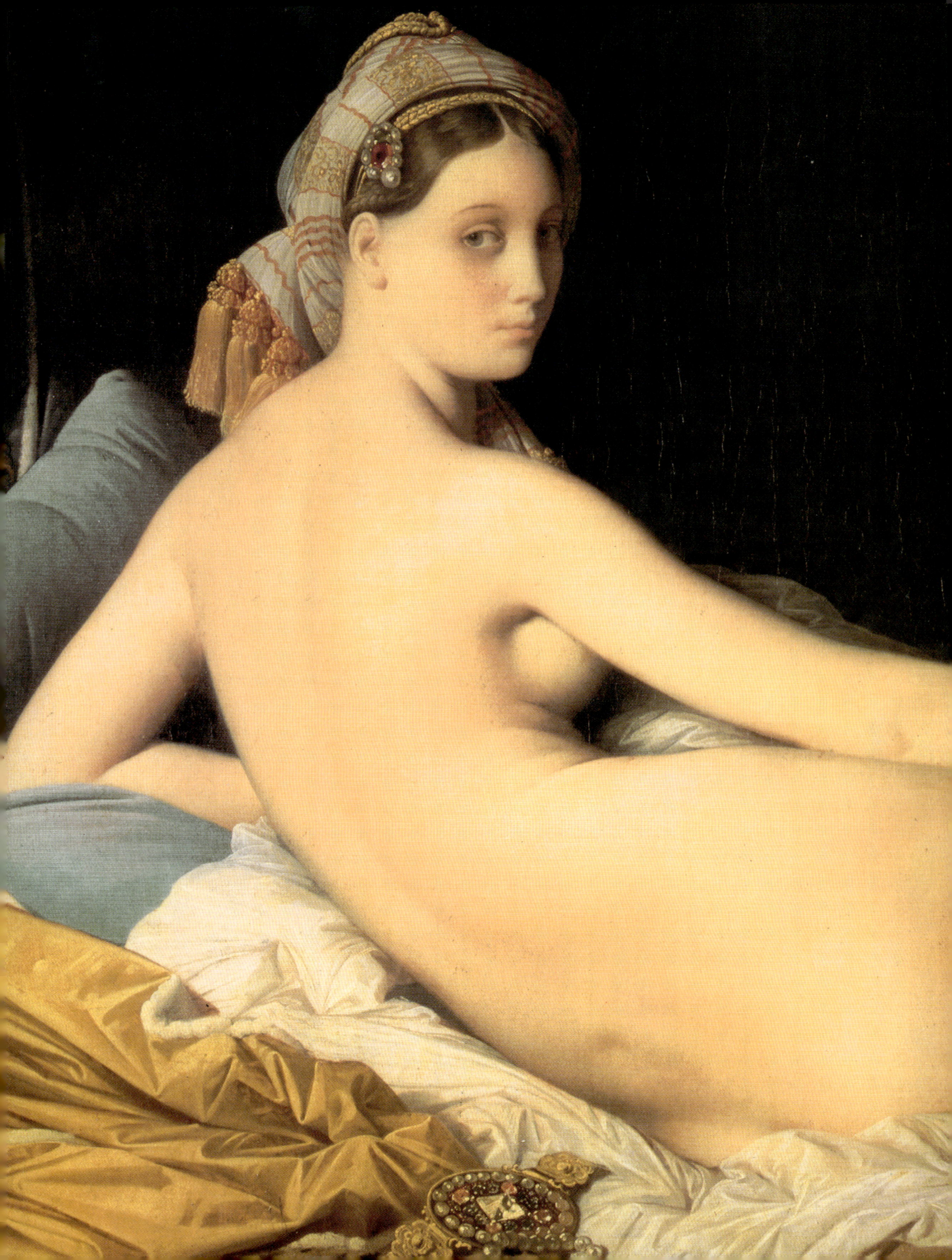

第四章
1700—1850 年

詹巴蒂斯塔·皮亚泽塔

18世纪初，一些不可预测的变化震惊着绘画界，并在艺术领域激起了新的骚动。1700年后不久，皮亚泽塔的出现预示着新画派的诞生，其画风精致且难以捉摸，将以前的传统与自由结合了起来。在皮亚泽塔的画作中，阴影中闪烁的光线反射突然变成自然色彩，从隐藏的深处泄漏出来。同样地，天空中的光芒散发出新颖的银色光，消除了形状的细节，消除了人物的孤立，赋予了人物前所未有的优雅。艺术家们从最初的宗教主题转向节日风格化的主题，颇具情调和充满欢愉，包括神秘的约会，以及奢华的野餐。

皮亚泽塔画中的形象呈现出一种紧张和不安，但这些人物的脸颊却圆润而柔软。这些人物形象虽然效仿了卡拉瓦乔的作品（卡拉瓦乔是17世纪不安的化身），但却没有卡拉瓦乔画中人物所表现的痛苦。用一种深色代替卡拉瓦乔的阴影画法，是皮亚泽塔的典型做法。

皮亚泽塔属于新一代诗人，与他的达尔马提亚学生费德里科·本科维奇一起，发现了神秘的气氛，这种气氛与18世纪的气氛不谋而合。毫无疑问，这种神秘结合了色彩和幽默，形成了詹巴蒂斯塔·提埃坡罗（乔凡尼·巴蒂斯塔·提埃坡罗）最初的特点，他对幽默、梦想，以及色彩的想象力，令其作品显得深刻而灿烂。

詹巴蒂斯塔·皮亚泽塔
威尼斯，1683—1754年
圣母升天
1735年
布面油画
517cm×245cm
应巴伐利亚公爵克莱门特-奥古斯都和法兰克福附近萨克森豪森教堂主祭坛的日耳曼大师的要求而作
1796年从教堂纳入卢浮宫

（第484页上图）
乔瓦尼·巴蒂斯塔·高利（巴琪奇欧）
热那亚，1639年—罗马，1709年
施洗者圣约翰布道
布面油画
182cm×172cm
1695年前路易十四藏品

（第484页下图）
弗朗切斯科·索利梅纳
诺塞拉帕加尼，1657年—那不勒斯，1747年
赫利奥多斯被逐出圣殿
布面油画
150cm×200cm
为那不勒斯的耶稣教堂壁画准备的草图
1786年为路易十六购买

塞巴斯蒂安·里奇
贝鲁诺，1659年—威尼斯，1734年
把法国比作密涅瓦的寓言画
1718年
布面油画
113cm×85cm
皇家绘画和雕塑学院的入学考试作品
在大革命期间转移到卢浮宫

詹巴蒂斯塔·皮托尼
威尼斯，1687—1767年
基督将天堂的钥匙交给圣彼得
布面油画
82cm × 42cm
之前曾被认为是塞巴斯蒂安·里奇的作品
祭坛的模型画
首次收藏

（第487页上图）
詹巴蒂斯塔·皮托尼
波吕克塞娜献祭
布面油画
56cm×97cm
这是罗马的达韦尔纳宫收藏的一幅作品的复制真品
首次收藏

（第487页下图）
詹巴蒂斯塔·皮托尼
西庇阿的自制
布面油画
56cm×97cm
首次收藏

路易斯·托克

在肖像画中，模特和观众之间的关系很少像路易斯·托克所画的《丹吉夫人，弗朗索瓦·巴尔萨泽·丹吉·杜·费伊将军的妻子》中表现得那样坦率和开放。

这位庄重而慈祥的女士正专注地做着一件现在已鲜有人做的事：制作蕾丝。她正在创造一种特殊的针法，从黄金和珐琅组成的线轴中优雅地抽出丝线，在蕾丝顶端编织出一个长条形图案。一排结消失在一块白色丝绸布料中，丝绸刺绣的衣料垂落在她的左手腕，像在做针线活。这其实并不是一份工作，这件刺绣品看起来也没什么实际用途，即使看起来像是一块祭坛布或是刺绣品的褶边。这幅作品的唯一目的是表达女性对懒散的厌倦，画中丹吉夫人制作蕾丝的手指尖保持着女性的优雅，因为据说懒散的女性没有这种优雅的女性气质。在英格兰，一位诗人是这样描绘蕾丝所表达出的女性魅力的：

每根细细的手指都在舞蹈
仿佛指尖的艺术
使年轻的心滚烫
使年老的心热活。

描绘某项有特定目的的活动是肖像画的一个新鲜主题，但在以后的时代变得非常普遍。在这幅画完成的3年后，托克的岳父纳蒂埃比以同样的主题，绘制了路易十五的女儿阿德莱德夫人的肖像。

画家用他善于观察的眼睛，将"懒散的女人没有女性气质"这种社会态度通过精美的蕾丝制作画面展现出来，这样的构思既有趣又充满仪式感。能够发现艺术也可以包含生活的道德喜剧，这是多么美妙的一件事啊！

（第489页图）
路易斯·托克
巴黎，1696—1772年
丹吉夫人，弗朗索瓦·巴尔萨泽·丹吉·杜·费伊将军的妻子
1753年
布面油画
83cm×63cm
1903年购入卢浮宫

弗朗索瓦·德波特
尚皮涅耶，1661年—巴黎，1743年
身着狩猎服的艺术家画像
布面油画
197cm×163cm
绘画为1699年皇家绘画和雕塑学院的入学考试作品
皇家学院的收藏品

弗朗索瓦·德波特
玫瑰园里看护猎物的狗
布面油画
107cm×138cm
1916年购入卢浮宫

让-巴蒂斯特·乌德里
巴黎，1686年—博韦，1755年
静物画：雉鸡
1753年
布面油画
97cm×64cm
1950年购入卢浮宫

让-马克·纳蒂埃
巴黎，1685—1766年
朗贝斯克小姐被描绘为密涅瓦，为她的弟弟布利奥纳伯爵穿上铠甲，并对他进行武术指导
1732年
布面油画
191cm×159cm
1869年路易斯·拉卡泽博士遗赠

约瑟夫·帕罗塞尔
布里尼奥勒，1646年—巴黎，1704年
路易十四的军队于1672年6月12日横渡莱茵河
布面油画
234cm×164cm
1699年为梅罗伊城堡绘制
路易十四的收藏

让-马克·纳蒂埃
瑞典驻巴黎大使的妻子泰辛伯爵夫人
1741年
布面油画
81cm×65cm
1895年遗赠

路易斯·托克
法国王后玛丽·莱辛卡,路易十五的妻子
1740年
布面油画
277cm×191cm
路易十五藏品

路易斯·欧热尼奥·梅伦德斯

18世纪有一位性格傲慢的艺术家——梅伦德斯，他是西班牙人，生于那不勒斯，一个被誉为静物画传统之地的地中海中心的城市。在意大利生活的这段时间，他在当地的学院学习了形象艺术和一些热门的专业技能。他在自画像中将自己对现实的研究像证书一样展示出来，这一点与普罗旺斯艺术大师皮埃尔·苏贝利亚斯（Pierre Subleyras）十分相似。

梅伦德斯带着他在异国学习的专业绘画技能回到了祖国，并在对水果和南瓜的描绘中找到了自己的独特绘画方式。他将这些原本长得很可爱的水果和南瓜描绘得坑坑洼洼，表面十分粗糙。他的绘画方式可以被看作奇特的装饰发明，然而他却将自己描绘成了一位颇具王室风范的斗牛士，穿着当时十分流行的西班牙式传统民族服饰。

梅伦德斯通过作品反映出的大胆和熟练很好地反映了意大利学院的环境。几年之后，他接受了类似但更加高等的教育，带着学到的专业知识和与生俱来的自信与绘画天赋回到了西班牙。

约书亚·雷诺兹几乎和梅伦德斯同一时期从意大利回来。他同样对皮亚泽塔的作品有很深的了解，并打算用同样的手法来发展自己的风格。

（第495页图）
路易斯·欧热尼奥·梅伦德斯
那不勒斯，1716年—马德里，1780年
自画像
布面油画
100cm×82cm
卢浮宫购于1926年

路易斯·欧热尼奥·梅伦德斯
静物：无花果
布面油画
37cm×49cm
卢浮宫购于1934年

胡安·德·埃斯皮诺萨
17世纪中叶活跃于卡斯蒂利亚
静物画：葡萄
布面油画
83cm×62cm
卢浮宫购于1973年

亨利·奥哈斯·洛朗·德·拉伯特
巴黎，1724—1793年
石花瓶、地球仪和风笛
布面油画
102cm×82cm
1763年皇家绘画和雕塑学院入学考试的作品
皇家学院收藏

皮埃尔·苏贝利亚斯
圣吉尔（加尔省），1699年—罗马，1749年
西蒙家的晚餐
1737年
布面油画
215cm×679cm
受委托为阿斯蒂修道院所画
没收于1799年意大利战役期间

皮埃尔·苏贝利亚斯
卡戎在冥河摆渡
布面油画
135cm×83cm
庞蒂耶夫公爵藏品
大革命期间纳入卢浮宫

皮埃尔·苏贝利亚斯
拉特朗修道院院长唐·凯撒·本韦努蒂
1742年
布面油画
138cm×101cm
1969年购入卢浮宫

弗朗索瓦·勒莫因

　　夏尔·勒·布朗在1683年的垮台并没有影响到普桑的绘画方式。事实上，接替勒·布朗担任皇家学院院长的皮埃尔·米格纳德的风格与他的前任并没有太大不同，只是在鲁本斯风格的基础上逐渐变化。在1715年之后，在大众能够接受柔和的图案和轻盈的色调之前，威尼斯强烈的暖色调和其本身的豪华与浮夸的混合必须通过一种更鲜明的色调来巩固。宫廷风格的改变是从1737年的一次沙龙上，佛兰芒绘画出现开始的。在那次沙龙上展出的卡勒·凡·路的《打猎中的休息》这幅画，开启了一个新的时代，使人们的审美渐渐倾向于欣赏这些充满喜悦与欢愉的画面。

　　受鲁本斯影响的绘画风格，可以在勒莫因的《赫拉克勒斯和翁法勒》中看到。这幅画笔触精致，引人入胜，其视觉敏锐度对艺术的影响持续了相当长的时间。这是他的最后一幅作品，这项严苛的任务使他心烦意乱。最后，他结束了自己的生命，这是成功的学院派专业人士鲜有的结局。

　　他的风格流畅，柔和的线条和令人愉悦的轮廓都表达了对形象的敏锐理解力，呈现了一种来自灵魂深处的信心，这也将成为华托艺术风格的基础。

弗朗索瓦·勒莫因
巴黎，1688—1737年
赫拉克勒斯和翁法勒
1724年
布面油画
184cm × 149cm
1725年在艺术沙龙上展出
路易斯·拉卡泽博士遗赠

查尔斯·德·拉·福斯
巴黎，1636—1716年
发现摩西
布面油画
125cm×110cm
路易十四收藏

尼古拉斯·德·拉吉莱勒
巴黎，1656—1746年
国王的画师夏尔·勒·布朗的画像
布面油画
232cm×187cm
1686年为王室绘画与雕塑学院所画毕业作品
王室学院收藏

（第503页上图）
尼古拉斯·德·拉吉莱勒
家庭画像
1869年
布面油画
149cm×200cm
1869年路易·拉卡泽博士遗赠

（第503页下图）
尼古拉斯·德·拉吉莱勒
树木繁茂的风景
布面油画
36cm×64cm
1976年购入卢浮宫

503

卡勒·凡·路尼斯，1705年—巴黎，1765年
打猎中的休息
1737年
布面油画
220cm×250cm
1737年在沙龙展出
路易十五收藏

克劳德·吉洛特
朗格勒，1673年—巴黎，1722年
安德烈的坟墓
布面油画
100cm×139cm
1945年购入卢浮宫

佛朗索瓦·德·特洛伊
图卢兹,1645年—巴黎,1730年
鲁特琴演奏家夏尔·穆东
1690年
布面油画
138cm × 106cm
1924年购入卢浮宫

让-安东尼·华托

华托生于法国和比利时北部的佛兰德斯的交界。虽然他早期作品的主题都是关于军事的，但从鲁本斯身上学到的流畅的绘画手法及其呈现出的雅致主题似乎让他之后的风格变得更加自然。每当有人赞扬华托的作品时，他总是不屑一顾，承认自己的一些作品确实令人赞赏。这些纯粹为了欣赏而作的画被小心地保存在画集中，它们的独特之美源于华托所呈现的一种近乎自恋的欣赏。他常常停下来观察鲁本斯画的卢森堡宫装饰画，和委罗内塞在质朴的柱廊间营造出的人来人往的威尼斯节日氛围。人们可以想象一种甜蜜、苦涩而又短暂的人生。人们寻欢作乐，看着自己的朋友们"调情"，演奏音乐，坐在奢华的绸缎上，激情与失望并存。但是对华托来说，绘画就是他生活的全部。

遗憾的是，路易十五并没有保护好画。在卢浮宫的华托画室中本可以欣赏到许多美丽的艺术品，但华托的许多作品却没能留在法国，而是在18世纪进入普鲁士，后在19世纪进入英格兰和华莱士收藏馆。维旺-德农（Vivant-Denon）本可以在法国向东行军时将这些画重新拿回以弥补这个遗憾，但他并没那么做。奇怪的是，他甚至没有将《舟发西苔岛》挂在拿破仑博物馆中。当时这幅画和众多被征收的作品一样已经到了他的手中，成了他的个人财产。更奇怪的是，华托是德农最喜爱的画家之一，德农收藏了包括《皮埃罗》在内的数幅华托的作品。

许多被征收并出现在博物馆中的荷兰画作都并非是英雄主题。有人觉得华托配不上法国的军事荣耀，因此除了对他的直接追随者们有所影响，华托的作品对后来的法国绘画影响不大，但英国绘画却从他那里收获颇多。约瑟夫·马洛德·威廉·透纳将他当作自己最喜欢的老师，并在一个名为《你所想要》的幻想作品中模仿了他的风格。在另一幅画中，透纳幻想了华托的画室，以及华托正依据"迪弗雷努瓦的准则"绘画。

让-安东尼·华托
瓦朗谢讷，1684年—马恩河畔诺让区，1721年
皮埃罗（丑角吉尔）
布面油画
185cm × 150cm
1869年路易·拉卡泽博士的遗赠

让-安东尼·华托
舟发西苔岛
布面油画
129cm×194cm
1717年为进入皇家绘画与雕塑学院考试而画
皇家学院收藏

让-安东尼·华托
冷漠（漫不经心的情人）
木板油画
26cm×19cm
1869年路易·拉卡泽博士的遗赠

让-安东尼·华托
公园里的人群
布面油画
33cm×47cm
1869年路易斯·拉卡泽博士的遗赠

让-安东尼·华托
精致的音乐家
布面油画
26cm×19cm
1869年路易斯·拉卡泽博士的遗赠

让-安东尼·华托
秋
布面油画
48cm×41cm
1869年路易·拉卡泽博士的遗赠

让-安东尼·华托
朱庇特和安提奥普
布面油画
74cm×75cm
1869年路易·拉卡泽博士的遗赠

让-安东尼·华托
帕里斯的审判
木板油画
47cm×31cm
1869年路易·拉卡泽博士的遗赠

让-安东尼·华托
错误的靠近
布面油画
40cm×31cm
1869年路易·拉卡泽博士的遗赠

让·巴蒂斯特·西梅翁·夏尔丹

夏尔丹恰巧生于"伟大的世纪"的最后一年。早在80岁去世之前，他就已经获得了无与伦比的威望，去世之后他的名气更大了。在19世纪，已经被他提升到一定价值层面的静物画成为实现一种严肃性的起点，尽管在当时除绘画内容外大部分留白几乎是荒谬的。当我们观察塞尚创作于1899年的伟大的静物画时仍会想起夏尔丹，这些画再一次以恰当的象征手法奠定了其在接下来一个世纪绘画艺术中所占据的主导地位。

夏尔丹式的绘画场景是对女性劳动者的优美赞扬，以及对从前生活浓墨重彩的描绘。从青年男性到老年女性，他描绘相似的故事，但却总是用不同的形式表现出来。例如，在名为《养家之人》的画中，一个女人艰难地拎着重到几乎拿不动的包从集市上回来，站在客厅和厨房之间，在忧郁的氛围下倚靠着橱柜；我们和她一起平静地观察并反思着周遭的环境。出于同情心，我们向画走近一步，近距离观察炽热的光是如何巧妙地穿过象征着生命实质的乳白色色调的。

生活中的一切都是带着颜色的。在厨房灰冷色调交织而成的背景中，我们看到一位仆人，一个装水的铜花瓶和后方远处的墙。这个背景既是立体的又是平面的。色彩作为绘画的本质，在艺术手法和生命实质之间再次发挥作用。

让·巴蒂斯特·西梅翁·夏尔丹
巴黎，1699—1779年
八音琴
布面油画
50cm×43cm
可能是路易十五在1751年向夏尔丹定制的
1751年在沙龙展出
1985年购入卢浮宫

让·巴蒂斯特·西梅翁·夏尔丹
养家之人（集市归来）
1739年
布面油画
47cm×38cm
1867年购入卢浮宫

让·巴蒂斯特·西梅翁·夏尔丹
画家约瑟夫·阿维德
1734年
布面油画
138cm×105cm
创作于1734年12月4日，1737年和1753年在沙龙展出，1915年遗赠

让·巴蒂斯特·西梅翁·夏尔丹
鳐鱼
1728年
布面油画
115cm×146cm
为进入皇家绘画与雕塑学院的考试而画
皇家学院收藏

让·巴蒂斯特·西梅翁·夏尔丹
年轻画家
1737年
布面油画
80cm×65cm
1943年转让，1968年进入卢浮宫

让·巴蒂斯特·西梅翁·夏尔丹
辛劳的母亲
布面油画
49cm×39cm
1740年在沙龙展出
路易十五收藏

让·巴蒂斯特·西梅翁·夏尔丹
男孩和陀螺
布面油画
67cm×76cm
1738年在沙龙展出
1907年购入卢浮宫

让·巴蒂斯特·西梅翁·夏尔丹
感恩
布面油画
50cm×39cm
1740年在沙龙展出
路易十五收藏

76岁的夏尔丹对于绘画的感受依然是快乐和谦逊，同时又自信和熟练。塞尚在1904年6月对夏尔丹描绘鼻子的自由手法的评论虽然不易理解，但展示了两位艺术家的相似性。

如果说夏尔丹绘画中具有现代特色的说法，一部分是出于后代的评论，那么我们还应该读读狄德罗对《奶油糕点》这幅画的评论："这是一位真正的画家，一位真正的调色师……这种魔力超脱了理解力。浮在表面的重叠的浓重色彩层次分明……靠近它，一切都变得混乱和模糊；再次远离，一切又重新变为生命和具体形状。"我们有理由相信这最后几句话来自对夏尔丹本人的个人观察。

狄德罗对这种艺术的理解力是无与伦比的：他清楚什么时候一幅作品迷失了风格并失去了神韵。同样，他意识到尽管夏尔丹没有很出名，但他的地位还是被低估了。狄德罗预见到人们将重新发现夏尔丹纯粹的哲学本质，人们对他的绘画也会有更公正的评价。

让·巴蒂斯特·西梅翁·夏尔丹
奶油糕点
布面油画
47cm×56cm
1869年路易·拉卡泽博士的遗赠

让·巴蒂斯特·西梅翁·夏尔丹
戴遮阳帽的自画像
1775年
彩色粉笔画
46cm × 38cm
1839年拍卖获得

让·巴蒂斯特·西梅翁·夏尔丹
烟和花瓶
布面油画
33cm×42cm
1867年购入卢浮宫

让·巴蒂斯特·西梅翁·夏尔丹
铜水罐
布面油画
29cm×23cm
1869年路易斯·拉卡泽博士的遗赠

让·巴蒂斯特·西梅翁·夏尔丹
死兔和猎具
布面油画
81cm×65cm
1852年购入卢浮宫

让·巴蒂斯特·西梅翁·夏尔丹
精简菜单与厨具
1731年
布面油画
33cm×41cm
1852年购入卢浮宫

（第523页上图）
让·巴蒂斯特·西梅翁·夏尔丹
银酒杯
布面油画
33cm×41cm
1869年路易·拉卡泽博士遗赠

（第523页下图）
让·巴蒂斯特·西梅翁·夏尔丹
梨、坚果和一杯酒
布面油画
33cm×41cm
1869年路易·拉卡泽博士遗赠

托马斯·庚斯博罗

庚斯博罗是18世纪英国画家。英国评论家、优秀的鉴赏家克莱夫·贝尔评价其是"世界上最自然的存在"。奇怪的巧合是，他将初期作品中最具法国风格的那部分——也就是那些色调和笔触最优雅、最清新、最明亮的画作带到了卢浮宫。他的性格令他在与法国画家的来往之中受益颇多。在对弗朗西斯·海曼（Francis Hayman）的研究中，他学会了将一组人物布置在风景画中，这是霍格哈特（Hoghart）和华托画派的惯例。在18世纪40年代初，当法国插画家休伯特·格拉沃洛特（Hubert Gravelot）前往伦敦与海曼一起绘制沃克斯豪尔（Vauxhall）的装饰画时，庚斯博罗已经做好了向他学习的准备；他参与绘制了格拉沃洛特为沃克斯豪尔设计的装饰画中的一幅。所有这些经历都促成他完成这幅《公园里的谈话》。

在庚斯博罗的一生中，他拥有国际艺术家的敏锐洞察力和与生俱来的天赋，他也许对自己的作品被卢浮宫收藏很满意。他一定清楚这片树林人为的色调变化，也许这样做是为了取悦格拉沃洛特。

华托的其他追随者的作品也出现在了卢浮宫。路易十五对当代绘画兴致不高，偶然一次购买了朗克雷为拉慕埃特城堡画的《四季》系列，这个系列创作于国王从夏尔丹那买下《辛劳的母亲》（第516页）和《感恩》（第517页）的两年后，这两幅画现已成为名画。《1723年巴黎议会中的司法席位》这幅作品使人们对朗克雷的评价达到了顶峰，他就像一颗闪耀着银色光芒的宝石。在让-巴蒂斯特·佩特创作的以戏剧为主题的《意大利喜剧中一组演员》中，可以找到华托画中的戏剧元素及对克劳德·吉洛特演绎的喜剧的兴趣。从狄德罗对菲利普·德·卢戴尔布格的反应来看，这位法国评论家可能认为卢戴尔布格对风景的创作是华丽的，遗憾的是这一点从未得到证实。但是狄德罗肯定会考虑到庚斯博罗与画中人物（比如为成熟时期的庚斯博罗做模特的阿尔斯通夫人）的关系和他敏感的内心。《阿尔斯通夫人》是他那个时代绘画中最精致和最人性化的作品。

托马斯·庚斯博罗
萨德伯里，1727年—伦敦，1788年
公园里的谈话（可能是画家和他的妻子）
布面油画
73cm × 68cm
1952年转让

（第525页图）
托马斯·庚斯博罗
阿尔斯通夫人
约1760年
布面油画
228cm × 166cm
1947年转让

526

尼古拉斯·朗克雷
巴黎，1680—1743年
1723年巴黎议会中的司法席位
约1724年
布面油画
56cm×82cm
1949年购入卢浮宫

（第526页上图）
尼古拉斯·朗克雷
冬
约1738年
布面油画
69cm×89cm
为国王的内阁画的《四季》系列中的一幅
路易十五收藏

（第526页下图）
尼古拉斯·朗克雷
夏
约1738年
布面油画
69cm×89cm
为国王的内阁画的《四季》系列中的一幅
路易十五收藏

让-巴蒂斯特·佩特
瓦朗谢纳,1695年—巴黎,1736年
意大利喜剧中一组演员
布面油画
24cm×32cm
1869年路易·拉卡泽博士遗赠

让-巴蒂斯特·佩特
乡下节日和欢乐的士兵
约1728年
布面油画
114cm×154cm
为进入皇家绘画与雕塑学院的考试而画
皇家学院收藏

让-巴蒂斯特·佩特
梳妆台
布面油画
47cm×38cm
1869年路易·拉卡泽博士遗赠

乔凡尼·巴蒂斯塔·提埃坡罗、乔万尼·多米尼克·提埃坡罗和弗朗切斯科·德·穆拉

意大利后期艺术的原创性在提埃坡罗家族中得到了很好的体现。乔凡尼·巴蒂斯塔·提埃坡罗拥有杰出的绘画能力,画作在他笔下是那样自由而深刻。事实上,他贵族式的绘画手法是他那个时代威尼斯的传统画法,他非凡的艺术风度让人想起了委罗内塞的表现方式。虽然他的作品,尤其是近乎失传的湿壁画很美,但他的儿子乔万尼·多米尼克·提埃坡罗对威尼斯日常生活的极富个人风格的描绘或许更受欢迎。

这里就会提到一个问题:人们是喜欢画家独具特色的画作,还是更喜欢那种能让人们回想起其他伟大作品的绘画?乔万尼·多米尼克·提埃坡罗特别喜欢威尼斯狂欢节和讽刺喜剧中的普钦奈拉(意大利那不勒斯话剧中长鼻驼背滑稽角色)。一群欢庆的人通过放大镜观察壁画上的图案(这幅壁画为他的住宅而画,现存于威尼斯的雷佐尼科宫博物馆),成为18世纪最迷人的画作之一。现存于卢浮宫,曾经属于威尼斯最伟大的鉴赏家阿尔加罗蒂伯爵的《牙医》和《狂欢节景象》,几乎与壁画相同。

弗朗切斯科·德·穆拉在《艺术的寓言》中明确提到了弗朗茨·约瑟夫·海顿的《嬉游曲》,这是绘画与古典音乐之间少有的联系之一。

乔凡尼·巴蒂斯塔·提埃坡罗
威尼斯,1696年—马德里,1770年
最后的晚餐
约1745—1750年
布面油画
81cm×90cm
1877年购入卢浮宫

乔万尼·多米尼克·提埃坡罗
狂欢节景象（小步舞曲）
布面油画
81cm×111cm
《牙医》的对称画
1779年威尼斯伯爵阿尔加罗蒂伯爵的收藏
1938年遗赠

乔凡尼·巴蒂斯塔·提埃坡罗
井边的瑞贝卡
布面油画
84cm×105cm
1975年俾斯麦女爵转让
1981年进入永久收藏

弗朗切斯科·德·穆拉
那不勒斯，1696—1782年
艺术的寓言
布面油画
143cm×132cm
这幅画中的乐谱是海顿在1750年为那不勒斯国王所写的6首《嬉游曲》之一
1872年购入卢浮宫

乔凡尼·巴蒂斯塔·提埃坡罗
彼拉多将耶稣介绍给众犹太人（看这个人）
布面油画
66cm×43cm
1949年转让
1974年纳入卢浮宫

（第532页上图）
乔万尼·多米尼克·提埃坡罗
耶稣和淫妇
布面油画
112cm×179cm
1961年遗赠
卢浮宫购于1977年

（第532页下图）
乔万尼·多米尼克·提埃坡罗
牙医
1754年
布面油画
81cm×110cm
《狂欢节景象》（《小步舞曲》）的对称画
1779年威尼斯伯爵阿尔加蒂伯爵的收藏
1938年遗赠

彼得罗·隆吉
威尼斯，1702—1785年
引荐
布面油画
65cm×50cm
1950年上交卢浮宫

弗朗索瓦·布歇

狄德罗一直认为布歇是他那个时代潜在的最有天赋的画家。从意大利回来后，布歇真正成了一位抒情画家。尽管布歇极具天赋，狄德罗却对他很失望。狄德罗认为他在试图表现比仙女或牧羊人更严肃的主题时太过轻浮和沉迷享乐，于是当布歇于1765年被任命为首席画家时，狄德罗觉得有必要坦白直言。狄德罗认为主要的问题是道德性的："伴随道德败坏而来的是品位的逐步恶化，之后是色调和构图特点的削弱，然后是表现力的下降，最后是绘画能力的衰退。"狄德罗还这样自问道："对于一个同妓女鬼混的男人还能有什么期待呢？"

今天我们把大部分信任给予了一位有足够自信来发扬自身美德并满足自身需要的画家。至少他不会像让-巴蒂斯特·格勒兹那样学究。雷诺阿最喜欢的主题是欢乐，他十分高兴地得知这也是布歇的最爱。当雷诺阿还是学生时，他说自己最喜欢的画是布歇的《出浴的戴安娜》，这幅画经常被他作为模板。

布歇和雷诺阿之间确实存在天然的相似性，但我们并不确信这对两者来说都是好事。

塞尚最终还是站在了他的老朋友的对立面上。雷诺阿晚年时，当每个人都对他画中的粗俗享乐感到厌恶时，塞尚说："你们期望什么？雷诺阿和那些巴黎女人一起走了。"在那个时代的艺术氛围中，狄德罗和他的话都让人们习以为常。

弗朗索瓦·布歇
巴黎，1703—1770年
出浴的戴安娜
1742年
布面油画
56cm×73cm
1852年购入卢浮宫

弗朗索瓦·布歇
午餐
1739年
布面油画
82cm × 66cm
1895年遗赠

弗朗索瓦·布歇
伏尔甘给维纳斯看为埃涅阿斯打造的兵器
1732年
布面油画
252cm×175cm
路易十四收藏

弗朗索瓦·布歇
劫持欧罗巴
布面油画
161cm×194cm
1740年在沙龙展出；路易十五收藏；在1747年王室建筑理事会组织的王室学院画家竞赛中购入

让-佛朗索瓦·德·特洛伊
罗马，1679年—巴黎，1752年
以斯帖在亚哈随鲁王面前昏倒（局部）
1737年
布面油画
470cm×320cm
1737年在沙龙展出
路易十五收藏

让·热尔曼·德鲁埃
罗马，1763年—巴黎，1788年
马略在明图尔诺
布面油画
271cm×365cm
1816年从画家家庭购入

（第538页上图）
马丁·德罗林
奥伯雷尔甘，1752年—巴黎，1817年
厨房内部
1815年
布面油画
65cm×81cm
1817年在沙龙购入

（第538页下图）
让·弗罗索瓦·皮埃尔·佩龙
普罗旺斯艾克斯，1744年—巴黎，1814年
米提阿德斯的葬礼
1782年
布面油画
98cm×136cm
为王室建筑总监安吉维勒伯爵所作。1783年在沙龙展出；法国大革命期间被扣押

539

弗朗切斯科·瓜尔迪

　　这一系列辉煌的画作最终藏于卢浮宫的缘由是很特别的。当时，弗朗切斯科·瓜尔迪的作品并不受欢迎，而如今却是无可争议的大师之一。英国贵族并不像崇拜卡纳莱托那样崇拜他。他画的都是小型画，从没为贵族宅邸画过大型装饰画。他完全没有展示出卡纳莱托作品的辉煌：没有充满阳光的风景，没有珠宝般的点彩，也少有午后的蓝天或玫瑰色的日落。

　　这位画家的魅力在于他对颓废的影射，伴随着地平线上隆隆的雷声，响起的是对威尼斯荒芜石堆的哀歌，对即将到来的浪漫崩塌的哀歌。他创造了一种介于氛围怀旧和威尼斯后来所依赖的古物怀旧之间的充满魅力的混合体。

　　在12个关于总督庆典场景系列作品中的一幅作品里，表现的是威尼斯总督1765年的加冕仪式。也许有人认为，莫塞尼戈家族的一位优秀鉴赏家感知了那个历史时刻的悲哀，向瓜尔迪定制了这个系列的庆祝画，并希望其从同一主题的卡纳莱托的画中汲取灵感。其结果是对立元素的精妙融合：华丽盛况与怀旧情绪的融合，呈现出一种华丽的、略带狂热和伤感的诗意视觉。

　　但是，这些既不被人欣赏也不珍贵的画作，怎么会在1796年有幸被征收呢？在18世纪，瓜尔迪并不是很受尊敬：在去世仅3年之后，这位画家就快被完全遗忘了。在法兰西共和国的第5年征收这些画是对画家死后进行重新评估的第一步，也是令他日后进入抒情画坛的先兆。瓜尔迪是那个世纪偏爱忧郁和脆弱的先行者。

　　我们有幸能拥有这些画作。帝国开明的分配政策将12幅画作中的5幅分配给布鲁塞尔、南特、图卢兹和格勒诺布尔的博物馆。这些画被很小心地重聚在一起，作为转瞬即逝的帝国留下的令人难忘的回忆。

弗朗切斯科·瓜尔迪
威尼斯，1712—1793年
威尼斯总督于11月21日前往安康圣母教堂庆祝1630年鼠疫的结束
布面油画
67cm×101cm
威尼斯节日的12个场景系列之一
佩斯特雷-塞内夫（Pestre-Senef）伯爵收藏
没收于法国大革命期间

（第542页上图）
米凯莱·马里斯凯
威尼斯，1696—1743年
威尼斯大运河入口和安康圣母教堂
布面油画
125cm×213cm
这幅画归于卡纳莱托
1818年购入卢浮宫

（第542页下图）
弗朗切斯科·瓜尔迪
总督于耶稣升天节乘坐礼船在利多的圣尼古拉斯教堂
布面油画
67cm×101cm
威尼斯节日12个场景系列之一

（第543页上图）
弗朗切斯科·瓜尔迪
礼船在耶稣升天节出发前往利多
布面油画
66cm×101cm
威尼斯节日12个场景系列之一

（第543页下图）
安东尼奥·卡诺瓦（卡纳莱托）
威尼斯，1697年—马德里，1768年
从圣马可船坞看到的码头
布面油画
47cm×81cm
1949年安德烈·皮耶尔捐赠，1974年购入卢浮宫

弗朗切斯科·瓜尔迪
总督在总督宫会议厅举行召见
布面油画
67cm×101cm
威尼斯节日12个场景系列之一

（第545页上图）
弗朗切斯科·瓜尔迪
总督在总督宫的巨人阶梯加冕
布面油画
67cm×101cm
威尼斯节日12个场景系列之一

（第545页下图）
弗朗切斯科·瓜尔迪
总督于封斋前的星期二在小广场出席聚会
布面油画
67cm×100cm
威尼斯节日12个场景系列之一

约瑟夫·韦尔内和皮埃尔·德·瓦伦西内

描绘自然的写生油画在 19 世纪艺术实践的发展中扮演了重要角色。这种手法就算不是法国艺术家独有的,也是典型的。

这种技巧可以追溯到 17 世纪,虽然克劳德·热莱在黎明和黄昏时在室外所做的色彩记录不是更广泛意义上的写生,但他的绘画对引入这种实践起到了重要作用。加斯帕德·杜盖为了从自然中获得灵感,在蒂沃利买了一所房子。萨尔瓦多·罗萨的写生油画似乎也与法国和罗马的主要传统有关。这类绘画的鼻祖是弗朗索瓦·德波特,他陪国王打猎时总是带着一根拐杖用来当画架。他的写生画现存于贡比涅博物馆。

众所周知,约瑟夫·韦尔内是一个高产的素描画家。虽然我们没亲眼看到实景,但他的一些古老的风景画让我们可以想象景色本来的样子。他的学生皮埃尔·德·瓦伦西内也是一名多产的写生油画家,卢浮宫收藏的他的大量素描体现了 1780 年他第二次在意大利逗留期间,对罗马乡村和城市风景的深入研究。同一主题在不同作品中由于不同的光线和氛围条件呈现出迥异效果。他提出了一种探索性的手法,影响了他 19 世纪的追随者们。1794 年,雅克-路易·大卫被囚禁在卢森堡宫时画的《卢森堡宫花园景色》与这一传统虽没有明显的联系,但也许反映了巴黎艺术家对这一画法的了解。成年后,瓦伦西内不同于以往任何一位自然画家。他的目标不仅是信息交流,还包括感情交流。他意识到天空不仅是画家表现的主要元素,也是每个场景的组成部分,因为它能够调整和修改光线,而光就是场景本身:除了光,一切都是次要的。他对自然的忠实追求,无论是清晰的还是神秘的,都使他的素描生动活泼,就像当时音乐给房间带来的活力一样。

皮埃尔·德·瓦伦西内
图卢兹,1750年—巴黎,1819年
阿拉科利修道院的景色:伞状松树
纸板油画
20cm×55cm
这幅画出自埃斯宾伯爵收藏德·瓦伦西内的大量油画中
1930年由她的女儿路易·德·克鲁瓦公主捐赠

克洛德·韦尔内
亚威农，1714年—巴黎，1819年
那不勒斯景观和维苏威火山
布面油画
99cm×197cm
1976年购入卢浮宫

约瑟夫·韦尔内
那不勒斯海湾的景色
1748年
布面油画
100cm×198cm
佩雷尔收藏

548

雅克-路易·大卫
巴黎，1748年—布鲁塞尔，1825年
卢森堡宫花园景色
1794年
布面油画
55cm×65cm
1912年转让

（第548页上图）
皮埃尔·德·瓦伦西内
在法尔内塞别墅
纸板油画
26cm×39cm
这幅画出自埃斯宾伯爵收藏德·瓦伦西内的大量油画中
1930年由她的女儿路易·德·克鲁瓦公主捐赠

（第548页下图）
皮埃尔·德·瓦伦西内
阿格里真托老城
布面油画
110cm×164cm
1787年在沙龙展出，1950年纳入卢浮宫

约书亚·雷诺兹爵士

当英国皇家艺术学院院长约书亚·雷诺兹爵士在巴黎探访布歇时,他惊讶地发现,这位国王的首席画家已经有多年不画肖像了。如果我们把18世纪卢浮宫里的英国绘画考虑进去,就会惊讶于自己有相反的感觉。与法国和意大利画家的优雅与从容相比,英国肖像画家显得严肃而质朴。这些绘画的主要特点是具有认真的态度,但缺乏个性。通过对雷诺兹的研究发现,他的这一特点从未改变。

这种极简洁色调的使用,以及苏格兰画家如亨利·雷本爵士的肖像画所体现出的高超技巧,表现出一种不同的传统风格,这种风格也许与法国的典型风格有更为紧密的联系。敏锐、才华横溢的托马斯·劳伦斯爵士接替了雷诺兹担任皇家艺术学院院长,敏捷的才智使他成为一名重要的收藏家。唯其如此,他被国王乔治四世选中,画与拿破仑作战的欧洲领导人的肖像(这些肖像画如今收藏在温莎城堡的滑铁卢厅)。

除了肖像画之外,卢浮宫还可以展示英国庄严风格的另外两面——风景和历史。历史方面以瑞士出生的英国插画家约翰·海因里希·富塞利画的莎士比亚《麦克白夫人》为代表。

约书亚·雷诺兹爵士

约书亚·雷诺兹爵士
普林普顿，1723年—伦敦，1792年
黑尔少爷
约1788/1789年
布面油画
77cm×64cm
受画中人物的姨母琼斯夫人——安娜·玛丽亚·希普利委托所画
1905年遗赠

约瑟夫·赖特（约瑟夫·赖特·德比）
德比，1734—1797年
内米湖黄昏的景色
布面油画
105cm×128cm
1970年购入

托马斯·劳伦斯爵士
布里斯托尔，1769年—伦敦，1830年
艾萨克·卡斯伯特夫人
布面油画
143cm×114cm
1942年卡洛斯·德·贝斯特古捐赠
1953年购入卢浮宫

亨利·雷本
南希·格雷厄姆
布面油画
91cm × 71cm
1962年遗赠

亨利·雷本
海伊·迪·斯波特上尉
布面油画
240cm × 151cm
1908年购入卢浮宫

托马斯·劳伦斯爵士
阿斯科伊格·布歇特的孩子们
布面油画
195cm×146cm
1975年由卢浮宫之友协会购入

约翰·海因里希·富塞利
苏黎世，1741年—伦敦，1830年
麦克白夫人
1784年
布面油画
221cm×160cm
1970年购入卢浮宫

托马斯·劳伦斯爵士
约翰·朱利叶斯·安格斯坦先生和夫人
1792年
布面油画
252cm×160cm
1896年购入卢浮宫

让-奥诺雷·弗拉戈纳尔
格拉斯，1732年—巴黎，1819年
圣侬修道院院长肖像
布面油画
80cm×65cm
1869年路易·拉卡泽博士遗赠

让-奥诺雷·弗拉戈纳尔

如果将弗拉戈纳尔和庚斯博罗进行比较的话,他们将竞争"18世纪最自然的画家"的称号。

200年后的20世纪末,画家的所有特质中最让人们印象深刻的或许就是自然。

如果一位画家追随绘画的欲望,把性冲动托付给画笔这个替代器官,那么他的大部分缺点也可以得到原谅。

由弗拉戈纳尔创作的德尼·狄德罗的肖像画,20世纪末才抵达卢浮宫。狄德罗专注于这位画家的缺点,而没想到这些缺点会被看作特质。在他看来,弗拉戈纳尔具备艺术家所需的激情,但从来没有把画画完整,总在模糊中半途而废。

的确,弗拉戈纳尔用生动活泼的笔触描绘了他的朋友和幻想,仿佛是在爱抚他的人物。有时他以一种傲慢、敏锐和一种高贵的轻蔑把他们定格在画布上,就像那幅《圣侬修道院院长肖像》一样。有时他用堆叠在一起的笔触粗略地描绘,让作品看上去十分奇特。

当他最终完成作品时,画面和谐统一,并在它堕落为一幅冰冷的情色作品之前,以一种精确的方式将人物塑造成优雅的性感姿态,就像他在《门闩》中所做的那样。

伟大的画家如果不能热爱自己的局限,至少也要学会以一种令人满意的方式与这些局限共存。

让-奥诺雷·弗拉戈纳尔
一间工作室
布面油画
82cm × 66cm
1869年路易·拉卡泽博士遗赠

让-奥诺雷·弗拉戈纳尔
狄德罗肖像
布面油画
82cm×65cm
1972年代替遗产税捐赠

让-奥诺雷·弗拉戈纳尔
玛丽·马德莱娜·吉马尔的肖像
约1769年
布面油画
82cm×65cm
1974年代替遗产税捐赠

让-奥诺雷·弗拉戈纳尔
沐浴者
约1772/1775年
布面油画
64cm×80cm
1869年路易·拉卡泽博士遗赠

让-奥诺雷·弗拉戈纳尔
白色公牛
布面油画
73cm×91cm
1976年转让

（第561页上图）
让-奥诺雷·弗拉戈纳尔
大祭司克里休斯牺牲自己拯救克莉尔
布面油画
309cm×400cm
1765年在沙龙展出
路易十五收藏

（第561页下图）
让-奥诺雷·弗拉戈纳尔
门闩
约1778年
布面油画
73cm×93cm
1974年购入

尼古拉斯·伯纳德·勒比西耶

勒比西耶是一位才华横溢的年轻画家，从他为父母及朋友所画的迷人画像入手研究其肖像画再好不过了。勒比西耶来自一个艺术家家庭，他的父亲是夏尔丹的朋友，也是最好的雕刻师。

尽管勒比西耶用一幅巨大的油画庆祝了诺曼征服的第700个年头，后来又专门画风俗画，但与大卫·特尼尔斯相比，狄德罗对这位艺术家的评价是残酷的。他说勒比西耶既没有创造性也没有敏感性来改进风俗画，并在1767年建议他完全放弃这个类型："它需要的是一种与你所拥有的完全不同的倾向。尽快……不要再画任何此类作品了。"

我们因此明白了为何绘于同时期的《年轻画家》这幅小巧精致的杰作，已经有足足12年没有展出了，直到狄德罗的评论被搁置之后才重新展出。

玛丽-吉耶曼·伯努瓦是维热·勒布伦夫人画室和大卫画室的优秀学生，著名的《黑人女性肖像》带有女权主义和解放黑人宣言的含义，让她在法国废除奴隶制6年后的1800年的一次沙龙中一举成名。这位画家从拿破仑那里拿佣金，从政府拿年薪，并在1804年获得一枚奖章。但是，随着复辟王朝的到来，她的丈夫——保皇党贝诺斯伯爵，就任于一个重要的国家职位，这位妻子被迫结束了公开露面。她在给丈夫的那封令人揪心的信的最后写道："我们不要再谈这件事了，否则伤口会重新裂开。"

（第563页图）
尼古拉斯·伯纳德·勒比西耶
巴黎，1735—1784年
年轻画家（画家卡尔·韦内特14岁时）
约1772年
布面油画
41cm×33cm
1901年遗赠

弗朗索瓦·休伯特·德鲁埃
巴黎，1727年—罗马，1775年
画家的妻子德鲁埃夫人
布面油画
83cm×62cm
1942年卡洛斯·德·贝斯特古捐赠
1953年购入卢浮宫

让-巴蒂斯特·佩罗诺
巴黎，1715年—阿姆斯特丹，1783年
索奎恩维尔夫人
1749年
布面油画
101cm×81cm
1937年转让

（第565页图）
让-巴蒂斯特·佩罗诺
画家让-巴蒂斯特·德里
布面油画
131cm×105cm
1753年为进入皇家学院的考试而画
皇家学院收藏

565

玛丽-吉耶曼·伯努瓦
巴黎,1768—1826年
黑人女性肖像
布面油画
81cm×65cm
1800年在沙龙展出
1818年购入卢浮宫

约瑟夫·西弗雷德·杜·普莱西斯
卡庞特拉，1725年—凡尔赛，1802年
勒努瓦夫人，法国纪念博物馆的创始人亚历山大·勒努瓦的母亲
布面油画
65cm×55cm
1921年从勒努瓦夫人后人手中购入

约瑟夫·西弗雷德·杜普莱西斯
雕塑家克里斯托夫·加布里埃尔·阿尔戈让
布面油画
130cm×97cm
1774年为进入皇家学院的考试而画
皇家学院收藏

路易斯-米歇尔·范洛和让-巴蒂斯特·格勒兹

19世纪、20世纪的评论家对艺术进行评判时，德尼·狄德罗是他们口中的领军人物。1767年，狄德罗在沙龙上展出了一幅由路易斯-米歇尔·范洛绘制的他的肖像画。他很高兴这幅画与他本人如此相似，尽管他坚称自己永远买不起这么华丽的衣服。狄德罗一向反对奢侈。

他那篇关于1767年沙龙的长篇大论（花了一年时间才写完）的主题是，把他那个时代的华丽画风和100年前的普桑和勒·叙厄尔的严肃简朴做了比较。

尽管狄德罗可能像这幅画中所表现的那样开朗，他本人的常态却是严肃的。如今，比起布歇对于"伤风败俗"的隐晦表达，人们更喜欢让-巴蒂斯特·格勒兹对道德风尚的直率表达。狄德罗想知道："画家们用他们的画笔描绘邪恶和堕落的时间难道还不够长吗？"他的这种疑问加速了法国绘画主题的变化，在狄德罗的帮助下怜悯成为流行的主题，为新古典主义的"复兴"铺平了道路。

出现在1781年沙龙上的大卫的作品，是狄德罗评论的最后一幅作品。在某种意义上，这是这位评论家所有艺术理想的化身。然而，狄德罗却鄙视对古典艺术的模仿，他指出，古人没有任何可以复制的艺术，他们的艺术灵感来自一个伟大的原始思想。狄德罗的品位与他所追求的宁静相反，他欣赏浮夸，热爱想象，认为在艺术中，浮夸胜过冷酷。他写道："具象艺术需要一种野性和原始的元素，需要一种吸引注意力和夸张的东西。"

梅尔基奥·冯·格林姆男爵的文学通信，被复制成手抄本并分发给在欧洲宫廷的订阅者们，其中包含了狄德罗未曾发表的评论，他继续重复着反对古典和浪漫传统惯例的观点，这使19世纪的艺术更具活力。

格勒兹的成就在很大程度上归功于狄德罗的赞扬，他没有意识到自己的奇闻轶事与多愁善感的画风是不相称的，他最终得到了狄德罗的赞赏，但却远比狄德罗对布歇的赞赏少得多。格勒兹的意图是值得称赞的，但他心胸狭窄，精于算计，缺少必要的浮夸。1769年，狄德罗宣布对他的作品不再有兴趣，甚至对他为获得认可而绘制的浮夸且雄心勃勃的画作的失败感到高兴。

（第569页图）
路易斯-米歇尔·范洛
土伦，1707年-巴黎，1771年
德尼·狄德罗
1767年
布面油画
81cm×65cm
1911年由德尼·狄德罗后人转让

让-巴蒂斯特·格勒兹
图尔尼,1725年—巴黎,1805年
父亲的诅咒,或忘恩负义的儿子
布面油画
130cm×162cm
1820年购入卢浮宫

让-巴蒂斯特·格勒兹
自画像
木板油画
65cm×52cm
1869年路易·拉卡泽博士遗赠

让-巴蒂斯特·格勒兹
惩罚忘恩负义的子女
布面油画
130cm × 163cm
1820年购入卢浮宫

路易斯·利奥波德·布瓦伊
拉巴塞（北部），1761年—巴黎，1845年
马车抵达
1803年
布面油画
62cm×109cm
1845年购入卢浮宫

（第573页上图）
路易斯·利奥波德·布瓦伊
伊萨贝工作室中艺术家的会议
布面油画
72cm×111cm
1798年在沙龙展出
1901年遗赠

（第573页下图）
让-巴蒂斯特·格勒兹
村庄里的订婚
布面油画
92cm×117cm
1761年在沙龙展出
1782年路易十六购买并收藏

休伯特·罗伯特

狄德罗对休伯特·罗伯特感到失望。罗伯特的伟大天赋是显而易见的：他拥有高超的技能和聪明才智，这使他能够重现古代的表现手法。他的杰作《加德桥》令人难忘，但狄德罗并不满意，认为唯一的缺点是没有最终修饰。1781年，在他对沙龙的最后一篇评论中，这位在14年前赞扬过罗伯特的评论家向他抱怨道："但是罗伯特，在画了很多写生之后，你就不能画完整一幅作品了吗？"

罗伯特完成的作品便是卢浮宫本身。1784年，罗伯特被委托负责博物馆的布置工作。他对布局有着深刻的实际见解，并努力寻找合适的解决办法，他在自己的作品中对此进行了描述。但他也画出了另一种解决方案：如果所有方案都不被采用的话，最终方案将是呈现在废墟中的大画廊。他的油画吸引人之处不仅是它们的美，还有大画廊的灯光和巨大视角下的建筑轮廓。他想象着光线充满画廊并照射着从高处排列下来的大量油画。这一系列的绘画传达了他对建筑的深深依恋，以及卢浮宫给罗伯特所致力的绘画事业带来的机遇。每个想法都是一幅画的主题，他设想的伟大工程最终在20世纪付诸实践。

休伯特·罗伯特

休伯特·罗伯特
废墟中大画廊的虚构景观
布面油画
114cm×146cm
《大画廊的布置设计》的对称画，背景相同

（第574页图）
休伯特·罗伯特
巴黎，1733—1808年
大画廊的布置设计
1796年
布面油画
112cm×143cm
画的右侧展现了绘画中的罗伯特，1796年在沙龙展出，圣彼得堡的叶卡捷琳娜宫购得
1975年布宜诺斯艾利斯和纽约的私人收藏

休伯特·罗伯特
卡雷庄园、尼姆市、圆形竞技场和马涅塔
布面油画
243cm×244cm
这幅画和接下来的3幅画于1786年由枫丹白露宫定制；1787年在沙龙展出
存于画家画室中，1822年由其遗孀遗赠

尼姆戴安娜神庙的内部

加德桥

伊丽莎白·路易丝·维热·勒布伦
巴黎，1755—1842年
画家休伯特·罗伯特
1788年
布面油画
105cm × 84cm
1843年画家侄子捐赠

奥朗日凯旋门和圆形剧场

弗朗西斯科·何塞·德·戈雅-卢西恩特斯

在戈雅身上,我们发现了一种深刻而独特的感觉,这种感觉在绘画史上非常独特。在他的作品中,自省的勇气、道德的客观性和对他那个时代生动的讽刺都让人耳目一新。这些特征最终汇聚成了一种相当传统的风格,这风格起源于委拉斯凯兹和伦勃朗,同时也归功于多米尼克·提埃坡罗和皮亚泽塔。观察的技巧赋予戈雅一种敏锐的洞察力,形成了一种新的流派。同时,他也是一位色彩诗人,他画中色调的和谐达到了抒情作品极其罕见的高度。

《卡尔皮奥伯爵夫人》中主人公头上的蝴蝶结,在蓝灰色背景的衬托下呈现出粉红色。我们察觉到她含蓄的女性气质,也注意到她的脆弱。她虽然摆出一副镇静的姿势,但又似乎在颤抖、战栗、毫无力气。这位迷人的女人——一位优秀的诗歌作家,同时也是一位被深爱的妻子——在三四年后去世了。也许此刻她已有预感,但我们所感知的脆弱不仅来自于这位夫人,也是画家和他作品的一个特征。

不久之后,大概就在那一年,戈雅被一种几乎令他丧命的疾病感染,最终导致他失聪。正是这不幸使他将注意力转向了内心深处,他打开了同样真实的幻想世界的大门,揭示了人性的各个方面。从那一刻起,他也意识到了外界的疯狂和自身的堕落。

弗朗切斯科·何塞·德·戈雅-卢西恩特斯
1746—1828年
拿扇子的女人
布面油画
103cm×84cm
1898年购入卢浮宫

弗朗切斯科·何塞·德·戈雅-卢西恩特斯
法国驻西班牙大使费迪南·吉尔玛德
1798—1800年
布面油画
186cm×124cm
1865年购入卢浮宫

弗朗切斯科·何塞·德·戈雅-卢西恩特斯
玛丽安娜·瓦尔德施泰因肖像
布面油画
142cm×97cm
1976年购入卢浮宫

弗朗切斯科·何塞·德·戈雅-卢西恩特斯
卡尔皮奥伯爵夫人（索拉那女侯爵）
1757—1795年
布面油画
181cm×122cm
1953年购入卢浮宫

弗朗切斯科·何塞·德·戈雅-卢西恩特斯
一对怨偶
镀锡铁板画
29cm×42cm
1970年购入卢浮宫

弗朗切斯科·何塞·德·戈雅-卢西恩特斯
静物画：山羊头
木板油画
45cm×62cm
1937年购入卢浮宫

雅克-路易·大卫

《荷加斯兄弟之誓》是一幅奇怪又奇妙的画作：奇怪是因为不确定它想表达什么。大卫的历史地位非常高，他受到公众的赞赏，这反过来更加激励了他。众所周知，这幅画宣扬的是英雄主义美德，但它描绘的究竟是什么？大卫说，这幅画主题源于皮埃尔·高乃依的作品，而绘画结构上则是学习了普桑。在目睹了荷加斯家族的行为之后，高乃依以悲剧的方式处理了关于爱与责任之间的冲突。大卫最初选择荷加斯的故事作为主题，谴责荷加斯谋杀他的妹妹卡米拉（卡米拉诅咒她的哥哥，因为她的哥哥在战斗中杀死了自己的爱人），而荷加斯的父亲仍为他辩护，他也被群众赦免。在当时，大卫的一些朋友反对大卫，认为这个主题在那个时代显得不合时宜。

于是大卫宣布，他要变更主题，预测一场在战斗开始前发生的事件，即老荷加斯让他的儿子发誓要么赢要么死——这是一场大卫只能凭想象描绘的事件，因为没有相关的历史记载。因此，他需要一篇与英雄誓言有关的作品，一个合适的故事——布鲁图斯发誓要为他妹妹卢克雷蒂亚的死报仇。这是由新古典主义的苏格兰先驱加文·汉密尔顿首次提出的一种主张，画作的名字是《布鲁图斯的誓言》。接着，另一位法国画家又重复并强调了一次。无论如何，这是一个非常合适的以爱国主义为核心的主题。大卫看到了普桑的《强掳萨宾妇女》（第362页），对画中最左边的人物印象深刻，这成为他新作品的基础。3个新人物——拿着长矛的哥哥、老妇人和悲伤的卡米拉是向另外两幅普桑的画作借鉴的。

因此，大卫收集了相关题材的元素，为使用暴力辩护。从情感上来说，这个话题对他来说是非常珍贵的，因为他与高乃依对于爱与责任的冲突这个主题的表达截然不同。反复出现的布鲁图斯的形象使表现更加强烈了。布鲁图斯的誓言导致邪恶的国王塔奎尼斯和他的家人被驱逐。此外，这幅画的名字暗示了共和国的缔造者与另一个更出名的布鲁图斯有关——那个发誓要刺杀尤利乌斯·恺撒的布鲁图斯。

通过自由联想和对当下情绪的天生敏感，再加上雄心壮志与才华，大卫将画中一切都人格化了。他创造了一些仍旧刻板的人物，但他们纯粹的具象性却令人激动。荷加斯兄弟之誓——一个从未有过的誓言，一个不为人知的故事，这是对决心的理想具象和对革命的最新解析。这也是唯一一幅在历史转折点上，具有最大决定性因素的画作。

雅克-路易·大卫
查尔斯·路易·特鲁达恩夫人的画像
布面油画
130cm×98cm
1890年遗赠

雅克-路易·大卫
巴黎，1748年—布鲁塞尔，1825年
荷加斯兄弟之誓
罗马，1784年
布面油画
330cm × 425cm
1785年和1791年在沙龙展出
路易十六收藏

雅克-路易·大卫
运送布鲁图斯儿子尸体的军士们
巴黎,1789年
布面油画
334cm × 422cm
1789年和1791年在沙龙展出
1789年由王室组织购买
路易十六收藏

雅克-路易·大卫
帕里斯与海伦的爱
巴黎，1788年
布面油画
146cm×181cm
1789年在沙龙展出，由阿图瓦伯爵定制
1823年由卢森堡博物馆转让

莱昂-马修·科舍罗
蒙蒂尼莱加内隆，1793年—（死于海上），1817年
大卫画室内
布面油画
90cm×105cm
1814年在沙龙购入

（第589页上图）
雅克-路易·大卫
自画像
1794年
布面油画
81cm×64cm
1852年尤金·伊萨贝转让

（第589页下左图）
雅克-路易·大卫
夏尔-皮埃尔·佩库尔，画家的岳父
1784年
布面油画
92cm×73cm
1785年在沙龙展出
1844年购入

（第589页下右图）
雅克-路易·大卫
佩库尔夫人，画家的岳母
1784年
布面油画
92cm×73cm
1844年购入

在《荷加斯兄弟之誓》中（第585页），大卫不仅传播了一种新的绘画方式，而且开创了一种新的绘画风格。一位当代评论家写道："雕塑家、雕刻家和建筑师只想模仿他的一举一动。家具、衣服、装饰、面料，一切都在品位和风格上发生了变化。"其结果是，最初简单的法兰西第一帝国风格赫然呈现在雷卡米耶夫人的画像中。雷卡米耶夫人是1800年向大卫订购这幅画的银行家的妻子（或女儿），画中的她迷人且惴惴不安。这是一幅装饰画，沙发、凳子和台灯是专门为画而设计的。这幅画主要由大卫绘制人物的头部，那些饰品可能是当时大卫工作室的学生安格尔画的。

这条裙子带有简单而柔软的轻微褶皱，看起来还没有完成，而其余部分则是通过明显的色彩减弱完成的，第一层白色上的笔触，使得一部分颜色变得透明。这种美丽而精致的效果在大卫的肖像画中经常出现。

这幅画展示了大卫的偏执，以及这种偏执情绪给整幅画带来的狂热。赤着的脚和被毫不在意地扔在一旁的衣衫体现了这位23岁年轻女子不合时代的自然气质。通过这幅肖像，女孩实现了她想永远做一个仙女的愿望。后来，在现实生活中，她吸引了伟大的法国作家夏多布里昂。

（第590页图）
雅克-路易·大卫
拿破仑一世的祝圣和约瑟芬皇后的加冕礼
布面油画
621cm×979cm
1808年在沙龙展出
拿破仑一世定制

（第593页上左图）
雅克-路易·大卫
艾米丽·赛里兹特（原姓佩科）和她的儿子
木板油画
131cm×96cm
1795年在沙龙展出
卢浮宫购于1902年

（第593页上右图）
雅克-路易·大卫
皮埃尔·赛里兹特，画家的姐夫
木板油画
129cm×96cm
1795年在沙龙展出，但未在目录中出现
卢浮宫购于1902年

（第592页上图）
雅克-路易·大卫
雷卡米耶夫人像
布面油画
174cm×224cm
1800年开始，未完成
在1826年大卫工作室出售时购入

（第592页下图）
雅克-路易·大卫
拿破仑一世的祝圣和约瑟芬皇后的加冕礼
（见591页图注）

（第593页下图）
雅克-路易·大卫
韦尼纳克夫人肖像，婚前名海瑞埃特·德拉克罗瓦，欧仁·德拉克罗瓦的姐姐
1799年
布面油画
146cm×112cm
1942年卡洛斯·德·贝斯特古捐赠
卢浮宫购于1953年

雅克-路易·大卫
列奥尼达在温泉关
1814年
布面油画
395cm×531cm
卢浮宫购于1819年

雅克-路易·大卫
波拿巴将军
布面油画
81cm×65cm
这幅草图绘制于1797—1798年，为一幅画有波拿巴从里沃利平原眺望阿尔卑斯山的巨幅油画做准备
1942年卡洛斯·德·贝斯特古捐赠
卢浮宫购于1953年

（第595页图）
列奥尼达在温泉关（局部）

雅克-路易·大卫
萨宾妇女
1799年
布面油画
385cm×522cm
1799—1804年在卢浮宫展出
1808年在沙龙展出
1819年购入卢浮宫

（第597页图）
萨宾妇女（局部）

安东尼-让·格罗男爵

拿破仑只有一次为他的战争画画家格罗摆姿势，因为时间太短，格罗无法选择颜色。这发生在1796年的米兰，当时格罗被引荐到拿破仑面前。他描绘了在阿尔科拉桥战斗关键时期，拿破仑将军手里拿着国旗，在枪林弹雨中穿行，鼓舞掷弹兵士气的场面。这是现存描绘拿破仑战斗的作品中最生动的一幅。

格罗看到了意大利战场的一些战争，但他大部分时间都在那不勒斯、佛罗伦萨和日内瓦画肖像。他给拿破仑将军留下了很好的印象，并被任命为负责征收意大利画廊艺术品的委员会成员。就这样，他成为官方画家，但没有被要求陪同拿破仑参加埃及战役。遗憾的是，他从来都不知道东方的样子，因此只能依靠维旺-德农带回的草图和信息了解东方。德农为几乎所有的军事行动编制了档案，尽管将军坚称这过于夸张，但这最终催生出了一个著名的句子：如果拿破仑停止获得胜利，那么德农就会停止记录这些胜利。格罗的竞争对手亨内昆赢得了有关拿撒勒战役的绘画权，亨内昆的构图被认为更具有英雄主义色彩。格罗被禁止创作这幅画，并被命令画《拿破仑视察雅法鼠疫病院》。人们心中那充满魔幻神圣力量的令人难忘的拿破仑形象出现了，这形象同时也给人一种治愈的感觉。这个手势让人想起了基督的奇迹和多马的奇迹。可怕的痛苦弥漫在拱廊大厅，我们可以在背景中看出风景刻画的痕迹，这风景分布在城市内外，被一种不一致的手法结合在一起。事实上，据编年史记载，拿破仑快速穿过了隔离医院，向病人保证他们根本没有受到鼠疫的感染，并很快离开了，而且他占领雅法时也不是没有暴行。在这一群瘟疫病人中，在将军的右边，有一个跪着的高个子的人。拿破仑总是对高个子印象深刻：在埃及的战役中，除了金字塔，令他印象最深的是一个叫弗隆的巨人。也许这个细节（也许是真实的，也许是想象的）是为了引起他的注意。这幅画整体效果奇异，令人印象深刻，给浪漫主义艺术留下了永恒的印记。

（第599页图）
安东尼-让·格罗男爵
巴黎，1771年—默东，1835年
拿破仑在阿尔科拉桥头
布面油画
73cm×59cm
为一幅1796年在米兰创作的肖像画而进行的研究，该肖像画在1801年的沙龙上展出
1883年转让

安东尼-让·格罗男爵
拿破仑视察雅法鼠疫病院
布面油画
523cm×715cm
国家定制

皮埃尔·纳西斯·格林
巴黎，1774年—罗马，1833年
马库斯·塞克斯图斯归来
布面油画
217cm×243cm
这个主题不太常见，1799年在沙龙展出
卢浮宫购于1830年

安东尼-让·格罗男爵
拿破仑在埃劳战场上
布面油画
521cm×784cm
委托作于1807年举行的一场比赛

弗朗索瓦·热拉尔
罗马，1770年—巴黎，1837年
勒尼奥·德·圣-让当热利伯爵夫人像
木板油画
103cm×74cm
1879年由画作主人公的孙女桑帕约夫人继承

弗朗索瓦·热拉尔
伊萨贝及其女儿
1795年
布面油画
195cm × 130cm
1852年转让

弗朗索瓦·热拉尔
丘比特与普塞克（丘比特与普塞克的初吻）
布面油画
186cm×132cm
1822年购入卢浮宫

约瑟夫·马洛德·威廉·透纳、卡斯帕·大卫·弗里德里希和约翰·康斯太勃尔

法国与卢浮宫对透纳的一生有着重要影响。1802年，他多次参观这座博物馆，这对他的艺术生涯及对色彩的理解起着关键作用。这座博物馆在第二年成了拿破仑博物馆，透纳曾在笔记本中分析这里的杰作，其中包含了艺术史上前无古人的、最美的、最系统的艺术研究。透纳最精美的水彩画约创作于1840年，那是他生命中的最后时光，正在法国各处迁居。他最后的油画作品由工作室的亲信保管，正如卢浮宫收购的透纳第一幅画作《河流与远处的海湾》一样。这幅画似乎没有构图，甚至没有固定的形状；再仔细观察，在富有新意的光线表现中，覆盖了多层设计，那是他运用于一系列杰出风景画中的手法。而送给克劳德·热莱的《研究之书》，比任何其他浪漫主义绘画都更好地投射了未来，表现了色彩。

卢浮宫收藏的法国以外的浪漫主义风景画足以让那些没有参观过这座博物馆画廊的人惊叹不已。例如透纳和卡斯帕·大卫·弗里德里希的作品。弗里德里希的艺术与过去连接，也继承了来自北部海洋的艺术遗产。如果仔细观赏他的作品，会发现其中延绵的景观，寓意人生的漫漫长路。约翰·康斯太勃尔，是同时代的三大画家之一，他为19世纪风景画的发展做出了贡献，其大部分时间都是在法国度过的，处女作创作于1824年，之后他的艺术水平得到了肯定，创作了更多的作品。康斯太勃尔是那个抛出问题又给出了答案的人，这个问题值得用整个世纪去理解：绘画如果不是一种模仿艺术，那是什么？它是不是不应只需模仿？卢浮宫展出了康斯太勃尔19世纪的第一幅丛林风景画《赫尔明汉姆小山谷》，以及《索尔兹伯里风景》。康斯太勃尔曾到索尔兹伯里拜访好朋友，即当地的副主教，并对副主教提到他最喜欢的格言之一：在绘画中好事从不重复。

康斯太勃尔并不相信波宁顿的才华，而波宁顿的才华在一定程度上给法国带来了影响。康斯太勃尔坚信毫不费力的即兴创作并不是一件值得赞扬的事。但是在英国和在法国一样，存在着另一种天赋，那就是即兴创作。

理查德·帕克斯·波宁顿
阿诺德（诺丁汉郡），
1802年—伦敦，1828年
诺曼底海滨
布面油画
47cm×39cm
1902年购入卢浮宫

约瑟夫·马洛德·威廉·透纳
伦敦，1775—1851年
河流与远处的海湾
布面油画
94cm×124cm
1967年购入卢浮宫

约翰·康斯太勃尔
赫尔明汉姆小山谷
布面油画
103cm×129cm
1948年购入卢浮宫

（第606页上图）
理查德·帕克斯·波宁顿
威尼斯潟湖风景
纸板油画
30cm×43cm
1926年购入卢浮宫

（第606页下图）
约翰·康斯太勃尔
萨福克，1776年—伦敦，1837年
索尔兹伯里风景
布面油画
36cm×52cm
1952年遗赠

607

卡斯帕·大卫·弗里德里希
格雷夫斯瓦德港市，1774年—
德累斯顿，1840年
乌鸦树
布面油画
59cm × 74cm
1975年购入卢浮宫

理查德·帕克斯·波宁顿
凡尔赛的泉
布面油画
44cm × 55cm
1872年购入卢浮宫

理查德·帕克斯·波宁顿
弗朗索瓦一世和艾坦斯公爵夫人
布面油画
35cm×27cm
1849年购入卢浮宫

弗朗索瓦·马瑞斯·格朗奈、约瑟夫·彼道尔德、西奥多·卡茹夜·德·阿利尼和阿西尔-艾塔·米切隆

户外绘画在19世纪之后发生了改变。事实上，新一代的年轻画家可能过于依赖于当地固守的传统。在普罗旺斯的艾克斯地区，弗朗索瓦·马瑞斯·格朗奈是一位被忽视的外光派人才，他从老师让-安东尼·康斯坦丁那里学到了外光派的绘画技巧，而后者又是从罗马人那里学到了这一技巧。于是格朗奈于1802年也来到了罗马，他的目标很明确，就是在古典风景画的发源地发掘它的精髓。格朗奈的户外素描从一开始就真实地表现出了19世纪直观、典型的一面。安格尔曾为格朗奈画了一幅以意大利奎里纳尔宫为背景的肖像画，这实际上是借鉴了格朗奈的一幅罗马风景画。作为回礼，格朗奈为安格尔的肖像人物创作了类似的背景，作品为《查尔斯·约瑟夫·劳伦特·科迪埃肖像，驻扎罗马的帝国政府官员》（第620页）。

格朗奈1819年才离开罗马。1826年他受雇于老朋友福尔宾伯爵，成了卢浮宫的管理人。福尔宾伯爵是法国博物馆的总负责人。格朗奈经常回到普罗旺斯，他在艾克斯地区的马尔瓦拉有一座农舍，在那里充分地发掘故乡的风景元素。1849年他去世之后，将工作室的所有作品都留给了故乡，他的同乡也立刻在马耳他宫展出了这些油画的草图。到了19世纪中叶，人们只能在世界上的一个地方，也就是坐落于普罗旺斯艾克斯地区的格朗奈博物馆，欣赏到他的大量作品，这些作品都是传统户外绘画的成果。1874年，外光派渐渐形成了印象派，其中有一位画家的出现使印象派成了更坚实、更典型的画派，他就是唯一来自普罗旺斯艾克斯地区的画家——保罗·塞尚。

约瑟夫·彼道尔德是画户外风景画的画家之一，于1785—1790年在意大利创作，他曾受到约瑟夫·韦尔内的鼓励。他的草图比同时代的大部分油画草图都要细致，尽管一定程度上的学究气质表现出了他最好的一面，但这样一来也失去了草图的鲜活感。

西奥多·卡茹夜·德·阿利尼于1822—1827年在意大利创作，在那儿他遇到了柯罗，创作的风格有时也接近柯罗。他从安格尔和弗朗德兰的古典风格过渡到了风景画，创作出了令人惊叹的精美的袖珍画。另外，他也是第一批尝试发掘枫丹白露风景创作素材的画家之一。

阿西尔-艾塔·米切隆的英年早逝是艺术史上的一大损失。他在1817年因创作历史风景画获得了罗马的一项特别奖项，然后从1818年到1821年在意大利工作。幸运的是，他的出现足以给外光画派的发展史链条扣上了重要的一环。他的老师是瓦伦西内，在他1821年回到罗马之后柯罗成了他的学生。

弗朗索瓦·马瑞斯·格朗奈
普罗旺斯艾克斯地区，1775—1849年
罗马的山上天主圣三堂
1808年
布面油画
49cm × 62cm
1981年匿名捐赠

约瑟夫·彼道尔德
卡庞特拉（沃克吕兹省），1758年—蒙莫朗西（瓦兹河谷省），1846年
阿韦扎诺风光
1789年
布面油画
37cm×49cm
1847年购于画家去世后的拍卖会

西奥多·卡茹夜·德·阿利尼
绍姆昂布里（涅夫勒省），1798年—里昂，1871年
枫丹白露的岩石
布面油画
34cm×50cm
1951年购入卢浮宫

（第614页上图）
阿西尔-艾塔·米切隆
巴黎，1796—1822年
陶尔米纳古剧场的废墟
布上纸面油画
27cm×39cm
埃斯皮纳伯爵收藏
1930年转给他的女儿路易斯·德·克罗伊斯公主

（第614页下图）
阿西尔-艾塔·米切隆
罗马斗兽场
布面油画
25cm×40cm
埃斯皮纳伯爵收藏
1930年转给他的女儿路易斯·德·克罗伊斯公主

（第615页上图）
卡米耶·柯罗
巴黎，1796—1875年
伊斯基亚，埃波梅奥尔山坡下的风景
布面油画
26cm×40cm
莫罗为纪念儿子而购于1919年

（第615页下图）
阿西尔-艾塔·米切隆
从维苏威火山俯瞰那不勒斯
布上纸面油画
29cm×40cm
埃斯皮纳伯爵收藏
1930年转给他的女儿路易斯·德·克罗伊斯公主

让·奥古斯特·多米尼克·安格尔

　　大卫出于爱国主义而创作的肖像画风格赋予了法国绘画一种贯穿整个世纪的威严。这种威严在印象派的真实性和信念中仍然占有一席之地。相比任何其他艺术家，这个特征在安格尔身上表现得很明显。当时他20岁，是大卫的学生和助手。一种令人生畏的推动力在引导着他：似乎在安格尔的一生中，都有一种推动力在激励他创作。在他的周围，除了拉斐尔之外，没有其他人能像他一样如此多产。很难想象一个画家对自己的要求如此之高，并取得了如此巨大的成功。

　　他的出发点是结合艺术严谨性的严苛设计。他认为艺术最基本的要求在于坚定不移的正直，然而这却与他突出的放纵性格毫不相干。他的设计相当简洁而连贯。《里维耶夫人肖像》是他少数复杂的作品之一，画中众多线条从一边连到另一边，抛光的轮廓经过修饰，使流畅的设计更加稳固，也使整个画面更加优雅。里维耶夫人身体靠向一侧，向另一侧伸展。富有力度的线条聚集起来支撑着人物，这些紧凑的线条相互重叠，实际上也是为了赋予起伏的麻布一种静态的感觉。丰满的夫人坐在那儿，宁静而又富有法式风情。这幅肖像已经被人们理解成了一幅装饰画。画中表现出了尊重，但也体现出安格尔创造的一种技巧。他在自己的创作巅峰中表达了那个时代严肃却轻浮的美。

　　安格尔的作品一直备受争议。塞尚非常厌恶他，他年轻的时候创作了包含讽刺意味的《四季》，针对的正是收藏在艾克斯博物馆的安格尔的杰作《朱庇特和忒提斯》。塞尚认为安格尔性格狭隘，这显然是错误的。但是，塞尚的有些观点是正确的。比如，安格尔创作的形象总是非常统一，给人一种精致完美的错觉。塞尚认为这种所谓完美不是艺术，他带着一种很深的鄙视将这一类绘画定义为"模仿派"。安格尔并不认为这是批评，相反，他将其当成一种赞美。事实上，那时在严肃绘画中，这种风格的地位越来越低。与德拉克罗瓦不同的是，这一趋势使安格尔处于孤立的境况之中。

　　也许问题源于人们认为（安格尔也认同这一点）精心仿造的完美应该根据现实规则被禁止。要了解真正的安格尔，我们必须全身心地投入到他的作品中。当马蒂斯在1906年看见作品《大宫女》的时候，他认为阿拉伯式的图案更适合这幅画。《土耳其浴室》中富有律动与乐感的曲线中和了肢体语言的局限性。如果当时安格尔描绘女性裸体的习惯被公认为是一种恶习并且他的崇拜者也认同这一点的话，我们今天也许能够欣赏到安格尔更丰富、更多元化的作品。

（第617页图）
让·奥古斯特·多米尼克·安格尔
蒙托邦，1780年—巴黎，1867年
里维耶夫人肖像
布面油画
117 cm×82cm
1806年在巴黎沙龙上展出
1870年画像主人公的儿媳里维耶遗孀遗赠

让·奥古斯特·多米尼克·安格尔
庞库克夫人
1811年
布面油画
93cm×68cm
卡洛斯·贝斯特古捐赠于1942年
卢浮宫购于1953年

让·奥古斯特·多米尼克·安格尔
菲利贝托-里维耶
1805年
布面油画
116cm×89cm
1806年在巴黎沙龙上展出
1870年主人公儿媳里维耶遗孀遗赠

（第619页图）
让·奥古斯特·多米尼克·安格尔
凯罗琳·里维耶小姐
1805年
布面油画
100cm×70cm
凯罗琳·里维耶小姐在15岁，也就是这幅肖像创作的那一年去世。
1806年在巴黎沙龙上展出
1870年里维耶遗孀遗赠

让·奥古斯特·多米尼克·安格尔
俄狄浦斯解开斯芬克斯之谜
1808年
布面油画
189cm×144cm
1808年从罗马寄到巴黎，画家在1827年的巴黎沙龙上修改了这幅画，却不在展览目录中
1878年遗赠

让·奥古斯特·多米尼克·安格尔
查尔斯·约瑟夫·劳伦特·科迪埃肖像，驻扎罗马的帝国政府官员
1811年
布面油画
90cm×70cm
背景可能是弗朗索瓦·马瑞斯·格朗奈所作
1886年画像主人公女儿莫尔迪尔伯爵夫人遗赠

（第621页图）
让·奥古斯特·多米尼克·安格尔
瓦平松的浴女
1808年
布面油画
146cm×98cm
1879年购入卢浮宫

让·奥古斯特·多米尼克·安格尔
大宫女
罗马,1814年
布面油画
91cm×162cm
1819年在巴黎沙龙上展出
1899年购入卢浮宫

让·奥古斯特·多米尼克·安格尔
洛哲营救安吉莉卡
1819年
布面油画
147cm×190cm
取材于阿里奥斯托的《疯狂的罗兰》，第10章
购于1819年的巴黎沙龙展会

让·奥古斯特·多米尼克·安格尔
玛丽·马尔科特夫人
1826年
布面油画
93cm×74cm
1923年购入卢浮宫

让·奥古斯特·多米尼克·安格尔
荷马的神化
1827年
布面油画
386cm×512cm
1827年和1833年在沙龙上展出
1826年购入卢浮宫

让·奥古斯特·多米尼克·安格尔
雕塑家洛伦佐·巴尔托里尼
佛罗伦萨，1820年
布面油画
108cm × 86cm
1942年卡洛斯·德·贝斯特古捐赠
1953年购入卢浮宫

让·奥古斯特·多米尼克·安格尔
凯鲁比尼与缪斯女神
巴黎，1842年
布面油画
105cm × 94cm
1942年购入卢浮宫

让·奥古斯特·多米尼克·安格尔
土耳其浴室
1862年
木板油画
直径108cm
1911年购入卢浮宫

西奥多·杰利柯

浪漫主义时期及之前的一些画家，都坚信想象力应该以令人信服的方式表现出极度痛苦、凶残的场景和状态。他们认为这样的形象可以激发高尚的感情，例如情感交流与同情。在实际作品中，这些画家们在一种难以接受的环境当中描绘了极度的痛苦。在这些非典型的画家中，杰利柯表现得尤为出色。

他创作的这些画作中的人物体现着非凡的气概，光线猝不及防地与阴影碰撞，这是自然力量最直接的表现。他描绘了胜利的英雄、悲壮的战败、原始的野性及灵魂的壮丽等，所有这些都弥漫着不可抗拒的高贵和悲惨。

在拿破仑执政的最后几年里，杰利柯描绘了大量军事神话题材的作品，并引起了大卫的注意。

随着拿破仑复辟的到来，他开始描绘野蛮的暴力并积累悲剧事件的题材。当时发生了一起不幸的沉船事故，给他带来了创作的契机，他在一年之内创作了《美杜莎之筏》，描绘了幸存者的绝望与痛苦，这幅画蕴含了极度的悲惨，是艺术史上一幅伟大的作品。他用一种恐怖的风格来表达作品中伤感的现实主义和人性，用尖锐的笔触和明亮的光线塑造出了一种残酷的形象，而他的这种方法无疑是令人信服的。

5年后，在将自己的创作发展到极度的悲惨与疯狂之后，杰利柯因从一匹奔马上跌落下来而去世了。他去世之后，那个评判他杰作的政权毫不犹豫地购买了他的作品。因为最直接的抗议能够转变为最轰动的审美消遣：是情感的高贵与深度满足了最深切的需求。杰利柯的去世使法国绘画在接下来的半个世纪都失去了严肃性，这一点虽然令人痛苦，但也并非不可挽回。

西奥多·杰利柯
鲁昂，1791年—巴黎，1824年
有赌博癖的女人
布面油画
77cm×65cm
1938年购入卢浮宫

（第629页图）
西奥多·杰利柯
轻骑兵军官的冲锋
布面油画
349cm×266cm
1851年从路易·菲利普一世处购入

西奥多·杰利柯
美杜莎之筏
布面油画
491cm×716cm
1824年购于画家去世后的拍卖

西奥多·杰利柯
石膏火窑
布面油画
50cm×61cm
1849年购入卢浮宫

（第633页上图）
西奥多·杰利柯
罗马的赛马比赛
1817年
布上纸面油画
45cm×60cm
为一场比赛所创作的草图，灵感来源于比赛中的马术师

（第633页下图）
西奥多·杰利柯
艾普色姆的赛马
布面油画
92cm×123cm
1866年购入卢浮宫

633

安·路易·吉罗代·特里奥松
蒙塔基（卢瓦雷省），1767年—巴黎，1824年
阿塔拉的葬礼
布面油画
207cm×267cm
夏多布里昂小说片段
1818年购入卢浮宫

安·路易·吉罗代·特里奥松
恩底弥翁的梦
布面油画
198cm×261cm
1818年购入卢浮宫

让-巴蒂斯·卡米耶·柯罗

当阿西尔-艾塔·米切隆于 1821 年从罗马回来时，巴黎巴克街的一位女帽商人的儿子——25 岁的柯罗已经对未来有了明确的想法，那就是成为米切隆的学生。柯罗在 1825 年底之前到达了罗马。

19 世纪的风景画注定选择了一种典型的技巧作为创作基础，它与历史循环论中强调历史的作用完全相反，乍一看似乎显得很单纯、简单，但仔细看会清楚地发现这种风格实际上有着比之前大部分艺术都要纯粹的视觉效果。这种真诚的风格实际上是对绘画的重新解读：色彩、形状和光可以单独地被感受到，也可以被简单地融合。

那么，这一发展确立了什么？给我们传递了什么？一幅在某个准确的时刻和某个精确的地方创作的油画通过我们的感官记录了一个无可辩驳的现存实物的视觉体验，这就是快速而忠实地加工处理的油画。

柯罗学会了在他的调色板上按照从最淡色到最深色的顺序排列大约 6 个等级的颜色，这些颜色具有相同的纯度，他看着这些色彩，并任由着它们自己讲述整个故事。

让-巴蒂斯·卡米耶·柯罗
巴黎，1796—1875年
纳尔尼的桥
布上纸面油画
34cm×48cm
这是1826年为1827年沙龙会展而作的布面油画
1906年购入卢浮宫

让-巴蒂斯·卡米耶·柯罗
自画像
1825年
布上纸面油画
33cm×25cm
1906年购入卢浮宫

让-巴蒂斯·卡米耶·柯罗
蓝衣女
布面油画
80cm×51cm
画家将此作品卖给了巴登，后由亨利·鲁亚尔收藏
1912年购入卢浮宫

（第639页上图）
让-巴蒂斯·卡米耶·柯罗
从美第奇宫看到的天主圣三教堂
布面油画
45cm×74cm
1912年购入卢浮宫

（第639页下图）
让-巴蒂斯·卡米耶·柯罗
从波波里花园观看佛罗伦萨风景
布面油画
51cm×74cm
1926年购入卢浮宫

让-巴蒂斯·卡米耶·柯罗
被树遮蔽的大门（城堡之门，布列塔尼风景）
布上纸面油画
32cm×43cm
卢浮宫购于1906年

（第640页上图）
让-巴蒂斯·卡米耶·柯罗
威尼斯广场
1834年8—9月
布上纸面油画
21cm×35cm
卢浮宫购于1909年

（第640页下图）
让-巴蒂斯·卡米耶·柯罗
罗尼丛林中的卡罗琳公主的城堡
1840年
布面油画
24cm×35cm
卢浮宫购于1926年

柯罗认为，除了他之外，没有任何人可以正确地认识自己作品的价值，所以他珍藏了一系列自己喜欢的作品，称之为他的"珍宝"。尽管一般认为最早的作品并非都是最好的，并且柯罗几乎一生都在描绘美丽的户外风景，但是他早期创作的那幅从君士坦丁大教堂拱门看罗马斗兽场的风景画，无疑是他所创作的最美的一幅作品。

像大多数描绘自然风景的绘画一样，这幅作品也同样对传统风景画表达了深深的敬意。这座有着巨大三拱门的建筑物让人回想起在卢浮宫看到的文艺复兴时期的祭坛画（例如菲利皮诺·利皮的作品），它保留了三分布局的哥特式风格。在柯罗之前，诺里奇画家约翰·塞尔·科特曼也以同样的新式思想，以高架渠的三道拱形桥洞划分画面。

有一位迷人的乡村女郎为柯罗的作品《新娘》做模特，他在此画中创作了一些可爱而又简单的艺术场景。他在晚年时画出了艺术生涯中最完美的人物形象，即《头戴珍珠的女郎》。在这幅画作中同样可以看到柯罗重现了参观卢浮宫时遇见的形象。尽管这幅画的人物像柯罗所有的人物一样非常年轻，但这位女性似乎是对《蒙娜丽莎》（第163页）的另一种诠释，不过这也许并非有意为之。

（第643页图）
让-巴蒂斯·卡米耶·柯罗
头戴珍珠的女郎
布面油画
70cm×55cm
1912年购入卢浮宫

让-巴蒂斯·卡米耶·柯罗
从君士坦丁大教堂眺望罗马斗兽场
1825年10月
布面油画
23cm×35cm
1907年购入卢浮宫

（第645页上图）
让-巴蒂斯·卡米耶·柯罗
从法尔奈塞花园远眺的罗马集议场
1826年3月
布上纸面油画
28cm × 50cm
1875年画家遗赠

（第645页下图）
让-巴蒂斯·卡米耶·柯罗
蒂沃利瀑布
1843年
布面油画
26cm × 41cm
1906年购入卢浮宫

让-巴蒂斯·卡米耶·柯罗
罗马圣天使城堡和台伯河
布面油画
27cm×47cm
1906年购入卢浮宫

让-巴蒂斯·卡米耶·柯罗
新娘
布面油画
32cm×25cm
1906年购入卢浮宫

让-巴蒂斯·卡米耶·柯罗
从法尔奈塞花园远眺罗马斗兽场
1826年
布上纸面油画
30cm × 49cm
1849年在沙龙上展出
画家遗赠于1875年

皮埃尔-保罗·普吕东

普吕东出生时名叫皮埃尔·普鲁多里，他是勃艮第地区一名石匠的第 10 个孩子，之后他改了名字和姓氏以便接近鲁本斯和当地的贵族。他的一生都在文化方面不断地进步。1784 年，他获得了罗马大奖。此后他去了帕尔马，回来时已经受到了科雷乔的启发，形成了一种柔和的风格，然而这与大卫《荷加斯兄弟之誓》之后建立的严峻艺术气氛不匹配。

普吕东致力于创作感性的装饰主题，这主题常接近于暧昧的性。在生命的最后阶段，他和自己的学生康斯坦斯·梅尔有过一段不太稳定的关系，他为了让学生开展绘画生涯设计了所有的画稿。拿破仑委托普吕东创作约瑟芬皇后肖像，画中表现的是 1805 年加冕礼之后，约瑟芬皇后忧伤地靠在马尔梅松花园中陷入沉思。其实那时拿破仑因为约瑟芬皇后无法生育，正准备废掉她。无精打采的皇后已经对未来失去了信心，她的肖像是悲伤的经典之作。婚姻不幸的普吕东也许在画中表达了更加哀伤的情感。

荒谬的是，这位充满爱与纯真的画家却因为寓言画《正义与复仇女神追赶凶手》而招致恶名。这幅画是为司法宫创作的。由于他的设计与奥诺雷·杜米埃为同一个宫廷创作的打着手势的律师场景形成巨大的反差，引起了更大的讽刺。

（第649页图）
皮埃尔-保罗·普吕东
克吕尼，1758年—巴黎，1823年
劫走普塞克
布面油画
195cm×157cm
于1808年和1814年的沙龙会展展出
1888年遗赠

皮埃尔-保罗·普吕东
正义与复仇女神追赶凶手
1808年
布面油画
于1808年和1814年的沙龙会展展出；受到塞纳省长官的委托而创作，用于巴黎司法宫的阿西西大厅的装饰
1826年在巴黎一次交易中购入

让-巴蒂斯特·勒尼奥
巴黎，1754—1829年
半人马喀戎教育阿喀琉斯
1782年
布面油画
261cm×215cm
创作于1783年王室绘画与雕塑学院的一次考试，由学院收藏

（第651页图）
皮埃尔-保罗·普吕东
三女神
1793年
布面油画
204cm×154cm
1869年路易斯·拉卡泽博士遗赠

651

亚历山大-加布里·德康
巴黎，1803年—枫丹白露，1860年
辛布里人战败
1833年
布面油画
130cm×195cm
遗赠于1903年

皮埃尔-保罗·普吕东
约瑟芬皇后
1805年
布面油画
244cm×179cm
拿破仑三世收藏
1879年由法院交给卢浮宫

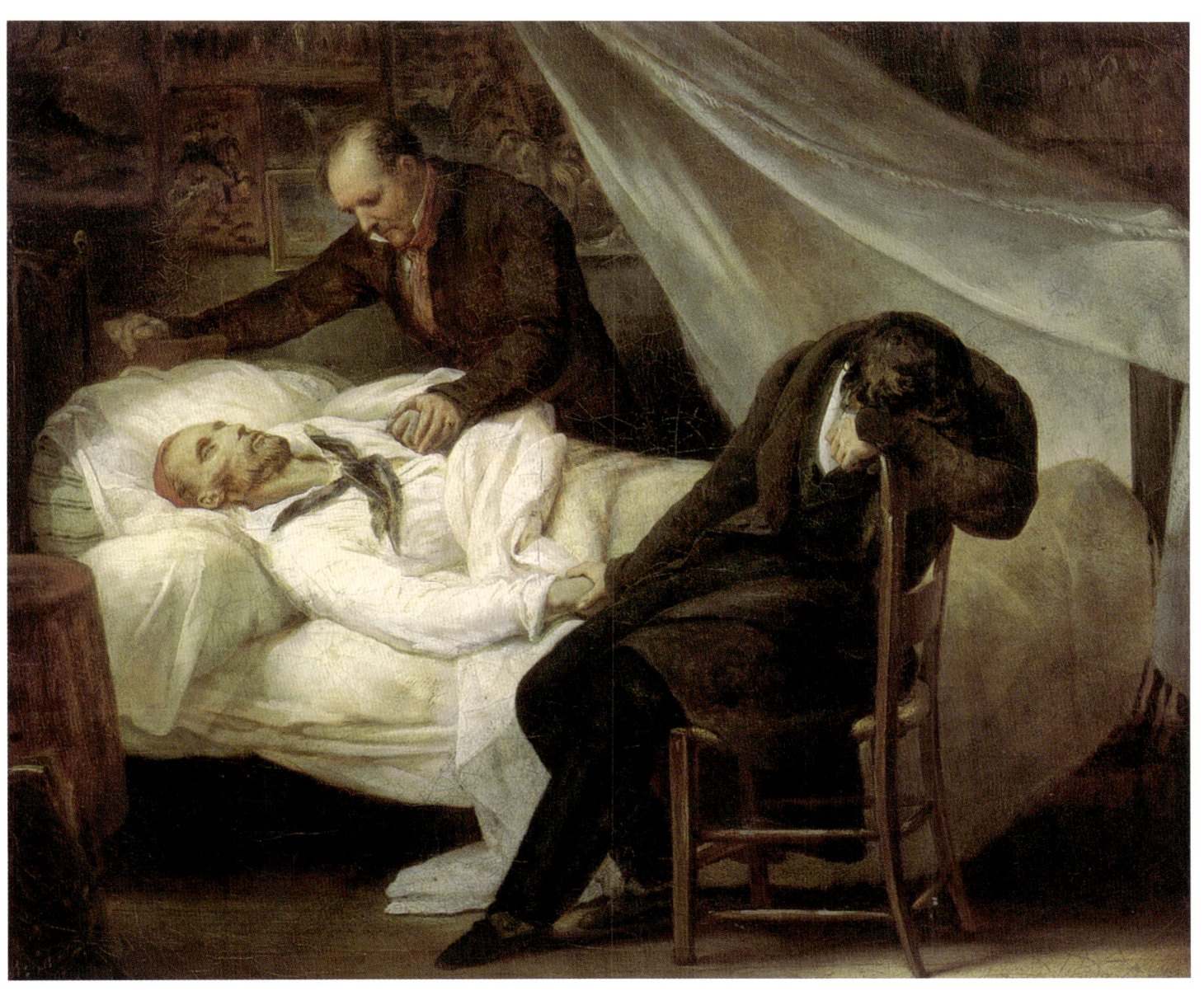

阿里·谢弗
多德雷赫特，1795年—阿让特伊，1858年
杰利柯之死（1824年1月26日）
1824年
布面油画
36cm×46cm
1858年购入卢浮宫

欧仁·德拉克罗瓦

本书最后这一部分的很多画作都是现代绘画的基石。几乎所有的现代绘画大师都会精心地临摹一幅德拉克罗瓦的《但丁之舟》。甚至那些对色彩的运用与现代绘画完全不同的印象派大师也被这幅画作和谐的红绿色搭配，以及其中威尼斯画派的元素所震撼。这幅作品有着米开朗琪罗式的色调层次，这种色调不仅表现在西斯廷教堂《末日审判》中的弃民身上，也体现在了观景殿的阿波罗那健壮的背部上，这是德拉克罗瓦的创作灵感，也是塞尚最热衷的风格，他在25岁左右创作了大量著名的模仿作品。

值得一提的是，《但丁之舟》中有另外一个元素对当时19世纪的绘画产生了很深的影响。画家和艺术史学家经常仔细观察画面前景中溅在人体上的水滴。每一滴水都四下飞溅，色彩清晰而各不相同，并因为水的颜色、反射和映在皮肤上的光照而迥异。德拉克罗瓦和他的崇拜者一样，经常受到这种水滴画法的启发。两年之后，德拉克罗瓦创作了《希奥岛的屠杀》。仔细研究这幅画会发现它借鉴了康斯太勃尔的《干草车》。德拉克罗瓦在《干草车》展出之前就见过它，并在展览前修改了自己的作品。据说《希奥岛的屠杀》的天空很有可能是受到了这幅画的影响。毫无疑问的是，最明显的影响在于对前景人物自如而清晰的色彩运用手法。

欧仁·德拉克罗瓦
沙朗通-圣莫里斯，1798年—巴黎，1863年
但丁之舟（但丁和维吉尔共渡冥河）
1822年
布面油画
189cm×242cm
场景来自于但丁《神曲》地狱篇
1822年从巴黎沙龙会展购入

欧仁·德拉克罗瓦
坐在墓园的少女
布面油画
66cm×54cm
1824年在沙龙会展展出
1906年被转售

欧仁·德拉克罗瓦
静物画：龙虾和陈列的猎获物
布面油画
81cm×107cm
1827—1828年在沙龙会展展出
1906年被转售

欧仁·德拉克罗瓦
希奥岛的屠杀；希腊家庭等待被屠杀或是被奴役
布面油画
419cm×354cm
希腊独立战争（1822）的片段
1824年在沙龙会展购入

欧仁·德拉克罗瓦
奥菲丽娅之死
布面油画
23cm×31cm
莎士比亚《哈姆雷特》第四幕场景
1902年遗赠

欧仁·德拉克罗瓦
肖邦像
布面油画
46cm×38cm
为乔治·桑的双人肖像画的一部分
哥本哈根奥德鲁普加德博物馆的祭坛装饰屏绘画
1907年遗赠

欧仁·德拉克罗瓦
宫女
布面油画
26cm×33cm
1906年遗赠

欧仁·德拉克罗瓦
丽贝卡被圣殿骑士绑架
1858年
布面油画
105cm×82cm
沃尔特·司各特《艾凡赫》第29章场景
1859年在沙龙会展展出
1902年遗赠

德拉克罗瓦的名气可能比他的画作还要大。他的作品建立在色彩的基础上，在不同主题中融入浪漫主义元素，如东方世界野性的元素及自然界的暴力元素，他这样的绘画理念有着令人不可抗拒的吸引力。除雷诺阿外的所有早期现代画派的画家都受益于这种理念，这比《阿尔及尔的女人》给予他们的间接影响更显著。如果想要好好欣赏这幅画，就一定要透过伟大画家的双眼来观赏，如果不想看华盛顿国家美术馆的雷诺阿，就一定要看看马蒂斯的《国王的悲伤》。在《国王的悲伤》中，我们可以看到德拉克罗瓦笔下的曲折形象如何以一种与他完全不同的风格在马蒂斯的作品中重现。

通过夏尔·波德莱尔的诗作，暴力美学的广泛传播使还不到30岁的德拉克罗瓦成为先锋派人物。到30岁时，他已经疯了。美术学院院长跟他说过："如果这就是您所指的绘画，那就别想在我这儿找到工作！"

德拉克罗瓦留给后世的是一种源源不断的智慧性的鼓励。在《十字军占领君士坦丁堡》的草图中有一个彩色圆圈的铅笔标记，仿照的是谢弗勒尔和摩西·哈里斯时代的式样，这很有意思，德拉克罗瓦似乎担心会忘记互补色彩的运用。这幅作品标志着德拉克罗瓦开始用具有异国色彩的服装打扮笔下的人物。他不仅有着对艺术诗意的理解和丰富的作画经验，还有着极高的知识水平。1852年9月，当他在迪耶普的海滩沉思时，他发现沙滩上的波纹是由涌过的小波浪造成的，给这种连当时的科学家也解释不了的自然现象找到了答案。在一幅名为《迪耶普的海》的作品中，他运用了独特的手法，一笔笔的笔触代表一浪高于一浪的海浪。这种珍贵的表现手法在绘画中是前所未有的。

欧仁·德拉克罗瓦
阿尔及尔的女人
1834年
布面油画
180cm×229cm
1834年在沙龙会展购入

欧仁·德拉克罗瓦
自画像
布面油画
65cm×55cm
欧仁把作品留给了女仆珍妮，让她在奥尔良家族恢复政权时交给卢浮宫，1872年画家安德里厄将此画寄到了卢浮宫

662

（第662页上图）
欧仁·德拉克罗瓦
唐璜遇海难
1840年
布面油画
135cm×196cm
选自拜伦的《唐璜》第二章
1841年在沙龙会展展出
卢浮宫购于1883年

（第662页下图）
欧仁·德拉克罗瓦
十字军占领君士坦丁堡（1204年4月12日）
1840年
布面油画
411cm×497cm
1838年受路易·菲利普一世委托为凡尔赛长廊创作
卢浮宫购于1885年

欧仁·德拉克罗瓦
萨丹纳帕路斯之死
布面油画
392cm×496cm
1827—1828年在沙龙会展展出
卢浮宫购于1921年

664

欧仁·德拉克罗瓦
迪耶普的海
木板纸面画
35cm×51cm
画家凭记忆创作于1852年
1979年遗赠

（第664页上图）
欧仁·德拉克罗瓦
吞食兔子的狮子
布面油画
47cm×56cm
1902年遗赠

（第664页下图）
欧仁·德拉克罗瓦
哀悼基督
布面油画
30cm×43cm
为巴黎圣丹尼大教堂壁画所作的草图，完成于1844年
卢浮宫购于1942年

泰奥多尔·夏塞里奥

尽管安格尔从来都不是先锋派领袖，但却为后世绘画提供了重要的灵感来源，与德拉克罗瓦不同的是，他保持了严谨的绘画风格。莫里斯·丹尼斯写到，他惊讶于夏塞里奥的《两姐妹》在装饰角度上的价值，以及它对法国艺术的重要性。夏塞里奥是安格尔真正的学生，但人们很难想到安格尔的作品会具有装饰价值，这一价值好比一座贵族城堡的中央墙壁，很容易被忽视。他对光线的运用很完美，他要求学生将自己及身边人的肖像转化成具有不寻常力量的画作形象。清晰的肖像与熟练的色彩运用结合在一起，呈现出了无与伦比的视觉效果。

正是在这个时期，法国艺术经历了与德意志邦联诸国的毕德迈雅风格几乎差不多的变化，这种风格在法国几乎没怎么出现过，却风靡北欧，并在1920年之后的10年间产生了重要而深远的影响。在卢浮宫，《两姐妹》这幅作品被悬挂在巨大的画布中间，十分瞩目。

泰奥多尔·夏塞里奥
圣巴巴拉德萨马纳（多米尼加），1819年—巴黎，1856年
梳妆中的以斯帖
布面油画
46cm×36cm
1842年在沙龙会展展出
1934年遗赠

（第667页图）
泰奥多尔·夏塞里奥
两姐妹
1843年
布面油画
180cm×135cm
1843年在沙龙会展展出
卢浮宫购于1918年

让-希波吕忒·弗朗德兰
里昂，1809年—罗马，1864年
海边的青年（草图）
布面油画
98cm×124cm
1855年世博会展出
1857年购入卢森堡博物馆

泰奥多尔·夏塞里奥
多米尼克·拉克代尔神父
罗马，1840年
布面油画
146cm×107cm
卢浮宫购于1906年

泰奥多尔·夏塞里奥
和平
布面油画
340cm×362cm
旧时审计院的部分装饰，1900年绘成油画
卢浮宫购于1903年

维克多·莫提斯
里拉，1809年—比耶夫雷（埃松省），1897年
莫提斯夫人——画家夫人
从壁画转为油画
107cm×92cm
卢浮宫购于1900年

669

西奥多·卢梭

100多年前,对于大多数美国人和英国人来说,枫丹白露的风景画是现代画作,是名贵的商品和最有利的投资,它们描绘的是被严谨地镶嵌在画框里的巴比松乡村枝叶繁茂的栎树。我们的先辈没有看错,这些备受肯定的画作后来受到大多数人的喜爱,给人以感官上的愉悦和精神上的鼓舞。1860年,这一画派的热潮使在巴黎周边创作的年轻画家们确立了对观察真实和自然风光的信念,这信念源于雷斯达尔和霍贝玛的作品,在他们的时代对自然风光的表达也是一种重要的艺术形式。

尤金·伊萨贝
巴黎,1803年—蒙泰夫兰(塞纳-马恩省),1886年
蓬泰迪莱尼奥
布面油画
27cm×40cm
1887年购于画家去世后的拍卖会

（第671页上图）
西奥多·卢梭
巴黎，1812年—巴比松，1867年
枫丹白露林中的栎树
布面油画
64cm×100cm
1855年世博会
1902年遗赠

（第671页下图）
夏尔-弗朗索瓦·多比尼
巴黎，1817—1878年
奥普特沃的围栏
1859年
布面油画
49cm×73cm
作品的修改版在1855年的世博会出现过，如今收藏在鲁昂美术馆
1902年遗赠

欧仁·德拉克罗瓦和欧内斯特·梅索尼埃

德拉克罗瓦的作品《自由引导人民》描绘的是真实历史事件，画中戴礼帽的青年和周围的人寓意资产阶级和人民的联盟，这一联盟取得了1830年七月革命的胜利。当1831年这幅作品在巴黎沙龙会展展出时，情况已经发生了改变。买走这幅画的是七月革命的受益者路易·菲利普一世，而这时德拉克罗瓦的联盟寓意已经没有了。

由于支持路易·菲利普一世的社会团体只占少数，并且他也没有欣赏艺术的兴趣，因此他从来没有展出过这幅作品，在七月王朝君主制统治的18年中一直将其放在库房里。1848年它重新面世，但对于"优雅的"二月革命来说，这幅充满好战气息的作品是多余的，因此它从未在公众场合展出。在1848年6月的可怕日子里，欧内斯特·梅索尼埃成了法国军队的炮兵队长。正如T. J. 克拉克指出的那样，梅索尼埃的作品《六月的巴里卡达街》意图是很明确的：画中描绘的战争是对未来暴动的严重警告。梅索尼埃写道："当巴里卡达街的街垒被攻陷时，这场战争的一切恐惧都包含于其中。我看到保卫街垒的人被杀害，被扔出窗户，地上布满了尸体，地面一片血红……'这些人都犯了罪吗？'马拉斯特问军官，'市长先生，我可以向您保证，他们当中无辜的人不超过四分之一。'"

梅索尼埃把这幅作品的水彩草图送给了他的崇拜者——德拉克罗瓦。建立在这一基础上，德拉克罗瓦的杰作《自由引导人民》便成为他与梅索尼埃共同理想的象征，是他对西奥多的纪念，以及他狂热情感的表达。他的创作灵感在更深层次上来源于历史上的传奇式画家和师从大卫的记忆。在19世纪下半叶以及接下来的一个世纪，这些灵感的唯一来源就仅剩历史上的艺术画家了——这种灵感比较狭隘，但比较容易实现。

欧克塔夫·丹瑟尔特
巴黎，1800—1874年
自画像
1845年
布面油画
46cm×38cm
1849年在沙龙会展展出，转卖于1923年
卢浮宫购于1926年

欧仁·德拉克罗瓦
自由引导人民
1830年
布面油画
260cm×325cm
卢浮宫购于1831年的沙龙会展，但直到1848年才展出

欧内斯特·梅索尼埃
里昂，1815年—巴黎，1891年
六月的巴里卡达街
布面油画
29cm×22cm
1850—1851年在沙龙会展展出，卡洛斯·德·贝斯特古于1942年捐赠
卢浮宫购于1953年

术语表

尼科洛·德尔·阿巴特（NICCOLÒ DELL'ABBATE，约 1512—1571）

意大利画家，最著名的作品是法国枫丹白露宫的装饰工程，在那里他担任普列马提乔的助手。他的另一个广为人知的事迹就是在法国风景画中引入了意大利风格主义。

湿壁画（AFFRESCO）

在干燥或湿润的石膏上进行的绘画类型。湿壁画的绘画技术经常被用于意大利中世纪以来的天花板和墙壁上的绘画。最著名的例子是米开朗琪罗在梵蒂冈西斯廷教堂穹顶上的作品。

阿尔萨斯（ALSAZIA）

法国东北部地区。在 1648 年之前，阿尔萨斯是隶属神圣罗马帝国的莱茵河沿岸国家，在 15 世纪和 16 世纪它是德国重要的艺术中心。阿尔萨斯流派在斯特拉斯堡、科尔马和米卢斯周围繁荣发展，其艺术家包括版画家马丁·施恩告尔（活跃于 1465—1491）和画家马蒂亚斯·格吕内瓦尔德（约 1470—1528）。

文艺复兴全盛期（ALTO RINASCIMENTO）

16 世纪初在意大利繁荣的文化时期和艺术风格。文艺复兴全盛期通常由 3 位大师的画作所代表：列奥纳多·达·芬奇、米开朗琪罗和拉斐尔。他们充分发展了古罗马的古典主义，强调对称和优雅，率先点燃了文艺复兴的火花。这个时期的主要作品包括列奥纳多·达·芬奇的著名肖像画作品《蒙娜丽莎》。

安特卫普（ANVERSA）

比利时北部海港。安特卫普是 16 世纪和 17 世纪的主要艺术中心之一。这里活跃着伟大的学者、巴洛克大师彼得·保罗·鲁本斯，是他指导了安东尼·凡·代克、雅各布·约尔丹斯和扬·布鲁盖尔等艺术家。

彼得罗·阿雷蒂诺（PIETRO ARETINO，1492—1556）

意大利讽刺作家。阿雷蒂诺因创作关于同时代人的讽刺作品成名，并被称为"领主之鞭"。他受到利奥十世和克雷芒七世两位教皇，以及乔凡尼·德·美第奇的庇护。

哈布斯堡王朝（ASBURGO）

日耳曼王室哈布斯堡家族，因其在瑞士祖传的城堡而得名。哈布斯堡的伯爵们在 11 世纪就已经为人所知，这个家族不仅在德国（从 13 世纪国王鲁道夫一世到弗朗西斯一世），还在奥地利（从 13—18 世纪）、匈牙利、波西米亚（从 16—20 世纪初）以及西班牙（从 16—18 世纪初）建立了许多欧洲主权统治者。

阿维尼翁（AVIGNONE）

法国南部城市，1305—1377 年为普罗旺斯地区首府。阿维尼翁是教皇宫所在地，并成为一个重要的艺术中心。当时著名的艺术家，如锡耶纳画派的西蒙·马尔蒂尼，均被召唤到阿维尼翁装饰宏伟的教皇宫殿。此外，它还是 15 世纪发展起来的一种绘画流派，结合了意大利和北欧的影响。阿维尼翁流派最重要的作品是安盖兰·夏隆东的《阿维尼翁新城的哀悼基督》。

班博西昂塔（BAMBOCCIANTI）

17 世纪下半叶活跃于罗马的艺术家们。他们受到卡拉瓦乔的启发，描绘乡村生活的现实场景。这一流派中的第一位是荷兰画家皮特·范·拉尔，他因奇异的外表而被昵称为"班波丘（丑娃娃）"。后来，这个意为"类似娃娃的"的名字被转移到绘画本身，用来表示"谦逊"，有时甚至是道德上有待商榷的主题。

巴贝里尼家族（BARBERINI）

实力强大的托斯卡纳家族，在罗马天主教会和教皇事务中担任非常重要的职务。这个家族的 4 个成员——教皇乌尔班八世和他的 3 个侄子，弗朗西斯科、塔代多和安东尼奥——在 17 世纪上半叶主管梵蒂冈的事务，也包括艺术赞助方面。

巴洛克（BAROCCO）

文艺复兴后在意大利发展并在 16 世纪和 17 世纪期间持续发展的艺术风格。它的特点是通过戏剧性和对称的构图绘画，在雕塑中强调可塑性，在建筑中强调流动感的表达。巴洛克艺术的代表人物是雕塑家、建筑师和画家吉安·洛伦佐·贝尼尼，他既影响了同时代的意大利人，还影响了北方的艺术家，如彼得·保罗·鲁本斯。

夏尔·波德莱尔（CHARLES BAUDELAIRE，1821—1867）

法国诗人，以 1857 年出版的抒情诗集《恶之花》（*Les Fleurs du mal*）而闻名。他亦是 19 世纪中期巴黎一位颇具影响力的艺术评论家，并定期组织大型年度展览，比如巴黎沙龙。他发表了关于画家欧仁·德拉克罗瓦和作曲家理查德·瓦格纳的论文。

吉安·洛伦佐·贝尼尼（GIAN LORENZO BERNIN，1598—1680）

意大利人，雕塑家、建筑师和画家。贝尼尼是意大利巴洛克风格的领导者，他的作品在 17 世纪和 18 世纪影响了来自欧洲各地的艺术家。他最著名的作品是罗马圣彼得大教堂及围绕它的纪念广场，这些均被视为依照他的创新风格建造。

毕德迈雅（BIEDERMEIER）

这个术语用于描述 1815—1848 年的日耳曼和奥地利艺术与建筑风格。这个时期的绘画中，现实主义取代了浪漫主义；传统主题被画家所用，比如传说和童话取代了英雄故事。这个风格还十分强调服装和外观的细节。这个名字来自一个虚构的角色——毕德迈雅，此形象出现在同时期的讽刺文学中。

博洛尼亚（BOLOGNA）

意大利中部城市，目前是艾米利亚-罗马涅地区的首府。博洛尼亚是一个重要的艺术和文化中心，它的大学始建于 11 世纪。16 世纪是一个绘画的黄金时代，在博洛尼亚诞生了许多著名艺术家，如卡拉奇、圭尔奇诺和吉多·雷尼等，他们具有纪念意义和色彩丰富的作品统治着意大利艺术。

勃艮第（BORGOGNA）

欧洲中西部地区，曾独立，并在 15 世纪末成为法国的一部分。从 15 世纪到 16 世纪，勃艮第由一系列强大的公爵统治，他们是艺术的重要赞助人，其中包括大胆菲利普、好人菲利普（菲利普三世）和大胆查理。

卡索内（CASSONE）

意大利语中意为收纳箱，通常在文艺复兴时期用于存放床品。这些箱子修长而低矮，一般装饰着神话或远古场景，有的是彩绘，有的是雕刻。不知名艺术家和著名艺术家都会装饰卡索内，后者包括 16 世纪的大师保罗·乌切洛和桑德罗·波提切利。

巴尔达萨雷·卡斯蒂利奥内（BAIDASSARE CASTIGLIONE, 1478—1529）

意大利文艺复兴时期的贵族和作家。卡斯蒂利奥内以其出色的描写宫廷生活的书籍《廷臣论》而闻名。据说，这本书是取材于作者在乌尔比诺公爵圭多巴尔多·达·蒙特费尔特罗宫廷内的所见所闻。卡斯蒂利奥内也是当时最伟大画作的主人公之一，拉斐尔为他创作的四分之三侧面肖像，现藏于卢浮宫。

保罗·塞尚（PAUL CÉZANNE, 1839—1906）

法国画家。塞尚于 19 世纪 60 年代和 70 年代在由印象派组织的展览中展出他的作品，但他更著名的事迹是与凡·高和高更一起成为后印象派运动的先锋。19 世纪塞尚以其静物和风景画而闻名，他试图通过色彩选择在二维画布上模拟三维形象。

向特罗（CHANTELOU, 1609—约 1694）

贵族，艺术收藏家，法国古典画家尼古拉斯·普桑的重要庇护者。去世时，普桑的大量绘画作品留给了他在荷兰的继承人，但是一些作品，包括今天收藏在卢浮宫的《自画像》，后来又回到了法国。

弗朗索瓦-勒内·德·夏多布里昂（FRANCOIS-RENÉ DE CHATEAUBRIAND, 1768—1848）

法国作家和政治家。他的作品《阿达拉》（1801）和《勒内》（1802）标志着法国浪漫主义文学的开端。夏多布里昂任多种职务，其中还包括政府职位，他是拿破仑手下的部长（1803—1804），还是波旁王朝 1822 年的大使和外交部部长（1823—1824）。他经常去美国、希腊、中东和北非旅行。

皮埃尔·高乃依（PIERRE CORNEILLE, 1606—1684）

作为法国剧作家，高乃依被认为是法国悲剧的创造者，也是法国最伟大的诗人之一。他通过一系列喜剧取得了成功，后来因精巧的悲剧而声名鹊起，其中有《梅德》（1635）、《熙德》（1636 或 1637）、《贺拉斯》（1640）、《埃拉克留斯》（1647）及其他著作。

君士坦丁大帝（COSTANTINO I, 280？—337）

公元 306—337 年的罗马皇帝。他在公元 313 年颁布了《米兰敕令》，随后自己也皈依了基督教。公元 330 年，他将首都迁移到拜占庭古城，并改名为君士坦丁堡。他将君士坦丁堡变成了一个新的知识与艺术中心。

居斯塔夫·库尔贝（GUSTAVE COURBET, 1819—1877）

法国画家。库尔贝为绘画引入了一种新的写实风格，有人认为他是现代绘画的先导者。他的主要作品中描绘日常景象和农家生活的代表作品均藏于卢浮宫。

莫里斯·丹尼斯（MAURICE DENIS, 1870—1943）

法国画家和理论家。丹尼斯是纳比派的创始人，其成员还包括皮埃尔·博纳尔和爱德华·维亚尔。这个派别的艺术家受到保罗·高更描绘布列塔尼风景画作的启发，其作品特点是色彩丰富，富于形式和装饰感。

德尼·狄德罗（DENIS DIDEROT, 1713—1784）

法国哲学家，百科全书撰写人，启蒙运动的主要人物之一。他与让-勒朗·达朗贝尔在几个同时代人的帮助下，经历 20 多年，编写了一部 28 卷的《百科全书》（包含补充本），或称作《科学、艺术和工艺详解词典》。作为作家，他著作等身，其中包括小说、戏剧及一部重要的艺术评论作品《沙龙评论》（1759—1781），因这部作品而被普遍接受的艺术批评概念由此得以发展。

杜乔（DUCCIO, 1255/1260—1313/1318）

意大利锡耶纳的一位重要画家，和佛罗伦萨的乔托同时代。杜乔·迪·博尼塞尼亚被意大利认为是中世纪绘画的最后一位大师，以其宏伟的哥特式主祭坛画《圣母像》而闻名，该作品于 1311 年在锡耶纳大教堂完成。他精致的笔触影响了锡耶纳 15 世纪的绘画。

查尔斯·阿尔方斯·迪弗雷努瓦（CHARLES ALPHONSE DUFRESNOY, 1611—1688）

法国画家。迪弗雷努瓦最著名的作品是《论画艺》，在 18 世纪被广泛阅读。此书肯定了古典主义的原则，并阐释了关于颜色重要性的理论。

艾米利亚（EMILIA）

意大利中北部地区，包括博洛尼亚、帕尔马和费拉拉。艾米利亚的卡拉奇、吉多·雷尼、多美尼基诺等人领导了 16—17 世纪巴洛克绘画的主要流派之一。

亨利四世（ENRICO IV, 1553—1610）

1589—1610 年的法国国王。他是波旁王朝家族的第一位法国君主，也是重要的政治领袖。亨利四世最为人所知的是带领他的国家脱离了 16 世纪的宗教战争，并奠定了之后法国国王绝对权力的基础。亨利四世在枫丹白露复兴了一个艺术流派，在他的保护下，第二代枫丹白露画派得到了繁荣发展。

费拉拉（FERRARA）

意大利中北部城市。费拉拉是文艺复兴时期辉煌的艺术宫殿所在地，由埃斯特家族统治。15 世纪，弗拉芒画家罗吉尔·凡·德尔·维登和意大利画家安东尼奥·普乔来到埃斯特宫廷工作时，在这里发展了当地的绘画流派。在这个流派的艺术家中，比较有名的有柯西莫·图拉和弗朗切斯科·德尔·科萨。他们的作品表现出对绘画细节的极致热爱，展现出一种独特的费拉拉风格。

西罗·费里（CIRO FERRI, 1634—1689）

意大利画家和装饰家。费里是罗马艺术家彼得罗·达·科尔托纳的学生，他们一起装饰了佛罗伦萨皮蒂宫。费里的主要作品是罗马圣依搦斯蒙难堂穹顶上美轮美奂的装饰。

佛兰德斯（FIANDRE）

现为比利时北部地区，是15世纪意大利北部最大的绘画流派弗拉芒画派或荷兰画派的诞生地，地位相当于文艺复兴时期的意大利。扬·凡·艾克、罗吉尔·凡·德尔·维登和雨果·凡·德·古斯等大师就诞生在那里。他们遵循微型手稿的传统技巧——通常是突出对技法的掌握和对细节的关注，这也是荷兰画派的特点。弗拉芒画派绘画经历了巴洛克时期的第二个黄金时代，由彼得·保罗·鲁本斯及其继任者主导。

腓力四世（FILIPPO IV, 1605—1665）

1621—1665年的西班牙国王。在其股肱之臣奥利瓦雷斯伯爵的辅佐下，腓力四世的统治导致了西班牙的政治和经济衰退。然而，腓力四世同时也是西班牙的主要艺术赞助人之一，在西班牙艺术的黄金时代，他不仅庇护和支持画家委拉斯凯兹和苏巴朗，还委托当时最杰出的外国艺术家——包括鲁本斯、普桑和彼得罗·达·科尔托纳——装饰他在马德里郊区的住所。

佛罗伦萨（FIRENZE）

意大利中部城市。托斯卡纳大区的首府佛罗伦萨是中世纪重要的商业和艺术中心，也是意大利文艺复兴时期的主要城市。强大的商人家族，如美第奇家族，鼓励和支持当时最聪明的绘画艺术家——从多纳泰罗到布鲁内莱斯基，再到米开朗琪罗和拉斐尔——并资助文学、音乐等其他人文艺术活动。

枫丹白露（FONTAINEBLEAU）

法国巴黎南部的城市。在枫丹白露有一座皇家城堡，建于16世纪，由弗朗索瓦一世主张建造，进行装饰创作的意大利艺术家包括罗素·菲伦蒂诺、尼科洛·德尔·阿巴特和普列马提乔。"枫丹白露"这个词也指在16世纪下半叶亨利四世统治下的法国宫廷的绘画流派。第二代枫丹白露画派成员包括安布罗斯·迪布瓦、图森特·迪布勒伊和马丁·弗雷米奈，他们创作了世俗主题的装饰绘画。

弗朗索瓦一世（FRANCESCO I, 1494—1547）

1515—1547年的法国国王。弗朗索瓦一世和整个王室都鼓励意大利人文主义，是艺术的重要赞助人。被邀请到法国参与枫丹白露、布洛瓦和尚博尔的皇家城堡装饰工程的意大利画家中，有雕塑家本韦努托·切利尼、画家普列马提乔和文艺复兴大师列奥纳多·达·芬奇。

泰奥菲尔·戈蒂耶（THÉOPHILE GAUTIER, 1811—1872）

法国作家，是被称为高蹈派的诗歌流派的领袖。戈蒂耶的作品包括小说、诗歌、文学批评和旅游书籍。他还是巴黎的艺术和戏剧评论家，与《新闻报》和《世界箴言报》合作。

乔尔乔内（GIORGIONE, 约1476/1478—1510）

意大利画家和威尼斯文艺复兴时期的主要艺术家。乔尔乔内被认为是第一个专门为个人收藏家创作小型作品的画家，而不致力于教堂的大型宗教画作。

雨果·凡·德·古斯（HUGO VAN DER GOES）

15世纪下半叶荷兰根特非常重要的艺术家。他最出名之处是对艺术的敏锐及对艺术精神的理解。他最著名的作品之一是佛罗伦萨乌菲齐美术馆的波提纳利祭坛画，这幅画是为一个居住在佛兰德斯的佛罗伦萨家庭而创作的，然后被带到了意大利。此作品强调赋予在光线和线条上的精巧色彩，加之它对油画色彩表现手法的娴熟掌握，极大地影响了文艺复兴时期佛罗伦萨的画家。

埃弗哈德·雅巴赫（EVERHARD JABACH, 1618—1695）

金融家和艺术收藏家，是服务于儒勒·马扎然的银行家。雅巴赫出生于德国科隆，并于1647年成为法国公民。他是那个时代收集最多绘画的收藏家之一，但由于经济困难，他被迫出售所拥有的所有101件作品及5542幅草图。多亏了国王首席顾问让-巴蒂斯特·科尔伯特，路易十四收购了整个系列。国王的这次重大收购中，包括达·芬奇、科雷乔、乔尔乔内等人的画作，这些作品后来成为卢浮宫藏品的精华。

摩尔人卢多维科（LUDOVICO IL MORO, 1451—1508）

1581—1499年，米兰公爵和强大的斯福尔扎家族成员卢多维科称为"摩尔人"。他在15世纪后期将米兰变成了一个艺术中心，并资助达·芬奇和多纳托·布拉曼特等艺术家创作。之后他被法国国王路易十二击败并关押，去世于法国。

路易十三（LUIGI XIII, 1601—1643）

1610—1643年在位的法国国王。路易十三在其母亲玛丽·德·美第奇的摄政下登基。在他统治期间，他的母亲及其盟友著名的枢机主教黎塞留成了他的噩梦。

路易十四（LUIGI XIV, 1638—1715）

1643—1715年在位的法国国王。路易十四被称为"太阳王"，在他统治期间，法国经历了一个黄金时代，国家实现了经济繁荣，科学取得了长足进步，已有的权力体系得到了进一步发展。一种崭新的绚丽的艺术风格在凡尔赛宫繁荣发展，国王庇护的著名艺术家有画家夏尔·勒·布朗，意大利雕塑家吉安·洛伦佐·贝尼尼，建筑师儒勒·哈杜安·孟萨尔和路易·勒·沃，以及伟大的园林师安德烈·勒诺特尔。路易十四的建筑项目包括宏大的凡尔赛宫和卢浮宫的大部分区域。

样式主义（MANIERISMO）

意大利文艺复兴时期末期发展起来的艺术风格，有时被视为文艺复兴和巴洛克风格之间的桥梁。它的特点是细长和扭曲的人物绘画、意想不到的色彩组合，以及对文艺复兴时期崇尚的纯洁和对称的摒弃。弗兰西斯科·帕尔米贾尼诺、罗素·菲伦蒂诺和雅格布·蓬托莫等被认为是样式主义艺术家。这种风格的主要作品包括米开朗琪罗在西斯廷教堂的《最后的审判》和法国枫丹白露宫的装饰。

曼托瓦（MANTOVA）

意大利中北部城市。在文艺复兴时期，它由贡扎加家族统治。贡扎加家族是人文主义诗人安吉洛·波利齐亚诺、建筑师莱昂·巴蒂斯塔·阿尔伯蒂和画家安德里亚·曼泰尼亚的保护者。宏伟的总督宫里有曼泰尼亚精美的湿壁画，这幅作品创作于1465—1475年，为庆祝伊莎贝拉·德·埃斯特和弗朗切斯科·贡扎加的婚姻而作。

玛丽·德·美第奇（MARIA DE' MEDICI, 1573—1642）

1600—1610年亨利四世的妻子。在法国国王去世后，玛丽·德·美第奇于1610—1614年成为她的儿子路易十三的摄政王，直到她去世时都对法国王室产生着巨大影响。在艺术方面，她委托弗拉芒大师彼得·保罗·鲁本斯创作了一系列绘画作品来歌颂她的生活，这些画作现在在卢浮宫展出。

马萨乔（MASACCIO, 1401—约1428）

意大利早期文艺复兴时期最伟大的画家。托马索·迪乔瓦尼·迪西莫内·圭迪（绰号"马萨乔"）是第一位完全利用空间、光线和形状的坚固性来创造新画面风格的艺术家，他的作品在文艺复兴全盛时期得到了最终发展。他的代表作是在佛罗伦萨圣母圣衣教堂装饰布兰卡契礼拜堂的一系列壁画。

亨利·马蒂斯（HENRI MATISSE, 1869—1954）

法国画家，野兽派的领导者。野兽派的艺术家们从1905—1908年在巴黎合作并展出他们的作品，因使用鲜艳的色彩和扭曲的线条，冒犯了许多评论家（因此他们的绰号为"野生动物"）。马蒂斯后来成为20世纪最伟大的艺术家之一。

美第奇家族（MEDICI）

诞生于中世纪的佛罗伦萨银行家族。美第奇家族是文艺复兴时期佛罗伦萨艺术的主要保护者。这个家族支持作家和人文主义者，并非常重视当时主要艺术家的发展，包括米开朗琪罗、拉斐尔和布鲁内莱斯基等。

米开朗琪罗式的（MICHELANGIOLESCO）

艺术作品术语，与意大利文艺复兴时期的雕塑家、画家和建筑师米开朗琪罗风格类似的作品。

米兰（MILANO）

意大利北部城市，重要的商业和艺术中心。15世纪，在摩尔人卢多维科的统治下，艺术和建筑蓬勃发展。当地的绘画流派即伦巴第画派，在15世纪和16世纪初都十分活跃。

克劳迪奥·蒙特威尔第（CLAUDIO MONTEVERDI, 1567—1643）

意大利作曲家和音乐创新者。蒙特威尔第尤其以他的世俗作品——牧歌、小调和歌剧而闻名，他的作品灵感多源于古典神话和传统浪漫故事。

古斯塔夫·莫罗（GUSTAVE MOREAU, 1826—1898）

法国画家。莫罗与奥迪隆·雷东、皮埃尔·皮维·德·夏凡纳一起，是19世纪末期巴黎象征主义绘画的领头人。这个流派以其精美的装饰画闻名，绘画内容通常是《圣经》和神话场景。

自然主义（NATURALISMO）

一个通用术语，指的是一种艺术风格，表现对象是自然界中的主体，而非理想化或抽象主义的概念。自然主义不仅限于特定的历史时期，它还出现在古罗马的洞穴艺术，以及17世纪的荷兰景观画中。19世纪初的法国，在上个世纪哲学家的影响下，让-雅克·卢梭等人在枫丹白露形成了一个"自然主义"画派。这个被称为巴比松画派的团体包括西奥多·卢梭、让-弗朗索瓦·米勒和纳尔西斯-维尔日勒·迪亚。

新古典主义（NEOCLASSICISMO）

诞生于法国18世纪中叶的一种艺术风格。新古典主义艺术家在古罗马和希腊文明考古发现的推动下，研究和复制古代作品中的图案和主题。

油画（OLIO）

油画首先被荷兰艺术家使用，他们在15世纪掌握了这种绘画方式，可能后来又由在那里工作的艺术家们引入了意大利。

奥兰治（ORANGE）

欧洲王朝，直到1815年都统治着荷兰。早在11世纪的书中就提到了奥兰治的君主们。这个家族的名字来自法国南部的一个小公国，靠近阿维尼翁，后来通过其位于奥兰治拿骚的分支，发展成为荷兰王室。

帕尔马（PARMA）

帕尔马市位于意大利中北部，16—18世纪由法尔内塞家族统治。在文艺复兴晚期的帕尔马，形成了一个特殊的绘画流派，其特点是世俗精神和些许的样式主义。帕尔马艺术家中有科雷乔、弗兰西斯科·帕尔米贾尼诺。

弗兰西斯科·帕尔米贾尼诺（FRANCESCO PARMIGIANINO, 1503—1540）

意大利画家帕尔米贾尼诺是以夸张和与样式主义同样优雅的风格而闻名的主要艺术家之一。他的宗教题材画作和肖像画极大地影响了那些装饰法国枫丹白露宫的意大利艺术家们，其中著名的有弗兰西斯科·普列马提乔、罗素·菲伦蒂诺和尼科洛·德尔·阿巴特。

对称画（PENDANT）

与另一幅画配对的画作。对称画通常具有同样的主题、风格、尺寸，但是各自都是独立完整的作品。

戴安娜·迪·波迪耶（DIANA DI POITIERS, 1499—1566）

亨利二世的情人。戴安娜·迪·波迪耶对国王和枫丹白露的宫廷产生了巨大影响。

普桑主义者（POUSSINISTI）

17世纪法国艺术运动的成员。他们在绘画中对颜色不太重视，认为它是一种纯粹的装饰元素，仅用于强调作品的基本要素：设计和构图。拉斐尔、卡拉奇和普桑的画作最受到这个流派的推崇，流派的名称也得名于这位法国画家普桑。在法国，普桑主义和鲁本斯主义是对立的。

拉斐尔前派（PRE-RAFFAELLITI）

一种艺术流派，成员有画家约翰·艾佛雷特·米莱、威廉·霍尔曼·亨特和但丁·加百利·罗塞蒂。这个群体相对于学院派绘画和历史绘画，转而向自然寻求灵感。他们通常对中世纪或文艺复兴前的事物感兴趣，其革命精神在拉斐尔前派这个名称上也可以体现出来，本意就是挑战意大利文艺复兴时期画家拉斐尔的巨大成功。

弗兰西斯科·普列马提乔（FRANCESCO PRIMATICCIO, 1504/1505—1570）

意大利画家、雕塑家和建筑师。弗朗索瓦一世邀请普列马提乔和其他意大利年轻艺术家一起在法国装饰枫丹白露宫。之后他继续为法国国王工作，后来被派去罗马采购艺术品。

安托万-克里斯索斯托姆·卡特勒梅尔·德·昆西（ANTOINE CHRYSOSTOME QUATREMÉRE DE QUINCY, 1755—1849）

法国考古学家、作家和政治家，以《建筑学历史词典》而闻名。他还撰写了关于雕塑家安东尼奥·卡诺瓦以及拉斐尔和米开朗琪罗的文章。

皮埃尔·奥古斯特·雷诺阿（PIERRE AUGUSTE RENOIR, 1841—1919）

法国画家。雷诺阿是印象派画家的领袖，在1874—1882年与同流派画家一起举办了4次画展。他为印象派艺术家们引入了纯色调的调色板，这些色调十分浓厚，而且摒弃了使用黑色。作为该团体中最具个人风格的画家之一，雷诺阿选择了人物作为主题。他以女性为主题的画作是艺术史上最轻盈、最明亮的画作之一。

朱利奥·罗马诺（GIULIO ROMANO, 1492/1499—1546）

意大利建筑师和画家。朱利奥·罗马诺出生于罗马，但他大部分著名的建筑是为曼托瓦建造，以供费德里科·贡扎加使用的。其中，茶宫（1526—1531）专为费德里科的蜜月而设计，后来被用作夏宫。他受到伯拉孟特和拉斐尔经典文艺复兴项目的强烈影响，创新出一种极其个人的风格，倾向于以非常个性化的方式表现经典主题。

浪漫主义（ROMANTICISMO）

诞生于19世纪初的一场涉及艺术、文学和音乐的运动。浪漫主义绘画的特点是注重对情感的抒发和对异国情调的表现。浪漫主义于1830年前后在法国、英国和德国达到了顶峰。欧仁·德拉克罗瓦和西奥多·杰利柯的作品是浪漫主义运动的代表。

鲁本斯主义者（RUBENISTI）

17世纪法国艺术运动的成员，他们认为颜色不仅具有装饰性，更是一种重要的绘画元素。该运动的名字来自弗拉芒派画家彼得·保罗·鲁本斯，并在18世纪法国画家让-安东尼·华托的作品中达到顶峰。

斯福尔扎（SFORZA）

1450—1535年统治米兰的意大利家族。在最著名的斯福尔扎成员摩尔人卢多维科的统治下，15世纪末的米兰成为重要的艺术中心。

锡耶纳（SIENA）

意大利中部城市，位于托斯卡纳大区。锡耶纳位于佛罗伦萨附近，两者在传统艺术和政治方面旗鼓相当。中世纪时，一个蓬勃发展的绘画流派在锡耶纳诞生，由一些主要画家主导，如奇马布埃、洛伦泽蒂兄弟、西蒙·马尔蒂尼和杜乔。大教堂和锡耶纳市政厅是意大利最美丽的中世纪艺术建筑之一。

柴姆·苏丁（CHAIM SOUTINE, 1893—1943）

画家，出生于立陶宛，于1913年移居法国，并在那里和马克·夏卡尔、费尔南·雷捷与阿梅代奥·莫迪利亚尼一起加入了巴黎画派。他以丰富多彩的景观画和静物画而闻名，其风格受到古代大师作品的影响。苏丁对丁托雷托和埃尔·格列柯等艺术家的伟大画作进行了修复，是他个人从卢浮宫收集了这些画作。

人文主义（UMANESIMO）

人文主义肯定了人是衡量一切的尺度，并摆脱了中世纪强烈的宗教精神，重视对古典文学、思想和艺术的研究。人文主义是意大利文艺复兴的基础，在16世纪传播至整个欧洲。伟大的人文主义者包括作家乔万尼·薄伽丘、彼特拉克、洛伦佐·瓦拉以及艺术赞助人洛伦佐·德·美第奇。

乌得勒支（UTRECHT）

荷兰城市，位于阿姆斯特丹南部。乌得勒支在16—17世纪是一个重要绘画流派的诞生地，其成员推崇卡拉瓦乔的戏剧性和明暗对比的风格。乌得勒支的卡拉瓦乔派恰如其名，包括画家赫里特·凡·洪特霍斯特和亨德里克·特尔·布吕根。他们都于1610—1620年前后赴罗马学习，在此期间接触到了卡拉瓦乔的作品。

乔尔乔·瓦萨里（GIORGIO VASARI, 1511—1574）

意大利画家和建筑师。瓦萨里因其出版于1550年的著作《艺苑名人传》而闻名，书中包含了当时全部意大利文艺复兴时期画家、雕塑家和建筑师的传记。作为一名画家，瓦萨里以其佛罗伦萨同时代人罗素·菲伦蒂诺和雅格布·蓬托莫的样式主义风格创造了一些作品，包括佛罗伦萨旧宫的装饰。

威内托（VENETO）

意大利东北部地区，在所有历史时期一直与首都威尼斯联系在一起。这个地区其他重要城市有帕多瓦（及其著名大学）、维罗纳（前罗马城市）和维琴察（16世纪建筑师安德烈亚·帕拉迪奥在古典主义启发下建造了自己的别墅）。威尼斯拥有最重要的画派之一，这个画派以其运用丰富的色彩而闻名。在16世纪初的黄金时代，威尼斯画派的成员包括乔尔乔内、提香、委罗内塞和丁托雷托等艺术家。在18世纪另一个辉煌的时期，这里生活着提埃坡罗、瓜尔迪、卡纳莱托和隆吉。

安德烈·德尔·委罗基奥（ANDREA DEL VERROCCHIO, 约 1435—1488）

意大利画家、雕塑家和金匠。委罗基奥是15世纪下半叶佛罗伦萨的重要雕塑家，他的作品强调优雅与精致，与文艺复兴时期平衡与对称的艺术特色呼应。文艺复兴时期委罗基奥开办了一个大型的艺术工作室，为私人和公众赞助人提供雕塑、金饰作品和绘画。他的一位年轻助手就是达·芬奇。

圣母怜子图（VESPERBILD）

德语词，意为表现"七苦圣母"的基督教艺术主题，内容为圣母怀抱从十字架上坠落的死去的基督。"圣母怜子图"这个术语的本意与傍晚有关，更为知名的术语为意大利语"哀悼基督"。

本杰明·韦斯特（BENJAMIN WEST, 1738—1820）

美国画家，大部分时间在英格兰生活，并以用绘画表现欧洲和美国历史而闻名，他的这些作品深深影响了英格兰和法国。他在意大利学习过，后来在伦敦创办了一个肖像画工作室。韦斯特对几位年轻的美国画家有很大的帮助，包括吉尔伯特·斯图尔特（Gilbert Stwart）和约翰·辛格尔顿·科普利（John Singleton Copley）。

埃米尔·左拉（EMILE ZOLA，1840—1902）

法国作家。左拉的小说记录了19世纪下半叶的巴黎社会。他支持先锋派艺术，特别是印象派，他还是保罗·塞尚（塞尚和左拉一样，来自普罗旺斯地区的艾克斯）和爱德华·马奈的朋友。

致　谢

非常感谢卢浮宫博物馆绘画部主任在作品选择上提供慷慨的咨询帮助，以及他对本书的宝贵贡献。作品的最终选择由许多因素促成，其中包含一些我个人的选择，这些仅由我个人承担责任。同样感谢绘画部提供照片，否则很难呈现。感谢我的女儿劳拉·高英（Laura Gowing）在巴黎和伦敦工作数月，编辑目录。感谢我的妻子珍妮·高英（Jenny Gowing）编辑注释。还要感谢细心的编辑莫琳·格拉内（Maureen Graney）。另外要感谢和我凌乱的字迹做斗争的南·怀斯（Nan Wise），以及本书的成就者安德鲁·斯图尔特（Andrew Stewart），感谢他善解人意和慷慨无私的支持，感谢他在卢浮宫核对颜色，以确保图片忠实于原作。另外还要感谢塞缪尔·H. 克雷斯基金会和华盛顿国家美术馆高级研究中心克雷斯教授接受委托，完成本书。唐纳德·加菲尔德（Donald Garfield）在国家美术馆图书馆及美国国会图书馆所做的研究给了我不少帮助，同时与我在研究中心的同事团结一致地工作，为本书做出了巨大的贡献。

劳伦斯·高英